普通高等教育应用创新系列规划教材·经管基础课程系列

初级会计学

王莉莉　段洪波　编著

科学出版社

北　京

内 容 简 介

本书作为财务会计课程体系中的基础入门课程，以工业制造业为例，在会计基本理论的基础上，主要讲解了会计核算方法，即设置会计科目与账户、复式记账法原理、填制和审核会计凭证、登记账簿、成本计算、财产清查和编制财务报表，并介绍会计核算组织程序和会计工作的组织情况。此外，还将会计职业道德的要求纳入了体系。本书吸收了国家考试教材和国内外高校经典教材的优点，根据最新财经制度编写，帮助学习者掌握会计核算方法及其基本流程。

本书适用于经济管理类专业学生和自学会计课程的社会学员，也可以作为教师、企业管理和财会人员的工作参考用书。

图书在版编目（CIP）数据

初级会计学 / 王莉莉，段洪波编著. —北京：科学出版社，2017.7
普通高等教育应用创新系列规划教材. 经管基础课程系列
ISBN 978-7-03-053193-3

Ⅰ. ①初… Ⅱ. ①王… ②段… Ⅲ. ①会计学-高等学校-教材
Ⅳ. ①F230

中国版本图书馆 CIP 数据核字（2017）第 125736 号

责任编辑：方小丽 / 责任校对：贾伟娟
责任印制：霍 兵 / 封面设计：蓝正设计

科 学 出 版 社 出版
北京东黄城根北街 16 号
邮政编码：100717
http://www.sciencep.com
文林印务有限公司 印刷
科学出版社发行 各地新华书店经销
*
2017 年 7 月第 一 版 开本：787×1092 1/16
2017 年 7 月第一次印刷 印张：16 1/4
字数：384 000
定价：39.00 元
（如有印装质量问题，我社负责调换）

前　言

经济越发展，会计越重要。会计的发展离不开人才的培养。《会计改革与发展"十三五"规划纲要》（财会〔2016〕19号）规定，"十三五"期间会计改革与发展的总体目标是，建立健全与社会主义市场经济相适应的会计体系，深入推进会计工作法治化、信息化、现代化。要求会计工作者执业能力明显增强。完善会计人员继续教育、会计人才评价等政策并发挥其导向作用，促进广大会计工作者知识结构进一步优化、职业道德素养进一步提高、执业能力和服务水平进一步提升，培育造就结构合理、素质优良的会计人才队伍。因此，高等院校应进一步明确以应用型会计人才培养为具体目标，改革课程结构，优化课程设置，充实教学内容，更新知识体系，不断革新教学方式，使应用型会计人才培养标准始终与时代发展的要求保持一致。

在此背景下，本书以财政部等最新颁布的财经制度为依据，吸收国内外不同版本会计学教材的精髓，具体分为三部分。第一部分介绍会计理论，这是指导会计实践活动的依据。第二部分，按照工业制造业会计工作程序和工作过程，主要介绍会计核算的七种方法，即设置会计科目和账户、复式记账、填制和审核会计凭证、登记账簿、成本计算、财产清查、编制会计报表等，并以各种会计组织程序为例学习业务的流程。第三部分，了解常识性的会计组织工作，此外，还把会计职业道德也纳入体系，注重会计诚信文化的教育。本书既可以作为高等院校经济管理类学生学习会计课程的基础入门教材，也可作为社会财会人员和管理人员的参考书。

本书由王莉莉、段洪波编著，孔维伟、刘霞和路秀平等同志参与编写，王莉莉同志负责全书初稿的修改、补充和定稿，王丹阳同学负责整理资料。具体分工如下：王莉莉负责第一章、第二章、第三章、第四章和第十二章；段洪波负责第五章和第六章；孔维伟负责第七章和第八章；刘霞负责第九章和第十章；路秀平负责第十一章。书稿还得到了马彦玲、杨桂花、陈文华、李艳芳和余军等同志的支持，为书稿完成提出宝贵意见。河北大学管理学院为本书编写提供了支持，在此表示感谢。由于编写时间有限，难免会有疏漏之处，请读者多提宝贵意见。

目 录

第一章

总　论

学习目标：本章主要学习会计的基本理论。重点掌握会计的含义、基本职能、会计目标、会计对象及会计要素、会计信息质量要求、会计核算的方法。

第一节　会计的含义、基本职能与目标

一、会计的产生和发展

人类要生存，社会要发展，就要进行物质资料的生产。生产活动一方面创造物质财富，取得一定的劳动成果；另一方面要发生劳动耗费，包括人力、物力的耗费。在一切社会形态中，人们进行生产活动时，总是力求以尽可能少的劳动耗费，取得尽可能多的劳动成果，做到所得大于所费，提高经济效益，以满足生产和生活的需要。为了达到这一目标，就必须对劳动过程进行组织和规划，同时对劳动耗费和劳动成果进行观察、计量、记录和计算，并以计算的结果与以往的结果或他人的结果进行比较和分析。这就是最早的管理，会计也是顺此要求而产生的。

会计的产生和发展经历了很长的历史时期。它是随着社会生产的发展和加强管理的要求而产生，并随着社会经济的发展和科学技术的进步而不断完善、提高的。作为一项记录、计算和考核收支的工作，会计无论在中国和外国，都是在很早以前就出现了。远在原始社会末期，人们为了具体掌握生产成果和安排生活需要，逐步产生了记数和计算的要求。但在文字产生之前，这种计算只是用"结绳记事"，"刻木记事"或凭头脑的记忆来进行的，此阶段可称为会计的萌芽阶段。最初的会计只是作为生产职能的附带部分，即由生产者在生产时间之外附带地把收入、支出等事项记载下来。只有当社会生产力发展到一定水平，出现剩余产品之后，它才逐渐地从生产职能中分离出来，成为一种独立的职能，并逐步形成了专门从事这一工作的专职人员。社会生产活动的发展，尤其是社会生产商品化程度的不断提高，使会计有了一个从简单到复杂、从低级到高级不断发展的过程。它记录的内容在不断丰富，记录的方法也在不断更新。

会计作为一种管理形式和技术方法，在我国有着悠久的历史。远自上古时代就曾出现过"结绳记事""刻木记事"等最原始的会计行为，那时人们就懂得了会计工作的重要性。我国古代王朝都委任专职官员掌握钱粮、赋税、收支，进行"日成月计岁会"，即每日的记录称为"日成"，每月的计算称为"月计"，每年的稽核称为"岁会"。这种记载，说明我国古代早就有了相当周密的会计制度和会计方法，为保护王朝财产和计算财政收支服务。在我国古代，尤其在会计技术方法方面，有着很深的研究，如对账簿的设置，从单一流水账发展成为"草流"（也叫底账）、"细流"和"总清"三账，一直使用到明清时期。对于会计结算方法，也从原始社会末期开始的"盘点结算法"发展成为"三柱结算法"，即根据本期收入、支出和结余三者之间的关系，通过"入-去=余"的计算公式结算本期财产物资的增减变化及其结果。到了唐宋时期，我国创建了相当科学的"四柱结算法"，通过"旧管（即期初结存）+新收（即本期收入）-开除（即本期支出）=实在（即期末结存）"的基本公式进行结账，为我国当时通行的收付记账法奠定了基础。明末清初，随着手工业、商业的不断发达和资本主义经济关系的萌发，我国商人运用四柱结算的原理又进一步设计了"龙门账"，用以计算盈亏。它把全部账目划分为"进"（即各项收入）、"缴"（各项支出）、"存"（各项物资）和"该"（资本及各项负债）四大类。运用"进-缴=存-该"的平衡公式实行双轨计算盈亏，并要分别编"进缴表"和"存该表"。在两表上计算出的盈亏数应当相等，称为"合龙门"，以此钩稽全部账目的正误。清代，由于商品经济的进一步发展，西方经济关系逐渐产生，又出现了天地合账。在这种方法下，一切账项，无论现金出纳、商品购销、内外往来等，都要在账簿上记录两笔，既登记"来账"又登记"去账"，以反映同一账项的来龙去脉。账簿采用垂直书写，直行分上下两格，上格记收，称为天，下格记付，称为地，上下两格所记数额必须相等，即所谓"天地合"。四柱清册、龙门账和天地合，显示了我国历史上各个时期传统的中式簿记的特点。

在西方会计发展史上，一般认为，从单式记账法过渡到复式记账法，是近代会计的形成标志，即 15 世纪末期，意大利数学家 Lusa Pacioli（通常译为卢卡·帕乔利）有关复式记账论著《算术、几何与比例概要》的问世，标志着近代会计的开端。《算术、几何与比例概要》一书中专门用一个章节阐述了复式记账的基本原理，这被会计界公认为会计发展史上一个光辉的里程碑。随着社会经济的发展和管理要求不断提高，会计的地位和作用，它所计算和考核的内容、范围，以及所要达到的目的和要求，都在不断发展和变化。这也使会计的目标、会计所应用的原则以及会计信息的披露内容、范围等随之而不断变化，日趋完善。

18 世纪末和 19 世纪初的产业革命，使许多资本主义国家的生产得到了很大发展。随着企业规模的不断扩大，股份有限公司这种新的经营形式应运而生。股份有限公司的产权和经营权发生了分离，从而对会计工作提出了更高的要求。由于产权和经营权发生分离以及信贷业务的开展，查核经营者履职情况、维护股东集团和债权人利益成为不可缺少的一环，于是，社会上出现了以查账和公证为职业的独立执业会计师。1854年英国成立了世界上第一个会计师协会。从此，会计服务对象扩大了，会计的内容也发展了。

另外，科学技术水平的提高也对会计的发展起了很大的促进作用。现代数学、现代管理科学与会计的结合，特别是电子计算机技术引进会计领域，使会计在操作方法上有了根本性的变化。这种变化不仅体现在会计有了更多、更快的取得信息、披露信息的手段，也表现为会计可进一步利用取得的信息，更好地为管理服务。这样，比较完善的现代会计就逐步形成了。一般认为，货币计价、成本会计理论与方法的出现和不断完善，使会计从传统的事后记账、算账、报账向事前预测、控制和参与决策发展，在此基础上管理会计的形成并与传统财务会计相分离而单独成科，是现代会计的开端。

综上所述，事实证明，不论在我国还是在外国，社会上很早就存在会计，并且它的产生、运用和发展是与社会生产力发展紧密相连的。经济越发展，会计越重要。

通过对会计发展历史的认识，我们可以对现代会计作如下界定：会计是通过收集、加工和利用以一定的货币单位作为计量标准来表现的经济信息，利用专门的方法和程序对经济活动进行组织、控制、调节和指导，促使人们比较得失、权衡利弊、讲求经济效益的一种管理活动，是经济管理的重要组成部分。

会计与社会政治、经济等各方面环境的关系十分密切，处于不同环境中的会计会受到不同的影响，会计理论与方法体系也有所差别，人们对会计的认识也会有不同的表述。这是因为，会计作为经济管理工作的重要组成部分，它一方面要受生产力发展水平的影响，与生产力诸要素相适应；另一方面它又与社会政治、法律、文化等上层建筑的要求相一致。显然，研究会计问题不可能脱离其所处的环境。

二、会计的基本职能

会计管理是通过会计的职能来实现的。会计的职能是指会计在经济管理中所具有的功能或能够发挥的作用。随着社会经济的不断发展，会计的内涵在不断地丰富和发展。20世纪80年代以后，我国会计界对会计职能有多种提法，如预测、决策、计划、控制、分析、考核等，但认同其基本功能为两个，即核算职能和监督职能。

（一）会计的核算职能

会计的核算贯穿于经济活动的全过程，它是指会计以货币为主要计量单位，通过确认、计量、记录、报告，对特定主体的经济活动进行记账、算账、报账，为会计信息使用者提供会计信息的功能。核算职能是会计的首要职能，也是会计最基本的职能。核算职能的基本特点是：

（1）会计主要是利用货币计量，综合反映各单位（企业和行政、事业单位）的经济活动情况，为经济管理提供可靠的会计信息。从数量方面反映经济活动，可以采用三种量度，即实物量度、货币量度和劳动量度（劳动工时）。在市场经济发达的条件下，为了有效地进行管理，就必须广泛地利用综合的价值形式，以计算生产资源的占用、劳动的耗费、产品销售收入的取得和利润的实现、分配等，所以，主要利用货币计量，从数量方面综合反映各单位的经济活动情况，是现代会计的一个重要特点。

（2）会计核算不仅是记录已发生的经济业务，还应面向未来，为各单位的经营决策和管理控制提供依据。会计核算对已经发生的经济活动进行事后的记录、核算、分析，通过加工处理后提供大量的信息资料，反映经济活动的现实状况及历史状况，这是会计核算的基础工作。但是，随着市场经济的发展，市场竞争日趋激烈，社会经济活动日益复杂化，要了解企业的经营活动是否符合既定的目标，还需要周密地规划企业未来的行动。为此，不仅要求会计如实地提供发生的经济业务的情况，还要对企业的发展提供一些具有前瞻性的会计信息，以此作为对未来经济活动的控制依据，并通过信息反馈，预计下一个会计过程核算职能的发挥，为会计监督职能的实现创造条件，这样才能更好地发挥会计的管理功能。

（3）会计核算应具有连续性、完整性和系统性。所谓连续性，是指对各种经济业务应当按照其发生的时间顺序依次进行登记，而不能有所中断。所谓完整性，是指凡是会计核算的内容都必须加以记录，不能遗漏。所谓系统性，是指会计提供的数据资料必须在科学分类的基础上形成相互联系的有序整体，从而揭示客观经济活动的规律性，而不能杂乱无章。只有依据连续的、完整的和系统的数据资料，才能全面、系统地反映各单位的经济活动情况，考核其经济效益。

（二）会计的监督职能

会计监督职能是指会计人员在进行会计核算的同时，对特定主体经济业务的真实性、合法性和合理性进行审查的功能。会计监督职能是会计的另一个基本职能，核心就是要干预经济活动，使之遵守国家有关法律、法规，保证财经制度的贯彻执行，促使经济活动按照规定的要求运行，以达到预期的目的。监督职能的特点是：

（1）会计监督主要是利用核算职能提供的各种价值指标进行的货币监督。

前已述及，会计核算主要是通过货币计量，提供一系列综合反映企业经济活动的价值指标，如资产、负债、所有者权益、收入、成本费用、利润以及偿债能力、获利能力等指标。由于基层单位进行的经济活动，同时都伴随着价值运动，表现为价值量的增减和价值形态的转化，因此，会计监督就是依据这些价值指标进行的。例如，利用资产指标，可以了解企业一定时期的资产总额及其结构，考核企业资产的利用情况，以提高资产的利用效果；利用成本费用指标，可以综合考核各项费用支出情况，控制各项消耗，防止浪费的发生；利用收入、利润等经营成果指标与成本费用、资产指标对比，可以考核劳动耗费和物质资源利用的经济效益，等等。通过这些价值量指标对各单位的经济活动进行监督，不仅可以比较全面地控制各单位的经济活动，而且可以经常地和及时地对经济活动进行指导与调节。

（2）会计监督是在会计核算各项经济活动的同时进行的，包括事前、事中和事后全过程的监督。

事前监督，是指会计部门在参与制定各种决策以及相关的各项计划和费用预算时，依据有关政策、法规、制度和经济活动的一般规律，对各项经济活动的可行性、合理性、合法性和有效性的审查，是对未来经济活动的指导。事中监督，是指在日常会计工作中，对已发现的问题提出建议，促使有关部门采取措施，调整经济活动，使其按照预定的目标和要求进行。事后监督，则是指以事先制定的目标、标准和要求为准绳，通过分析已取得的会计资料，对已进行的经济活动的合法性、合理性和有效性进行的考核评价。

（3）会计监督的依据有真实性、合法性和合理性。真实性的依据是客观发生的实际经济业务。合法性的依据是国家颁布的法令、法规。合理性的依据是客观经济规律及经营管理方面的要求。会计监督的目的就是保证企业会计目标的顺利实现。

综上，会计的核算职能和监督职能是密不可分的。二者的关系是辩证统一、相辅相成的。对经济活动进行会计核算的过程，也是实行会计监督的过程。会计核算是执行会计监督的前提，只有在对经济业务活动进行正确核算并提供数据资料的基础上，会计监督才有客观依据。同时，如果只有核算，不进行监督，也不能充分发挥会计在经济管理中的作用。可以说，没有会计监督，会计核算就失去存在的意义；没有会计核算，会计监督就失去存在的基础。

三、会计的目标

会计的目标是指会计工作所要达到的终极目的。会计目标是会计理论研究中的一个重要课题。研究会计的目标，当然要研究经济管理的目标。由于会计是整个经济管理的重要组成部分，会计目标当然要从属于经济管理的总目标，或者说会计目标是经济管理总目标下的子目标。在社会主义市场经济条件下，经济管理的总目标是提高经济效益，就是在投入一定价值量的情况下，尽量收回更多的价值量，或者是在收回的价值量一定的情况下，尽量减少投入的价值量。

会计管理活动的特点是对价值运动的管理，所以，作为经济管理重要组成部分的会计管理工作，也应该以提高经济效益作为最终目标。在将提高经济效益作为终极目标的前提下，我们还需要研究会计核算的目标，即会计核算要达到什么目的。会计核算是对会计信息的搜集、处理及传输、报告的活动。会计提供的信息应当符合国家宏观经济管理的要求；满足有关方面了解企业财务状况和经营成果的需要；满足企业加强内部经营的需要。我国颁布的《企业会计准则——基本准则》对于企业财务会计报告的目标做了明确规定：向财务会计报告使用者提供与企业财务状况、经营成果和现金流量等有关的会计信息，反映企业管理层受托责任履行情况，有助于财务会计报告使用者做出经济决策。它可以划分为三个层次：第一层次是满足政府宏观调控的需要；第二层次是满足投资者、债权人和社会公众进行决策的需要；第三层次是满足企业自身经营管理的需要。前两个层次的需要都是满足外部的需要，其中强调会计要满足政府进行宏观经济管理的需要，这是我国会计目标的一个重要特点。会计的目标除了要对会计信息的质量提出要求之外，还必须满足经济管理工作的总的目标要求——提高企业的经济效益。

■ 第二节　会计对象与会计要素

一、会计的对象

会计对象是指会计所要核算和监督的内容，即会计的客体。从表面上看，会计存在于所有企业和行政事业单位，其反映和监督的内容既有不同行业企业的经济活动，又有行政、事业单位的经济活动。但从本质上看，社会上所有企业和行政事业单位的经济活动都可在最大范围内被概括为社会经济活动。由于社会经济活动总是在纵横交错、周而复始地运行着，所以，这样的活动又可以概括为社会再生产过程中的经济活动，由生产、分配、交换和消费四个相互联系的环节所构成。会计是经济管理的重要组成部分，也是反映社会再生产过程进行情况及其结果的一种活动。所以，在市场经济条件下，会计的对象就是社会再生产过程中能用货币表现的各种经济活动。由货币表现的经济活动通常又称为价值运动或资金运动。

以工业制造业为例，企业的资金运动按其运动的程序可分为资金取得、资金运用（即资金的循环与周转）和资金退出三个环节。企业通过债权人或投资人筹集资金、拥有或控制了一定数量的资产，利用资金和资产投入生产经营，经历供应过程、生产过程和销售过程，最终形成利润并进行利润分配，提取盈余公积和向投资者分红。

在供应过程中，企业以银行存款或现金等货币资金购买材料等劳动资料，为进行生产而储备必要的物资，资金从货币资金形态转化为材料的储备资金形态。

在生产过程中，企业为了进行产品生产，必须拥有一定数量的劳动力、劳动资料和劳动对象。劳动者运用劳动资料对劳动对象进行加工，使劳动对象发生性质或形态上的变化，制造出产品。在这一过程中，由于材料投入生产，并以货币资金支付工资和其他费用，资金就从材料储备形态和货币形态转化为在产品、半成品形式的生产资金形态；此外，在生产过程中，厂房、机器设备等劳动资料因使用而磨损，其价值通过折旧方式转移到在产品价值中，也构成生产资金的一部分。当产品制造完成，资金又从在产品的生产资金形态转化为产成品的资金形态，这时，资金从生产过程进入了销售过程。

在销售过程中，企业将产品销售出去，通过一定的结算方式，重新取得货币资金，这时，资金从成品资金形态又转化为货币资金形态。企业这部分资金，包括了企业投资者投入的资金和通过生产经营活动，超过原有投资的价值而形成的利润。企业利润扣除按国家规定上缴的税金，便是净利润，归投资者所有。

制造企业资金运动过程如图 1-1 所示。

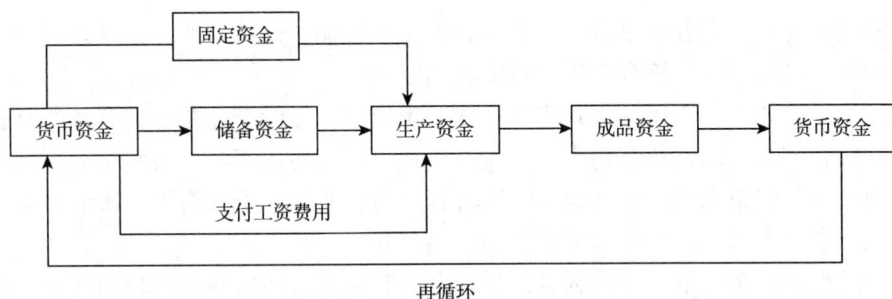

图 1-1 制造企业资金运动过程

企业的资金从货币形态开始，依次经过供应、生产、销售三个过程，最后又返回原来的出发点，这就是资金的循环。资金周而复始地循环，形成资金的周转。企业的资金除了循环周转外，有时还会发生资金投入和退出的情况，如接受投资和经法律程序减少资本等，这些资金的增减变动同样也是企业的资金运动。上述过程中，资金的取得、运用和退出等经济活动所引起的各项财产和资源的增减变化情况以及在经营过程中各项生产费用的支出和产品成本形成的情况都具备一个共同特征，即货币表现，而会计的主要功能又是从价值量上核算与监督企业的经济活动状况，因此，制造业企业会计的对象就是能够用货币表现的经济活动。即会计对象不是社会再生产过程中的全部经济活动，而是其中能够用货币表现的方面。因此，会计的对象可以归纳为单位以货币表现的经济活动。

当然，在社会经济活动中还存在商品流通企业、行政事业单位等企业，由于它们的运作流程不如制造业企业完整，如商品流通企业没有生产过程，行政事业单位没有销售过程，因此，在本书中不再讨论。

二、会计要素

会计要素即会计对象的具体化。会计要素是设置会计科目的基本依据，也是构成会计报表的基本要素。我国《企业会计准则——基本准则》将会计要素分为六个，即资产、负债、所有者权益、收入、费用和利润。下面分别予以说明。

（一）资产

资产是指企业过去的交易或者事项形成的、由企业拥有或者控制的，预期会给企业带来经济利益的资源。根据资产的定义，资产具有以下特征。

第一，资产应为企业拥有或者控制的资源。

资产作为一项资源，应当由企业拥有或者控制，具体是指企业享有某项资源的所有权，或者虽然不享有某项资源的所有权，但该资源能被企业控制。

企业享有资产的所有权，通常表明企业能够排他性地从资产中获取经济利益。

通常在判断资产是否存在时，所有权是考虑的首要因素。有些情况下，资产虽然不为企业所拥有，即企业并不享有其所有权，但企业控制了这些资产，同样表明企业能够从资产中获取经济利益，符合会计上对资产的定义。

例如，某企业以融资租赁方式租入一项固定资产，尽管企业并不拥有其所有权，但是如果租赁合同规定的租赁期相当长，接近于该资产的使用寿命，表明企业控制了该资产的使用及其所能带来的经济利益，应当将其作为企业资产予以确认、计量和报告。

第二，资产预期会给企业带来经济利益。

资产预期会给企业带来经济利益，是指资产直接或者间接导致现金和现金等价物流入企业的潜力。这种潜力可以来自企业日常的生产经营活动，也可以是非日常活动；带来的经济利益可以是现金或者现金等价物形式，也可以是能转化为现金或者现金等价物的形式，或者是可以减少现金或者现金等价物流出的形式。

资产预期能否为企业带来经济利益是资产的重要特征。例如，企业采购的原材料、购置的固定资产等可以用于生产经营过程，制造商品或者提供劳务，对外出售后收回货款，货款即为企业所获得的经济利益。如果某一项目预期不能给企业带来经济利益，那么就不能将其确认为企业的资产。前期已经确认为资产的项目，如果不能再为企业带来经济利益，也不能再确认为企业的资产。例如，某企业在年末盘点存货时，发现存货毁损 100 万元，企业以该存货管理责任不清为由，将毁损的存货继续挂账，并在资产负债表中作为流动资产予以反映。但由于该存货已经毁损，预期不能为企业带来经济利益，不符合资产的定义，不应再在资产负债表中确认为一项资产。

第三，资产是由企业过去的交易或者事项形成的。

资产应当由企业过去的交易或者事项所形成，过去的交易或者事项包括购买、生产、建造行为或者其他交易或事项。换句话说，只有过去的交易或者事项才能产生资产，企业预期在未来发生的交易或者事项不形成资产。例如，企业有购买某存货的意愿或者计划，但是购买行为尚未发生，就不符合资产的定义，不能因此而确认存货资产。

资产可以按照不同的标准进行分类，比较常见的是按照流动性和有无实物形态进行分类。

按照流动性对资产进行分类，可以分为流动资产和非流动资产。流动资产是指可以在 1 年或者超过 1 年的一个营业周期内变现或耗用的资产，主要包括货币资金、交易性金融资产、应收及预付款、存货等。有些企业经营活动比较特殊，经营周期可能长于 1 年，如造船企业、大型机械制造企业等，其从购买原材料至建造完工，从销售实现到收回货款，周期比较长，往往超过 1 年，此时，就不能以 1 年内变现作为流动资产的划分标准，而是将经营周期作为流动资产的划分标准。除流动资产以外的所有其他资产统称为非流动资产，主要包括固定资产、可供出售金融资产、持有至到期投资、长期股权投资、无形资产等。

按照有无实物形态对资产进行分类，可以分为有形资产和无形资产。例如，存货、固定资产等属于有形资产，因为它们具有物质实体；货币资金、应收款项、金融资产、长期股权投资、专利权、商标权等属于无形资产，因为它们没有物质实体，而是表现为某种法定权利和技术。一般来说，通常将无形资产作狭义的理解，仅将专利权、商标权等不具有物质形态，能够为企业带来超额利润的资产称为无形资产。

（二）负债

负债是指企业过去的交易或者事项形成的，预期会导致经济利益流出企业的现时义务。根据负债的定义，负债具有以下特征。

第一，负债是企业承担的现时义务。

负债必须是企业承担的现时义务，这是负债的一个基本特征。其中，现时义务是指企业在现行条件下已承担的义务。未来发生的交易或者事项形成的义务，不属于现时义务，不应当确认为负债。这里所指的义务可以是法定义务，也可以是推定义务。其中法定义务是指具有约束力的合同或者法律法规规定的义务，通常必须依法执行。例如，企业购买原材料形成应付账款，企业向银行贷入款项形成借款，企业按照税法规定应当缴纳的税款等，均属于企业承担的法定义务，需要依法予以偿还。推定义务是指根据企业多年来的习惯做法、公开承诺或者公开宣布的政策而导致企业将承担的责任，这些责任也使有关各方形成了企业将履行义务解脱责任的合理预期。例如，某企业多年来制定有一项销售政策，对于售出商品提供一定期限内的售后保修服务，预期将为售出商品提供的保修服务就属于推定义务，应当将其确认为一项负债。

第二，负债预期会导致经济利益流出企业。

预期会导致经济利益流出企业也是负债的一个本质特征，只有企业在履行义务时会导致经济利益流出企业的，才符合负债的定义，如果不会导致企业经济利益流出，就不符合负债的定义。在履行现时义务清偿负债时，导致经济利益流出企业的形式多种多样，如用现金偿还或以实物资产形式偿还，以提供劳务形式偿还，以部分转移资产、部分提供劳务形式偿还，将负债转为资本等。

第三，负债是由企业过去的交易或者事项形成的。

负债应当由企业过去的交易或者事项所形成。换句话说，只有过去的交易或者事项才形成负债，企业将在未来发生的承诺、签订的合同等交易或者事项，不形成负债。

按照流动性对负债进行分类，可以分为流动负债和非流动负债。流动负债，是指将在1年（含1年）或者超过1年的一个营业周期内偿还的债务，包括短期借款、交易性金融负债、应付票据、应付账款、预收账款、应付职工薪酬，应付股利、应交税费、其他暂收及应付款项、预提费用和1年内到期的长期负债。长期负债，是指偿还期在1年或者超过1年的一个营业周期以上的负债，包括长期借款、应付债券、长期应付款等。

（三）所有者权益

所有者权益是指企业资产扣除负债后，由所有者享有的剩余权益。公司的所有者权益又称为股东权益。所有者权益是所有者对企业资产的剩余索取权，它是企业资产中扣除债权人权益后应由所有者享有的部分，既可反映所有者投入资本的保值增值情况，又体现了保护债权人权益的理念。

所有者权益的来源包括所有者投入的资本、直接计入所有者权益的利得和损失、留存收益等，通常由实收资本（或股本）、资本公积（含资本溢价或股本溢价、其他资本公积）、盈余公积和未分配利润构成。

利得是指由企业非日常活动所形成的、会导致所有者权益增加的、与所有者投入资本无关的经济利益的流入，利得包括直接计入所有者权益的利得和直接计入当期利润的利得。损失是指由企业非日常活动所发生的、会导致所有者权益减少的、与向所有者分配利润无关的经济利益的流出，损失包括直接计入所有者权益的损失和直接计入当期利润的损失。直接计入所有者权益的利得和损失主要包括可供出售金融资产的公允价值变动额、现金流量套期中套期工具公允价值变动额（有效套期部分）等。

留存收益是企业历年实现的净利润留存于企业的部分，主要包括累计计提的盈余公积和未分配利润。

（四）收入

收入是指企业在日常活动中形成的、会导致所有者权益增加的、与所有者投入资本无关的经济利益的总流入。根据收入的定义，收入具有以下特征。

第一，收入是企业在日常活动中形成的。

日常活动是指企业为完成其经营目标所从事的经常性活动以及与之相关的活动。例如，工业企业制造并销售产品、商业企业销售商品、保险公司签发保单、咨询公司提供咨询服务、软件企业为客户开发软件、安装公司提供安装服务、商业银行对外贷款、租赁公司出租资产等，均属于企业的日常活动。明确界定日常活动是为了将收入与利得相区分，因为企业非日常活动所形成的经济利益的流入不能确认为收入，而应当计入利得。

第二，收入会导致所有者权益的增加。

与收入相关的经济利益的流入应当会导致所有者权益的增加，不会导致所有者权益增加的经济利益的流入不符合收入的定义，不应确认为收入。例如，企业向银行借入款项，尽管也导致了企业经济利益的流入，但该流入并不导致所有者权益的增加，反而使企业承担了一项现时义务。企业对于借入款项所导致的经济利益的增加，不应将其确认为收入，应当确认为一项负债。

第三，收入是与所有者投入资本无关的经济利益的总流入。

收入应当会导致经济利益的流入，从而导致资产的增加。例如，企业销售商品，应当收到现金或者在未来有权收到现金，才表明该交易符合收入的定义。但是，经济利益的流入有时是所有者投入资本的增加所导致的，所有者投入资本的增加不应当确认为收入，应当将其直接确认为所有者权益。

按照企业所从事日常活动的性质，收入有三种来源：一是销售商品，取得现金或者形成应收款项；二是提供劳务；三是让渡资产使用权，主要表现为对外贷款、对外投资或者对外出租等。

按照日常活动在企业所处的地位，收入可分为主营业务收入和其他业务收入。其中，主营业务收入是企业为完成其经营目标而从事的日常活动中的主要项目，如工商企业销售商品，银行的贷款和办理结算等。其他业务收入是主营业务以外的其他日常活动，如工业企业销售材料、提供非工业性劳务等。

（五）费用

费用是指企业在日常活动中发生的、会导致所有者权益减少的、与向所有者分配利润无关的经济利益的总流出。根据费用的定义，费用具有以下特征。

第一，费用是企业在日常活动中形成的。

费用必须是企业在其日常活动中所形成的，这些日常活动的界定与收入定义中涉及的日常活动的界定相一致。因日常活动所产生的费用通常包括销售成本（营业成本）、管理费用等。将费用界定为日常活动所形成的，目的是将其与损失相区分，企业非日常活动所形成的经济利益的流出不能确认为费用，而应当计入损失。

第二，费用会导致所有者权益的减少。

与费用相关的经济利益的流出应当会导致所有者权益的减少，不会导致所有者权益减少的经济利益的流出不符合费用的定义，不应确认为费用。

第三，费用是与向所有者分配利润无关的经济利益的总流出。

费用的发生应当会导致经济利益的流出，从而导致资产的减少或者负债的增加（最终也会导致资产的减少）。其表现形式包括现金或者现金等价物的流出，存货、固定资产和无形资产等的流出或者消耗等。鉴于企业向所有者分配利润也会导致经济利益的流出，而该经济利益的流出显然属于所有者权益的抵减项目，不应确认为费用，应当将其排除在费用的定义之外。

费用可以分为营业成本和期间费用。其中，营业成本是指所销售商品或提供劳务的成本。营业成本按照其所销售商品或提供劳务在企业日常活动中所处的地位分为主营业务成本和其他业务成本。期间费用包括管理费用、销售费用和财务费用。管理费用是企业行政管理部门为组织和管理生产经营活动而发生的各种费用；销售费用是企业在销售商品、提供劳务等日常活动中发生的除营业成本以外的各项费用以及专设销售机构的各项经费；财务费用是企业筹集生产经营所需要资金而发生的费用。

（六）利润

利润是指企业在一定会计期间的经营成果。通常情况下，如果企业实现了利润，表明企业的所有者权益将增加，业绩得到了提升；反之，如果企业发生了亏损（即利润为负数），表明企业的所有者权益将减少，业绩下滑了。利润往往是评价企业管理层业绩的一项重要指标，也是投资者等财务报告使用者进行决策的重要参考。

利润包括收入减去费用后的净额、直接计入当期利润的利得和损失等。其中收入减去费用后的净额反映的是企业日常活动的经营业绩，直接计入当期利润的利得和损失反映的是企业非日常活动的业绩。直接计入当期利润的利得和损失，是指应当计入当期损益、最终会引起所有者权益发生增减变动的、与所有者投入资本或者向所有者分配利润无关的利得或者损失。企业应当严格区分收入和利得、费用和损失之间的区别，以更加全面地反映企业的经营业绩。

三、会计恒等式

通过以上对资产、负债、所有者权益、收入、费用和利润六个会计要素的简要说明，可以看出，会计六要素之间存在着十分密切的联系。任何企业和行政、事业单位，为了完成其各自的任务，都必须拥有一定数量的资产，作为从事经济活动的基础。这些资产在经济活动中分布在各个方面，表现为不同的占用（实物资产或非实物资产的无形资产）形态，如房屋、建筑物、机器、设备、原材料、产成品、货币资金等。这些资产都是从一定的来源取得的，资金取得或形成的来源渠道，在会计上称作负债和所有者权益。资产和负债、所有者权益是财产资源这一同一体的两个方面，因而客观上存在必然相等的关系。即从数量上看，有一定数额的资产，必定有一定数额的负债和所有者权益；反之，有一定数额的负债和所有者权益，也必定有一定数额的资产。这就是说，资产与负债和所有者权益之间在数量上必然相等。这一平衡关系用公式表示如下：

资产=权益

=债权人权益+所有者权益

=负债+所有者权益

这一平衡关系反映了会计基本要素（资产、负债和所有者权益）之间的数量关系，反映了企业资产的归属关系，它是设置账户、复式记账和编制会计报表等会计核算方法建立的理论依据，在会计核算中有着非常重要的地位。

企业在经营过程中，不断发生各种经济业务，如购买材料、支付职工薪酬、销售产品、上缴税费等。这些业务在会计中称作"会计事项"，其发生会对有关会计要素产生影响。但是，无论发生什么经济业务，都不会打破上述资产与负债和所有者权益各会计要素之间的平衡关系。

【例1-1】假设东方公司2016年1月1日的资产、负债和所有者权益的状况如表1-1所示。

表1-1   东方公司2016年1月1日的资产、负债和所有者权益   单位：元

资产	金额	负债和所有者权益	金额
库存现金	900	短期借款	6 100
银行存款	26 000	应付账款	42 000
应收账款	35 000	应交税费	8 000
原材料	42 000	长期借款	18 000
固定资产	200 000	实收资本	260 000
无形资产	40 000	资本公积	9 800
合计	343 900	合计	343 900

经济业务发生后，引起各项资产、负债和所有者权益的增减变动，不外乎以下四种类型：

（1）经济业务的发生，引起资产项目之间此增彼减，增减金额相等。例如，用银行

存款 3 000 元购买材料，这项业务的发生，只会引起资产内部两个项目之间以相等金额一增一减的变动。这一增一减，只表明资产形态的转化，而不会引起资产总额的变动，更不涉及负债和所有者权益项目，因此，资产与权益的总额仍保持平衡关系。

（2）经济业务的发生，引起负债和所有者权益项目之间此增彼减，增减金额相等。例如，向银行借入短期借款 2 000 元，直接偿还应付账款。这项业务的发生，只会引起两个负债项目之间以相等金额一增一减的变动。这一增一减，只表明资金来源渠道的转化，即从"应付账款"转化为"短期借款"，既不会引起负债和所有者权益总额发生变动，也没有涉及资产项目。因此，资产与负债、所有者权益的总额仍保持平衡关系。

（3）经济业务的发生，引起资产项目和负债与所有者权益项目同时增加，双方增加的金额相等。例如，接受其他企业投资的全新设备一台，价值 26 000 元。这项业务的发生，一方面使企业固定资产增加，另一方面使企业的实收资本，即所有者权益增加。资产项目和权益项目以相等的金额同时增加，双方总额虽然均发生变动，但仍保持平衡关系。

（4）经济业务的发生，引起资产项目和负债与所有者权益项目同时减少，双方减少的金额相等。例如，用银行存款 8 000 元偿还长期借款。这项业务的发生，使一个资产项目的金额和一个负债项目的金额同时减少。从而使双方总额均发生变动，但仍保持平衡关系。

以上变动对"资产=负债+所有者权益"平衡公式的影响如下：

资产期初总额 343 900 =（负债+所有者权益）期初总额 343 900

银行存款（1）–3 000　　短期借款（2）+2 000

银行存款（4）–8 000　　应付账款（2）–2 000

材料（1）+3 000　　　　长期借款（4）–8 000

固定资产（3）+26 000　实收资本（3）+26 000

资产期末总额 361 900 =（负债+所有者权益）期末总额 361 900

上面所举的四项经济业务，代表着四种不同的业务类型，从中可以看出，不论哪一项经济业务的发生，均未破坏资产总额与负债及所有者权益总额的平衡。企业的经济业务虽然繁多，但归纳起来不外乎以上四种类型。

另外，上述的举例证明了经济业务的发生虽然会导致资产和负债、所有者权益的增减变动，而资产和负债、所有者权益之间的平衡关系不会被打破。但是，随着企业业务经营活动的进行，在会计期间内企业一方面取得了各类收入，另一方面也必然会发生与取得收入相关的各种费用。联系收入、费用、利润要素的增减变动情况又会怎么样呢？下面通过举例也可以说明，在这种情况下，会计恒等式仍不会因此而被打破。

在取得收入、发生费用的同时，会有以下的会计要素变动情况：

（1）取得了收入，会表现为资产要素和收入要素同时增加，或者是在增加收入时减少负债。例如，取得销售收入存入银行或发出销售已预收账款的商品等。

（2）发生了费用，会表现为费用要素的增加和资产要素的减少，或者是增加费用时增加负债，如生产领用原材料或发生固定资产修理费用等。

（3）在会计期末，收入减去费用计算出的利润按规定程序进行分配以后，其留归企业部分（如盈余公积）和未分配部分仍为所有者权益的增加；反之，如若发生亏损又为所有者权益的减少；变化后的会计恒等式仍会保持平衡。

将上述变化用等式表示则有下列扩展的会计恒等式：

收入−费用=利润

资产=负债+所有者权益+（收入−费用）

在会计期末，利润或亏损归入所有者权益之后，又有

资产=负债+所有者权益

无论是哪种业务都可以归为上述四种类型，因此，在企业生产经营过程中发生各式各样的业务活动，会计各要素之间的恒等关系总是存在的。

第三节　会计核算的基本原则

一、会计核算的基本前提

会计核算的基本前提是会计人员对会计核算所处的变化不定的环境所作的合理判断，是会计核算的前提条件。会计所处的社会经济环境极为复杂，这种情况下，会计人员有必要对会计核算所处的经济环境做出判断。例如，企业在一般情况下会连续经营下去，为了及时计算企业的损益情况，就有必要将企业连续不断的生产经营过程人为地划分为一定的期间，作为会计核算的期间。又如，会计核算必须以某一方式反映企业的生产经营情况，这就有必要确定一定的计量单位。为了保证会计工作的正常进行和会计信息的质量，就有必要对会计核算的范围、内容、基本程序和方法做出一些限定，并在此基础上建立会计原则。这些限定就是会计核算的基本前提，又称会计假设。只有规定了这些会计核算的前提条件，会计核算才能得以正常进行下去，才能据以确定会计处理方法。

会计核算的前提条件，是人们在长期的会计实践中逐步认识和总结形成的。按照国际会计惯例，结合我国情况，会计界大多数人认为，企业在组织会计核算时，应以会计主体、持续经营、会计分期和货币计量作为会计核算的基本前提。

（一）会计主体

会计主体，又称为会计实体或会计个体，是指会计信息所反映的特定单位或者组织，它规范了会计工作的空间范围。

会计主体可以是一个企业，也可以是某个企业的某一部分，如分公司、分工厂、零销点等，也可以是一个事业单位，如学校、机关团体、科研和医疗机构等。会计主体基本前提要求经济业务可以按照特定的责任单位来识别。即一个会计主体不仅要与其他会计主体分开，而且也要独立于所有者之外，会计只能反映和监督某一会计主体的经济活动，而不能反映其他会计主体的经济活动，不能反映所有者的私人财产和私人债务。因

此，在会计核算中必须将该主体所有者的财务活动、其他经济实体的财务活动与该主体自身的财务活动严格分开，会计核算的是该主体自身的财务活动。会计核算工作中通常所讲的资产、负债的确认，收入的取得，费用的发生，都是针对特定会计主体而言的。一般来说会计主体的辨别有以下三条标准：一是拥有独立资金的企业；二是进行独立的经济活动；三是实行独立的会计报告。

应该指出的是，会计主体不同于法律主体。一般来说，作为一个法人，其经济上必然是独立的，因而法律主体往往是一个会计主体。例如，一个企业作为一个法律主体，应当建立会计核算体系，独立地反映其财务状况、经营成果和现金流量。但是，会计主体不一定是法律主体。又如，在企业集团的情况下，一个母公司拥有若干个子公司，企业集团在母公司的统一领导下开展生产经营活动。母子公司虽然是不同的法律主体，但是，为了全面反映企业集团的财务状况、经营成果和现金流量，就有必要将这个企业集团作为一个会计主体，编制合并会计报表。

会计主体基本前提，为会计人员在日常的会计核算中对各项交易或事项做出正确判断、对会计处理方法和会计处理程序做出正确选择提供了依据。只有以会计主体作为会计的基本前提条件，对会计核算范围从空间上进行有效的界定，会计才能正确地反映企业的所有资产和负债，正确地计算企业的经济效益，明确经济责任和经济权利，从而为决策者提供准确的财务信息。

（二）持续经营

持续经营，是指会计核算应以持续、正常的生产经营活动为前提，而不考虑企业是否将破产清算。它明确了会计工作的时间范围。

企业是否持续经营，在会计原则、会计方法的选择上有很大的差别。一般情况下，应当假定企业在可以预见的将来按当前的规模和状态继续经营下去，不会停业，也不会大规模削减业务。明确这个基本前提，就意味着会计主体既然不会破产清算，那么它就将按照既定用途使用资产，按照既定的合约条件清偿债务，会计人员就可以在此基础上选择会计原则和会计方法。例如，一般情况下，企业的固定资产可以在一个较长的时期内发挥作用，如果判断企业可以持续经营，就可以假定企业的固定资产会在持续经营的生产经营过程中长期发挥作用，并服务于生产经营过程，固定资产就可以根据历史成本进行记录，并采用折旧的方法，将历史成本分摊到各个会计期间或相关产品的成本中。如果判断企业不会持续经营，固定资产就不应采用历史成本进行记录并按期计提折旧。

由于持续经营是根据企业发展的一般情况所作的设定，而任何企业改组、停业、合并以致破产的风险是存在的，所以持续经营仅是一种假定而已。没有这种前提条件，会计原则、会计方法和会计程序就不适用了（如破产企业的资产就不能按历史成本计价，而按清算价值计价），也就丧失了其存在的基础。为此，需要企业定期对其持续经营基本前提做出分析和判断。如果可以判断企业不会持续经营，就应当改变会计核算的原则和方法，并在企业财务会计报告中作相应披露。持续经营前提与会计主体前提有着密切的关系，持续经营前提是从会计主体前提引申出来的，会计主体前提解决了为谁核算的问题，即明确了会计核算的空间范围，而持续经营前提为会计核算限定了时间范围。

（三）会计分期

会计分期，又称会计期间，是指将一个企业持续经营的生产经营活动划分为一个个连续的、长短相同的时间段落。

会计分期这一前提是从第二条基本前提引申出来的，也可以说是持续经营的客观要求。根据持续经营基本前提，一个企业将要按当前的规模和状态持续经营下去。要最终确定企业的生产经营成果，只能等到一个企业在若干年后歇业的时候核算一次盈亏。但是，企业的生产经营活动和投资决策要求有及时的信息，不能等到歇业时一次性地核算。因此，就需要将企业持续经营的生产经营活动划分为一个个连续的、长短相同的期间，分期核算和反映。所以，会计分期的目的是据以结算盈亏，按期编报财务会计报告，从而及时向各方面提供有关企业财务状况、经营成果和现金流量的信息。

会计期间是指在会计工作中为核算生产经营活动和预算执行情况所规定的起讫日期。会计期间划分的长短会影响损益的确定，一般地说，会计期间划分得愈短，反映经济活动的会计信息质量就愈不可靠。当然，会计期间的划分也不可能太长，太长了会影响会计信息使用者及时使用会计信息的需要和满足程度。因此必须恰当地划分会计期间。

我国《企业会计准则——基本准则》将会计期间分为年度和中期，会计年度为公历1月1日起至12月31日止，中期是指短于一个完整会计年度的报告期间，通常是指半年度、季度和月度。会计分期与国家计划和财政分期相一致，可以满足国民经济宏观管理的需要。为满足人们对会计信息的需要，也可以要求企业按短于一个完整的会计年度的期间编制财务报告，如要求上市公司每半年和每个季度提供一次财务会计报告，每个企业每个月提供一次财务会计报告等。

有了会计期间这个前提，才产生了本期与非本期的区别，才产生了收付实现制和权责发生制，才能正确贯彻配比原则。只有正确地划分会计期间，才能准确地提供经营成果和财务状况的资料，进而进行会计信息的对比。

（四）货币计量

货币计量，是指会计主体在会计核算过程中采用货币作为计量单位，计量、记录和报告会计主体的生产经营活动。

用货币来反映一切经济业务是会计核算的基本特征，因而也是会计核算的一个重要的前提条件。在会计核算过程中，之所以选择货币作为计量单位，是由货币的本身属性决定的。货币是商品的一般等价物，是衡量一般商品价值的共同尺度，具有价值尺度、流通手段、储藏手段和支付手段等特点。其他的计量单位，如实物量度（重量、长度、容积、台、件等），只能从一个侧面反映企业的生产经营情况，无法在量上进行汇总和比较，不便于管理和会计计量。劳动量度（如劳动工时等）也只能反映生产活动所耗费的时间，所以，为了全面反映企业的生产经营、业务收支等情况，会计核算就选择了货币作为计量单位，从而能够把企业经营活动和财务状况的数据转化为按统一货币单位反映的会计信息。当然，货币计量假设并不排斥会计核算有时采用实物计量单位和劳动计量单位对货币计量单位作为补充。

《企业会计制度》规定，企业的会计核算以人民币为记账本位币。业务收支以人民币以外的货币为主的企业，可以选定其中一种货币作为记账本位币，但是编报的财务会计报告应当折算为人民币。在境外设立的中国企业向国内报送的财务会计报告，应当折算为人民币。

用货币单位作为会计的统一的计量手段，又必然引出一个实质性的假设——币值不变假设，即假定货币本身的价值是稳定不变的或变化甚微，只有这样，才能对会计主体发生的经济活动进行连续、系统的记录与综合汇总，并对不同时期的会计信息进行比较、分析和评价。但实际上货币本身的价值可能是变动的。按照国际会计惯例，当货币本身的价值波动不大，或前后波动能够被抵消时，会计核算中可以不考虑这些波动因素，即仍认为币值是稳定的。但在发生恶性通货膨胀时，就需要采用特殊的会计准则（物价变动会计准则）来处理有关的会计事项。

当然，统一采用货币尺度，也有不利之处，因为影响企业财务状况和经营成果的因素并不是都能用货币来计量的。例如，企业经营战略、在消费者当中的信誉度、企业的人力资源状况、企业的技术开发能力等。为了弥补货币计量的局限性，要求企业采用一些非货币指标作为会计报表的补充。

二、会计基础

企业会计的确认、计量和报告应当以权责发生制为基础。权责发生制基础要求，凡是当期已经实现的收入和已经发生或应当负担的费用，无论款项是否收付，都应当作为当期的收入和费用，计入利润表；凡是不属于当期的收入和费用，即使款项已在当期收付，也不应当作为当期的收入和费用。

在实务中，企业交易或者事项的发生时间与相关货币收支时间有时并不完全一致。例如，款项已经收到，但销售并未实现；或者款项已经支付，但并不是本期生产经营活动发生的。为了更加真实、公允地反映特定会计期间的财务状况和经营成果，《企业会计准则——基本准则》明确规定，企业在会计确认、计量和报告中应当以权责发生制为基础。

收付实现制是与权责发生制相对应的一种会计基础，它以收到或支付的现金作为确认收入和费用等的依据。目前，我国的行政单位会计采用收付实现制，事业单位会计除经营业务可以采用权责发生制外，其他大部分业务采用收付实现制。

三、会计信息质量要求

会计核算要顺利进行，就需要有具体操作行为的规范。财政部发布的《企业会计准则——基本准则》中明确了会计信息质量要求的内容。

（一）可靠性

可靠性要求企业应当以实际发生的交易或者事项为依据进行确认、计量和报告，如实反映符合确认和计量要求的各项会计要素及其他相关信息，保证会计信息真实可靠、内容完整。为了贯彻可靠性要求，企业应当做到：

（1）以实际发生的交易或者事项为依据进行确认、计量，将符合会计要素定义及其确认条件的资产、负债、所有者权益、收入、费用和利润等如实反映在财务报表中，不得根据虚构的、没有发生的或者尚未发生的交易或者事项进行确认、计量和报告。

（2）在符合重要性和成本效益原则的前提下，保证会计信息的完整性，其中包括应当编报的报表及其附注内容等应当保持完整，不能随意遗漏或者减少应予以披露的信息，与使用者决策相关的有用信息都应当充分披露。

例如，某公司于本年末发现公司销售萎缩，无法实现年初确定的销售收入目标。但考虑到在下年春节前后，公司销售可能会出现较大幅度的增长，公司为此提前预计库存商品销售。在本年末制作了若干存货出库凭证，并确认销售收入实现。公司这种处理不是以其实际发生的交易事项为依据的，而是虚构的交易事项，违背了会计信息质量要求的可靠性原则，也违背了我国会计法的规定。

（二）相关性

相关性要求企业提供的会计信息应当与投资者等财务报告使用者的经济决策需要相关，有助于投资者等财务报告使用者对企业过去、现在或者未来的情况做出评价或者预测。

会计信息是否有用，是否具有价值，关键是看其与使用者的决策需要是否相关，是否有助于决策或者提高决策水平。相关的会计信息应当能够有助于使用者评价企业过去的决策，证实或者修正过去的有关预测，因而具有反馈价值。相关的会计信息还应当具有预测价值，有助于使用者根据财务报告所提供的会计信息预测企业未来的财务状况、经营成果和现金流量。

会计信息质量的相关性，要求企业在确认、计量和报告会计信息的过程中，充分考虑使用者的决策模式和信息需要。但是，相关性是以可靠性为基础的，两者之间并不矛盾，不应将两者对立起来。也就是说，会计信息在可靠性前提下，尽可能地做到相关性，以满足投资者等财务报告使用者的决策需要。

（三）可理解性

可理解性要求企业提供的会计信息应当清晰明了，便于投资者等财务报告使用者理解和使用。

企业编制财务报告、提供会计信息的目的在于使用，而要使使用者有效使用会计信息，应当能让其了解会计信息的内涵，弄懂会计信息的内容，这就要求财务报告所提供的会计信息应当清晰明了，易于理解。只有这样，才能提高会计信息的有用性，实现财务报告的目标，满足向投资者等财务报告使用者提供决策有用信息的要求。

会计信息毕竟是一种专业性较强的信息产品，在强调会计信息的可理解性要求的同时，还应假定使用者具有一定的有关企业经营活动和会计方面的知识，并且愿意付出努力去研究这些信息。对于某些复杂的信息，如交易本身较为复杂或者会计处理较为复杂，但其对使用者的经济决策相关的，企业就应当在财务报告中予以充分披露。

（四）可比性

可比性要求企业提供的会计信息应当相互可比。这主要包括两层含义：

（1）同一企业不同时期可比。

为了便于投资者等财务报告使用者了解企业财务状况、经营成果和现金流量的变化趋势，比较企业在不同时期的财务报告信息，全面、客观地评价过去、预测未来，从而做出决策。会计信息质量的可比性要求同一企业不同时期发生的相同或者相似的交易或者事项，应当采用一致的会计政策，不得随意变更。但是，满足会计信息可比性要求，并非表明企业不得变更会计政策，如果按照规定或者在会计政策变更后可以提供更可靠、更相关的会计信息，可以变更会计政策。有关会计政策变更的情况，应当在附注中予以说明。

（2）不同企业相同会计期间可比。

为了便于投资者等财务报告使用者评价不同企业的财务状况、经营成果和现金流量及其变动情况，会计信息质量的可比性要求不同企业同一会计期间发生的相同或者相似的交易或者事项，应当采用规定的会计政策，确保会计信息口径一致、相互可比，以使不同企业按照一致的确认、计量和报告要求提供有关会计信息。

（五）实质重于形式

实质重于形式要求企业应当按照交易或者事项的经济实质进行会计确认、计量和报告，不仅仅以交易或者事项的法律形式为依据。

企业发生的交易或事项在大多数情况下，其经济实质和法律形式是一致的。但在有些情况下也会出现不一致。例如，以融资租赁方式租入的资产虽然从法律形式来讲企业并不拥有其所有权，但是由于租赁合同中规定的租赁期相当长，接近于该资产的使用寿命，租赁期结束时承租企业有优先购买该资产的选择权，在租赁期内承租企业有权支配资产并从中受益等，因此，从其经济实质来看，企业能够控制融资租入资产所创造的未来经济利益，在会计确认、计量和报告上就应当将以融资租赁方式租入的资产视为企业的资产，列入企业的资产负债表。

又如，企业按照销售合同销售商品但又签订了售后回购协议，虽然从法律形式上看实现了收入，但如果企业没有将商品所有权上的主要风险和报酬转移给购货方，没有满足收入确认的各项条件，即使签订了商品销售合同或者已将商品交付给购货方，也不应当确认销售收入。

（六）重要性

重要性要求企业提供的会计信息应当反映与企业财务状况、经营成果和现金流量有关的所有重要交易或者事项。

如果财务报告中提供的会计信息的省略或者错报会影响投资者等使用者据此做出决策，该信息就具有重要性。重要性的应用需要依赖职业判断，企业应当根据其所处环境和实际情况，从项目的性质和金额大小两方面加以判断。

例如，我国上市公司要求对外提供季度财务报告，考虑到季度财务报告披露的时间较短，从成本效益原则考虑，季度财务报告没有必要像年度财务报告那样披露详细的附注信息。因此，《企业会计准则第 32 号——中期财务报告》规定，公司季度财务报告附注应当以年初至本季期末为基础编制，披露自上年度资产负债表日之后发生的、有助于理解企业财务状况、经营成果和现金流量变化情况的重要交易或者事项。这种附注披露就体现了会计信息质量的重要性要求。

（七）谨慎性

谨慎性要求企业对交易或者事项进行会计确认、计量和报告时保持应有的谨慎，不应高估资产或者收益、低估负债或者费用。

在市场经济环境下，企业的生产经营活动面临着许多风险和不确定性，如应收款项的可收回性、固定资产的使用寿命、无形资产的使用寿命、售出存货可能发生的退货或者返修等。会计信息质量的谨慎性要求，需要企业在面临不确定性因素的情况下做出职业判断时，应当保持应有的谨慎，充分估计到各种风险和损失，既不高估资产或者收益，也不低估负债或者费用。例如，要求企业对售出商品所提供的产品质量保证确认一项预计负债，就体现了会计信息质量的谨慎性要求。

谨慎性的应用也不允许企业设置秘密准备，如果企业故意低估资产或者收入，或者故意高估负债或者费用，将不符合会计信息的可靠性和相关性要求，损害会计信息质量，扭曲企业实际的财务状况和经营成果，从而对使用者的决策产生误导，这是会计准则所不允许的。

（八）及时性

及时性要求企业对于已经发生的交易或者事项，应当及时进行确认、计量和报告，不得提前或者延后。

会计信息的价值在于帮助所有者或者其他方面做出经济决策，具有时效性。即使是可靠的、相关的会计信息，如果不及时提供，就失去了时效性，对于使用者的效用就大大降低，甚至不再具有实际意义。在会计确认、计量和报告过程中贯彻及时性，一是要求及时收集会计信息，即在经济交易或者事项发生后，及时收集整理各种原始单据或者凭证；二是要求及时处理会计信息，即按照会计准则的规定，及时对经济交易或者事项进行确认或者计量，并编制财务报告；三是要求及时传递会计信息，即按照国家规定的有关时限，及时地将编制的财务报告传递给财务报告使用者，便于其及时使用和决策。

在实务中，为了及时提供会计信息，可能需要在有关交易或者事项的信息全部获得之前即进行会计处理，这样就满足了会计信息的及时性要求，但可能会影响会计信息的可靠性；反之，如果企业等到与交易或者事项有关的全部信息获得之后再进行会计处理，这样的信息披露可能会由于时效性问题，对于投资者等财务报告使用者决策的有用性大大降低。这就需要在及时性和可靠性之间作相应权衡，以最好地满足投资者等财务报告使用者的经济决策需要作为判断标准。

第四节 会计的方法

会计方法是指会计人员采用何种手段去完成会计任务，实现会计核算和监督职能所采用的方法。会计方法主要包括会计分析、会计考核、会计预测、会计决策和会计核算。其中，会计核算方法是最基本、最重要的方法。

一、会计分析

会计分析是会计的又一重要方法。会计分析要依照会计核算提供的各项资料及经济业务发生的过程，运用特定的分析方法，建立数学模型对企业的生产经营过程及其经营成果进行定性或定量的分析。会计分析的资料将成为会计预测、考核、决策的主要根据。

二、会计考核

会计考核是通过会计核算及会计分析所提供的资料与原定目标进行比较来考核、检查企业的生产经营过程及其经济业务是否合法、合理，以及与设定目标有多大偏差，考核会计主体的经营业绩，监督经济运行的全过程，控制经济运行按预定的任务和目标进行。

三、会计预测

会计预测是指通过会计核算及会计分析等所提供的资料与市场环境因素的相关性，运用一定的预测方法，对会计主体的经营过程和未来发展趋势做出测算、预计和估价，为会计决策提供可行性方案。会计预测是可行性研究的重要组成部分。

四、会计决策

会计决策是经营决策的重要组成部分。会计决策不是指会计人员具有决策的职能和作用，而是指会计主体利用各种会计资料和相关信息对方案进行选择，它是会计主体决策的重要支持系统，主要是参与决策，并非直接决策。由于会计信息使用货币量度，所以它具有综合性的特点，会计信息中的利润（或亏损）指标可以综合说明一个单位经营管理水平的高低。会计参与经营决策，选择经济效益较高和社会效益较好的方案，是我国会计工作发展的基本要求。

五、会计核算

会计作为经济管理的重要组成部分，需要有一整套科学的方法体系。会计主体的经济业务纷繁复杂，特别是制造业在生产、交换、分配、消费的过程中发生的经济信息不可胜数，要将经济信息转换成会计信息，就必须依照会计准则进行确认、计量、记录、分类、汇总、加工处理，使经济信息转换成为有效的会计信息。将经济信息按照一定的标准、方法和手段转换成为会计信息的过程就是会计核算。会计核算是会计的主要方法，是其他会计方法的基础。

当会计主体发生了经济业务之后，就可以依据会计准则从大量的经济信息中进行选择和确认，并且以货币作为主要的计量尺度进行计量。在选定某种标志进行分类以后，就要按一定的规则进行记录，将经济信息转换为会计信息。对于形成的会计信息还需要进行加工处理，即进行整理、分类、汇总，最后编制会计报表予以揭示。会计核算又包括了一系列具体的方法。

（一）设置会计科目和账户

设置会计科目和账户，是对会计对象具体内容进行分类核算的方法。设置系统、科学的会计科目，按照会计对象包含的不同特点和经济管理的不同要求，选择一定的标准进行分类，并按照会计科目在账簿中开设相应的账户。这样就可以取得所需要的核算指标。

（二）复式记账

复式记账是对每一项经济业务，都要以相等的金额同时在两个或两个以上的相关账户中进行记录的方法。复式记账法要求在每项经济业务所涉及的两个或两个以上的账户之间产生一种平衡关系，这样就可以了解和掌握经济业务的内容，检查会计记录的正确性。同时，采用复式记账法记录各项经济业务，能够全面、系统地反映各项经济业务之间的联系，反映经济活动的全貌。

（三）填制和审核会计凭证

填制和审核会计凭证，是为会计记录提供完整的、真实的原始资料，保证账簿记录真实、正确、完整的方法。会计凭证是记录经济业务和明确经济责任的书面证明，是登记账簿的依据。会计凭证分为原始凭证和记账凭证。对于已发生的经济业务，都必须由经办人员或单位填制原始凭证，并签名盖章。所有审核后的、正确无误的原始凭证，才能作为填制记账凭证和登记账簿的依据。所以，填制和审核会计凭证是保证会计资料真实性、正确性、合法性和合理性的有效手段。

（四）登记账簿

登记账簿，是根据审核无误的记账凭证，在账簿中进行全面、连续、系统记录的全部操作行为。账簿，是用来记录经济业务发生与完成情况的簿籍。登记账簿应该以记账凭证为依据，按照规定的会计科目开设账户，并将记账凭证中反映的经济业务分别计入有关账户。这样，账簿记录就将会计凭证中分散记录的经济业务内容进行了进一步的分类、汇总，使之系统化，更加能够适应经济管理的需要。所以，登记账簿是会计核算的主要方法。

（五）成本计算

成本计算实际上是一种会计计量活动，它所要解决的是会计核算对象的货币计价问题。因此广义的成本计算存在于各种经济活动之中，任何一项经济活动只要纳入会计的核算系统就都有一个货币计价问题，而货币计价也就是确定用何种成本入账的问题。所谓成本计算就是对应计入一定对象上的全部费用进行归集、计算，并确定各该对象的总成本和单位成本的会计方法。通过成本计算，可以正确地对会计核算对象进行计价，可以考核经济活动中物化劳动和活劳动的耗费程度，为正确计算盈亏提供数据资料。

（六）财产清查

财产清查是通过实物盘点、往来款项的核对来检查财产和资金实有数额的方法。在财产清查中发现的财产、资金账面数与实存数不符的情况，应该及时调整账簿记录，使账面数与实存数保持一致，并查明账实不符的原因，明确责任。清查中发现的积压和残毁物资以及往来账款中的呆账、坏账，要积极清理和加强管理。因此，财产清查是保证会计核算资料的真实、正确、合法、合理的一种手段。

（七）编制会计报表

编制会计报表是根据账簿记录的数据资料，采用一定的表格形式，概括地、综合地反映各单位在一定时期内经济活动过程和结果的一种方法。编制会计报表是对日常核算的总结，是在账簿记录基础上对会计核算资料的进一步加工整理。会计报表提供的资料是进行会计分析、会计检查的重要依据，是会计预测和决策的重要参考依据。

上述各种会计核算方法相互联系、密切配合，构成了一个完整的方法体系。在会计核算方法体系中，就其工作程序和工作过程来说，主要是三个环节，即填制和审核凭证、登记账簿及编制会计报表。任何一个会计期间所发生的经济业务，都要通过这三个环节进行会计处理，将大量的经济业务转换为系统的会计信息。这个转换过程，即从填制和审核凭证到登记账簿，直至编出会计报表。这种从凭证到账簿，从账簿到报表周而复始的变化过程，就是一般所谓的会计循环。其基本内容是，经济业务发生后，经办人员要取得或填制原始凭证，经会计人员审核无误后，按照设置的会计科目，运用复式记账法，编制记账凭证，并据以登记账簿；要依据账簿记录对生产经营过程中发生的各项费用进行成本计算，并依据财产清查对账簿记录加以核实，在保证账实相符的基础上，定期编制会计报表，对外报送。

本章习题

第二章

会计科目与账户

学习目标：本章主要学习会计科目设置的必要性、原则、现行的会计科目，账户和会计科目的关系，设置账户的必要性，账户结构，账户中各项金额及账户的分类。

■ 第一节　会计科目

一、设置会计科目的意义

会计科目是对会计对象的具体内容进行分类核算的标志或项目。设置会计科目是正确组织会计核算的一种专门方法。

如前所述，会计要素（资产、负债、所有者权益、收入、费用和利润）会随着经济业务的发生而产生数量、金额的增减变动。例如，用银行存款购进原材料，原材料增加就会导致银行存款减少，使得资产要素的具体项目金额构成发生增减变化；用银行存款偿还前欠的应付货款，应付货款与银行存款就会同时减少，使得资产与负债两要素金额也同时减少，等等。所以，会计要素要提供各种有用的经济信息以满足会计信息使用者的需要，不仅要按会计要素分类反映其增减变化，而且需要根据会计要素的内容和特点，对每一会计要素再作进一步的分类，以便提供更加详细的会计信息。对会计要素的进一步分类形成不同的核算项目即为会计科目。

通过设置会计科目，可以分类反映不同的经济业务内容，可以将复杂的经济信息变成有规律、易识别的经济信息，并为其转换为会计信息准备了条件。在设置会计科目时，需对会计核算和监督的具体内容进行分类，并按每一类别内容、特征设定范围、定义和名称。例如，制造业企业拥有的生产经营过程中的物质条件，如机器设备、厂房，具有共性，即均属于劳动资料，则将之归为一类，称为"固定资产"；企业为生产经营购入的各种各样的原材料，具有共性，均属于劳动对象，则将之归为一类，称为"原材料"。又如，企业的货币资金由于保管地点和收付方式不同，可以将其划分为两个类别，即银行存款和库存现金，相应也设置两个会计科目，其中"银行存款"科目用来核算企业存放在银行的存款的增减变动及结存情况；而"库存现金"科目则用来核算企业库存现金的收付与结存情况。可见，会计科目是设置账户、进行账务处理必须遵守的规则和依据，是一种基本的会计核算方法。

二、设置会计科目的原则

任何一个作为会计主体的单位都必须设置一套适合自身特点的会计科目体系。无论是国家有关部门统一制定会计科目，还是企业单位自行设计会计科目，均应按照一定的原则进行。设置会计科目时应该遵循以下几项原则。

（一）设置会计科目必须适应会计对象的特点

适应会计对象的特点，是指会计科目的设置必须根据各行业会计对象的特点，本着全面核算其经济业务的过程及结果的目的来确定应设置的会计科目。例如，制造业是从事产品生产的企业，根据这一特点，在制造业中必须设置反映生产经营过程的会计科目，如"原材料""生产成本""制造费用""库存商品""主营业务收入"等科目；而商品流通企业，它并不生产产品，其主要从事商品的买卖，故应设置反映商品流通和运营的会计科目，如"库存商品""销售费用""主营业务收入"等科目。

（二）设置会计科目必须符合经济管理的特点

设置科目，既要符合国家宏观经济管理的要求，又要符合企业自身经营管理需要，还要符合包括投资者在内的有关方面了解企业生产经营情况的要求。例如，企业单位为进行经济核算，反映企业的财务成果，就必须设置"本年利润""利润分配"等科目；为正确地进行各期成本计算，就必须设置"制造费用""生产成本""库存商品"等科目。

（三）设置会计科目必须做到统一性与灵活性相结合

统一性就是在设置会计科目时，要根据《企业会计准则——应用指南》中规定的会计科目，使用统一的会计核算指标、口径。而灵活性是指会计科目的设置首先要服从统一的核算指标，之后也可根据本企业自己的经营特点及投资者的要求，对统一规定的会计科目作必要增补或合并。例如，材料按实际成本核算收发的企业，可以不设置"材料采购"和"材料成本差异"科目，而增设"在途物资"科目。但各个单位在贯彻统一性与灵活性原则时，应防止两种倾向：一是防止会计科目过于简单化，造成经济管理的困难；二是要防止会计科目过于烦琐，增加会计核算的工作量。

（四）设置会计科目的名称要含义明确、字义相符、通俗易懂，并要保持相对的稳定性

含义明确是指设置会计科目时要尽可能明确简洁地反映经济业务特点；字义相符是

指按照中文习惯，能够"望文生义"，不致产生误解；通俗易懂是指要避免使用晦涩难懂、容易产生歧义的文字，便于大多数人正确理解。同时，为了便于不同时期的会计资料进行对比分析，会计科目应保持相对稳定，以便在一定范围内综合汇总和在不同时期对比分析其所提供的核算指标。

三、会计科目的分类

为了正确使用会计科目，应按一定的标准对会计科目进行分类。会计科目的分类方法通常有下列几种。

（一）按其核算的经济内容分类

每个会计科目核算的经济内容是不同的，会计科目按其所反映的经济内容，可分为六大类，即资产类会计科目、负债类会计科目、所有者权益类会计科目、成本类会计科目、损益类会计科目和利润类会计科目。每一大类会计科目还可按一定的标准再进行详细划分。

（1）资产类会计科目。按资产的流动性分为反映流动资产的会计科目和反映非流动资产的会计科目。反映流动资产的会计科目有"库存现金"、"银行存款"、"原材料"、"库存商品"、"在途物资"和"应收账款"等会计科目；反映非流动资产的会计科目有"固定资产"和"无形资产"等科目。

（2）负债类会计科目。按负债的偿还期限不同分为反映流动负债的会计科目和反映非流动负债的会计科目。反映流动负债的会计科目有"短期借款"、"应付账款"、"预收账款"、"应付职工薪酬"和"应交税费"等科目；反映非流动负债的会计科目有"长期借款"、"应付债券"和"长期应付款"等科目。

（3）所有者权益类会计科目。按权益的形成和性质不同可分为反映资本的会计科目和反映留存收益的会计科目。反映资本的会计科目有"实收资本"和"资本公积"等会计科目；反映留存收益的会计科目有"盈余公积"和"利润分配"等会计科目。

（4）成本类会计科目。主要反映企业在生产产品和提供劳务过程中发生的成本的会计科目，如"生产成本"、"制造费用"和"劳务成本"等会计科目。

（5）损益类会计科目。反映企业在生产经营过程中取得的各项收入和发生的各项费用的会计科目。收入类会计科目，如"主营业务收入"、"其他业务收入"和"营业外收入"等科目；费用类会计科目，如"主营业务成本"、"税金及附加"、"其他业务成本"、"营业外支出"、"管理费用"、"财务费用"和"销售费用"等会计科目。

（6）利润类会计科目。反映企业在生产经营过程中收入和费用相抵后形成的利润或亏损额，如"本年利润"等会计科目。

《企业会计准则——应用指南》规定的会计科目划分为资产类、负债类、所有者权益类、共同类、成本类、损益类六类，但共同类只在某些特殊业务中使用，一般工商业企业涉及不到，因此，本书不再介绍。会计科目的分类方法见表2-1。

表 2-1　常用会计科目名称和编号

编号	名称	编号	名称
	一、资产类	1702	累计摊销
1001	库存现金	1703	无形资产减值准备
1002	银行存款	1711	商誉
1012	其他货币资金	1801	长期待摊费用
1101	交易性金融资产	1811	递延所得税资产
1121	应收票据	1901	待处理财产损溢
1122	应收账款		二、负债类
1123	预付账款	2001	短期借款
1131	应收股利	2101	交易性金融负债
1132	应收利息	2201	应付票据
1133	其他应收款	2202	应付账款
1231	坏账准备	2203	预收账款
1321	代理业务资产	2211	应付职工薪酬
1401	材料采购	2221	应交税费
1402	在途物资	2231	应付利息
1403	原材料	2232	应付股利
1404	材料成本差异	2241	其他应付款
1405	库存商品	2314	代理业务负债
1406	发出商品	2401	递延收益
1407	商品进销差价	2501	长期借款
1408	委托加工物资	2502	应付债券
1411	周转材料	2701	长期应付款
1471	存货跌价准备	2702	未确认融资费用
1501	持有至到期投资	2711	专项应付款
1502	持有至到期投资减值准备	2801	预计负债
1503	可供出售金融资产	2901	递延所得税负债
1511	长期股权投资		三、所有者权益类
1512	长期投资减值准备	4001	实收资本
1521	投资性房地产	4002	资本公积
1531	长期应收款	4101	盈余公积
1532	未实现融资收益	4104	利润分配
1601	固定资产	4201	库存股
1602	累计折旧		四、成本类
1603	固定资产减值准备	5001	生产成本
1604	在建工程	5101	制造费用
1605	工程物资	5201	劳务成本
1606	固定资产清理	5301	研发支出
1701	无形资产		

续表

编号	名称	编号	名称
	五、收入类	6403	税金及附加
6001	主营业务收入	6601	销售费用
6051	其他业务收入	6602	管理费用
6101	公允价值变动损益	6603	财务费用
6111	投资收益	6701	资产减值损失
6301	营业外收入	6711	营业外支出
	六、费用类	6801	所得税费用
6401	主营业务成本		七、利润类
6402	其他业务成本	4103	本年利润

（二）按其提供核算指标的详细程度分类

会计科目按其提供核算指标的详细程度，可以分为总分类科目和明细科目。

总分类科目，亦称总账科目或一级科目，它是对会计对象的具体内容进行总括分类的项目。明细科目，是对总账科目进一步分类的项目。如果某一总账科目所属的明细科目较多，可以增设二级科目（亦称子目），二级科目是介于总账科目和三级科目（亦称细目）之间的科目。子目和细目统称为明细科目。下面以原材料为例说明总账科目与各级明细科目之间的关系，如表2-2所示。

表 2-2　总账科目与各级明细科目之间的关系（原材料）

总账科目（一级科目）	明细科目	
	二级科目（子目）	三级科目（细目）
原材料	原料及主要材料	甲材料 乙材料
	辅助材料	润滑油 油漆
	燃料	焦炭 汽油

第二节　会计账户

一、会计账户的概念和设置会计账户的意义

账户是根据会计科目设置的，具有一定格式和结构，用于分类反映会计要素增减变动情况及其结果的载体。

会计科目只是对会计要素进行分类核算的项目或标志，而没有具体设定具有一定格式的记账实体，很难据以分类、连续、系统、综合地反映和记录，也不便于编制会计报

表。所以，设置会计科目以后，还必须根据设置好的会计科目开设相应的账户，在账户上分类记录各项经济业务的增减变化及余额情况。

会计科目与账户是两个既相联系又有区别的概念。其相同点在于：都要对经济业务进行分类，都反映一定的经济业务内容。会计科目是设置会计账户的基础和依据，会计科目是账户的名称。二者不同点在于：会计科目是对经济业务分类核算的项目或标志（即名称），而会计账户却是具体记录经济业务内容，可以提供具体的数据资料，具有登记增减变化的不同结构的一种核算形式。

二、账户的结构

为了记录经济业务的发生所引起的会计要素和会计科目的增减变化情况，必须设置一系列账户，并为账户设置一定的格式和结构，如实地反映各会计要素增减变动的方向、金额及其结果。

一般来说，账户的结构应包括以下内容（表 2-3）：①账户的名称，即会计科目；②日期和摘要，即经济业务发生的时间和业务内容的简单描述；③凭证号数，即账户记录的来源和依据；④增加和减少的金额及余额情况。

表 2-3   账户名称（会计科目）

日期	凭证号数	摘要	增加额	减少额	余额

为了教学方便，教科书中经常采用被简化的格式，即"T"字形账户（或者丁字形账户）来说明账户的结构（图 2-1）。这种丁字形账户仅仅用来说明实际记账所用的轮廓。有些资料，如日期和其他资料一般被省略了。

图 2-1   丁字形账户

账户左方和右方分别记录期初余额、本期增加额、本期减少额和期末余额。"期"是指会计报告期。一般的会计报告期分为月、季、年。本期增加额和本期减少额是在本期间内，记入账户的直接对象，是记入账户的初始信息，又可称为本期增加发生额和本期减少发生额。而期初余额与期末余额是为了反映每一个账户一定期间的结果，期初余额是指期初结余的金额，是本期原来的数据，在此基础上加上或减去（也可相反，视账户的具体类别不同而有所区别）本期增加额与减少额，最终可计算期末余额。如果将本期期末余额转入下一期，就是下一期的期初余额。这四项金额的关系可用下列公式来表示：

本期期末余额=本期期初余额+本期增加发生额−本期减少发生额

同时，由于账户所记录的经济内容的不同，其左、右两方记录的内容也不同。但是其左、右两方都按相反方向来记录增加额和减少额，即如果规定在左方记录增加额，就应该在右方记录减少额。反之，规定右方记录增加额，则左方就应该记录减少额。究竟哪个账户的哪一方用来登记增加额，哪一方用来登记减少额，要看账户反映的经济内容和账户的性质。但账户余额一般与增加额在同一方向。

本章习题

第三章

复式记账法原理和借贷记账法原理

学习目标：本章主要学习复式记账法原理和借贷记账法的基本理论。重点掌握借贷记账法的账户结构、记账规则及试算平衡。

■ 第一节 复式记账法原理

复式记账法原理源于实践，是在会计实践中对会计记账方法的改良中形成的。因此，研究复式记账法原理，应从记账方法研究入手。

一、记账方法

记账方法，是指经济业务发生后在账户中加以记录的方法。我们以前讲述的会计科目、账户仅是记录经济业务类别的名称和形式，要连续、完整、系统地记录经济业务，必须运用科学的记账方法。

记账方法应包括以下内容：反映经济事项性质和记录方向的会计记录符号的运用；对经济事项的基本内容的反映方式和记账规则；每笔经济业务记录的基本内容在账户中的排列顺序，等等。记账方法按其同一记录所涉及的账户数量分为单式记账法和复式记账法。

1. 单式记账法

单式记账法是对发生的每笔经济业务一般只在一个账户中记录的一种记账方法。例如，用现金支付一笔费用，只记录现金的减少，不记录费用的发生。若用现金购买材料，记录现金支付，也记录材料增加，但两笔记录是各自单独进行的，账户之间无直接联系。这种记账方法较为简单，但记录结果不全面、不系统，不能反映一项经济业务发生对会计要素影响的全貌及其经济业务的来龙去脉。在单式记账法下，账户之间无直接联系，也无相互平衡的关系，不能利用平衡关系来检查账户记录的正确性和真实性。目前，在我国会计实务中，企业单位一般不采用单式记账方法。

单式记账法是会计方法演进的必经阶段，是人类共同运用过的一种记账方法。它适用于自然经济占主导地位的社会，可以完整反映和监督比较简单的经济活动过程。单式记账法是复式记账法建立的基础，没有单式记账法的发展就不可能有复式记账法的产生和发展。

2. 复式记账法

复式记账法是与单式记账法相对的一种记账方法。在复式记账法下，在每一项经济业务发生后，都在相互联系的两个或两个以上账户中以相等金额进行登记。例如，从银行提取现金 6 000 元，这项经济业务的发生，一方面引起企业库存现金增加 6 000 元，另一方面使得企业银行存款减少 6 000 元。运用复式记账法记录此项经济业务，则在"库存现金"和"银行存款"这两个相互联系的账户中，以 6 000 元相等的金额同时作记录，即一方面在"库存现金"账户中作增加 6 000 元记录，另一方面在"银行存款"账户中作减少 6 000 元记录。记录结果则全面、完整地反映了上述业务引起的资产会计要素中现金和银行存款的增减变化和来龙去脉。

复式记账法的产生与西方资本主义经济的发展有着密切的联系，它的发展及演进经历了漫长的过程，至今已被世界公认为科学的记账方法。

二、复式记账法特征

复式记账的本质是对每项经济业务作双重登记。复式记账与单式记账比较，有其显著的理论特征：

（1）复式记账需要建立完善的会计账户体系，以满足其对每项经济业务的全面反映和记录；

（2）复式记账对发生的每一项经济业务都必须在两个或两个以上相互联系的账户中记录，通过账户记录反映该项经济业务引起的会计要素变化过程及全貌；

（3）复式记账对发生的每一项经济业务都要以相等的金额在两个及以上账户中同时记录，以双重记录为基础对账户记录及结果进行试算平衡，以验证账户记录的正确性和完整性。

复式记账与单式记账相比较具有科学性。在会计核算方法体系中，复式记账占有重要位置。复式记账方法种类很多，具体包括借贷记账法、增减记账法和收付记账法等。中外会计学者普遍认为借贷记账法是一种科学、完善的记账方法，在目前世界各国的会计实务中应用最为广泛。我国《企业会计准则——基本准则》规定：企业应当采用借贷记账法记账。

■ 第二节 借贷记账法原理

一、借贷记账法的理论依据

由于借贷记账法的对象是会计要素的增减变化及其结果。在我们前面讲述的会计要素中，资产、负债、所有者权益三大会计要素之间存在着恒等关系，即会计恒等式：

资产=负债+所有者权益

这个恒等式即为借贷记账法的理论依据。当一个会计要素的项目发生变化时，另一个或两个会计要素的项目也随之发生变化，但无论作何变化，都保持会计要素之间的平衡，即保持项目之间的恒等关系。只有保持会计要素之间的平衡关系，在相关的账户中进行等额登记，才能保证记录经济业务的完整性。所以说，会计恒等式是借贷记账法的理论基础。

二、记账符号和账户结构

借贷记账法以"借""贷"二字为记账符号，其记账符号在借贷记账法产生时期有其直接含义，并局限于反映债权、债务关系，"借"表示"人欠"（债权），"贷"表示"欠人"（债务）。随着商品经济的发展，借贷记账法的应用更为广泛，从反映债权、债务关系扩展到反映财产、物资、收益的增减变化，这时"借"和"贷"则表示各种经济业务引起的各会计要素的增减变化。因此，这时的"借""贷"二字逐渐脱离了其自身的含义，成为单纯的记账符号。

借贷记账法的账户基本结构是：每一个账户都分为"借方"和"贷方"，一般来说规定账户的左方为"借方"，账户的右方为"贷方"。如果我们在账户的借方记录经济业务，可以称为"借记某账户"；在账户的贷方记录经济业务，则可以称为"贷记某账户"。借贷记账法必须结合账户加以运用。在借贷记账法下，其账户参照会计要素，按期核算的经济内容分为资产类、负债类、所有者权益类、成本费用类、收入类和利润类。

1. 资产类账户

资产类账户的结构是：账户的借方记录资产的增加额，贷方记录资产的减少额。在一个会计期间内（年、季、月），借方记录的合计数额称作借方发生额，贷方记录的合计数额称作贷方发生额，在每一会计期间的期末将借贷方发生额相比较，其差额称作期末余额。资产类账户的期末余额一般在借方。例如，"原材料"账户，借方记录的增加额要大于（至少等于）贷方记录的减少额，所以形成借方余额（或无余额），借方期末余额转到下一期就成为借方期初余额。用公式可以表示如下：

资产类账户借方期末余额=借方期初余额+借方本期增加发生额

–贷方本期减少发生额

资产类账户用丁字账户来表示，见图3-1。

借方	资产类账户	贷方
期初余额		
本期增加发生额	本期减少发生额	
期末余额		

图 3-1 资产类账户结构示意图

2. 负债及所有者权益类账户

负债及所有者权益类账户的基本结构是：账户贷方（右方）记录各项负债及所有者权益的增加额；账户借方（左方）记录各项负债及所有者权益的减少额；在同一会计期内各项负债及所有者权益的贷方发生额与借方发生额相抵后为期末余额，期末余额一般在贷方，其计算公式如下：

负债及所有者权益类账户贷方期末余额

=贷方期初余额+贷方本期增加发生额–借方本期减少发生额

负债及所有者权益类账户用丁字账户来表示，见图3-2。

借方	负债及所有者权益类账户	贷方
	期初余额	
本期减少发生额	本期增加发生额	
	期末余额	

图 3-2 负债及所有者权益类账户结构示意图

3. 成本费用与收入类账户

企业在生产经营中要有各种耗费，有成本和费用的发生，在成本和费用抵销收入以前，可以将其看为一种资产。所以，成本费用类账户的结构与资产类账户的结构基本相同，账户的借方记录成本费用的增加额，账户的贷方记录成本费用转入抵销收益类账户（减少）的数额。费用类账户由于借方记录的费用的增加额一般都要通过贷方转出，所以该类账户通常没有期末余额。而某些成本类账户期末是有余额的，如果因某种情况有余额，通常表现为借方余额，如"生产成本"账户。

收入类账户的结构则与负债及所有者权益的结构一样，收入的增加额记入账户的贷方，收入转出（减少额）则应记入账户的借方，由于贷方记录的收入增加额一般要通过借方转出，所以账户通常也没有期末余额。如果因某种情况有余额，同样也表现为贷方余额。

成本费用类账户结构用丁字账户来表示，见图3-3。

借方	成本费用类账户	贷方
本期增加发生额	本期减少或转出额	

图 3-3　成本费用类账户结构示意图

收入类账户用丁字账户来表示，见图 3-4。

借方	收入类账户	贷方
本期减少或转出额	本期增加发生额	

图 3-4　收入类账户结构示意图

4. 利润类账户

利润类账户反映企业在生产经营过程中收入和费用相抵后形成的利润或亏损额，本书特指"本年利润"会计账户。该账户比较特殊，贷方登记收入类账户期末所结转而来本期发生额净额，借方登记费用类账户期末所结转而来本期发生额净额。结转完毕后，该账户如果贷方大于借方，会形成贷方余额，表示本期净利润；如果借方大于贷方，会形成借方余额，表示发生的亏损额。

"本年利润"会计账户用丁字账户来表示，见图 3-5。

借方	本年利润	贷方
本期结转的费用发生净额	本期结转的收入发生净额	
若有余额，表示本期发生的亏损	若有余额，表示本期净利润	

图 3-5　"本年利润"账户结构示意图

综上所述，"借""贷"二字作为记账符号所表示的经济内容含义是不同的。

借字表示：资产的增加，费用成本的增加，负债及所有者权益的减少，收益的转销。

贷字表示：资产的减少，费用成本的转销，负债及所有者权益的增加，收益的增加。

借贷作为记账符号，指示着账户记录的方向是左边还是右边。一般来说，各类账户的期末余额与记录增加额的一方都在同一方向，即资产类账户的期末余额一般在借方，负债及所有者权益类账户的期末余额一般在贷方。因此，根据账户余额所在的方向来判定账户性质，成为借贷记账法的一个重要特点。

用丁字账户来表示全部账户结构，见图 3-6。

借方	账户名称（会计科目）	贷方
资产增加，费用成本增加，负债及所有者权益减少，收益转销	资产减少，费用成本转销，负债及所有者权益增加，收益增加	
期末余额：资产余额	期末余额：负债及所有者权益余额	

图 3-6　所有账户的丁字结构

三、借贷记账法的记账规则

记账规则是记账方法的核心，它体现不同记账方法的本质特征。借贷记账法的记账规则是：根据复式记账法原理及借贷记账法下账户结构的特点，每一笔经济业务都以相等的金额，按借贷相反的方向，在两个或两个以上账户中等额登记，即一个账户记借方，同时另一个（或几个）账户记贷方；或者一个账户记贷方，同时另一个（或几个）账户记借方。其借贷金额相等、方向相反。借贷记账法的记账规则可以概括为"有借必有贷，借贷必相等"。

在借贷记账法记账规则的实际运用中，分为如下五个步骤：

（1）明确业务事项是否属于会计核算的内容。

（2）分析业务对会计要素的影响——落实到具体会计科目（账户）。

（3）分析业务的影响结果——引起具体会计科目（账户）的增加、减少。

（4）运用复式记账方法确认经济业务应记入的账户、方向。

（5）将分析结果在相关的账户（丁字形）中记录。

以下举例说明借贷记账法记账规则的运用。

【例 3-1】 东方公司某年 5 月 1 日用现金购入一批材料，价款 1 000 元。

这项经济业务，使企业的材料增加 1 000 元，同时使企业的库存现金减少 1 000 元，它涉及"原材料"和"库存现金"这两个资产类账户。材料的增加是资产的增加，应记入"原材料"账户的借方，现金的减少是资产的减少，应记入"库存现金"账户的贷方。这项经济业务在账户中登记的结果，见图 3-7。

借方	原材料	贷方		借方	库存现金	贷方
1 000						1 000
	（1）				（2）	

图 3-7　用库存现金购入原材料

【例 3-2】 5 月 3 日，向银行借入短期借款 100 000 元，偿还应付账款。

这项经济业务，使企业的短期借款增加 100 000 元，同时使企业应付供货单位的账款减少 100 000 元，它涉及"短期借款"和"应付账款"这两个负债类账户。短期借款的增加是负债的增加，应记入"短期借款"账户的贷方，应付账款的减少是负债的减少，应记入"应付账款"账户的借方。这项经济业务在账户中登记的结果，见图 3-8。

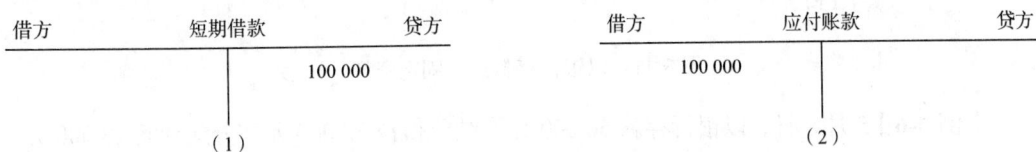

借方	短期借款	贷方		借方	应付账款	贷方
		100 000		100 000		
	（1）				（2）	

图 3-8　用短期借款偿还应付账款

【例3-3】5月4日，收到投资者投入资本金200 000元，款项存入银行。

这项经济业务，使企业的银行存款增加200 000元，同时，使所有者对企业的投资增加200 000元，它涉及"银行存款"这个资产类账户和"实收资本"这个所有者权益类账户。银行存款的增加是资产的增加，应记入"银行存款"账户的借方，实收资本的增加是所有者权益的增加，应记入"实收资本"账户的贷方。这项经济业务在账户中登记的结果，见图3-9。

借方	银行存款	贷方		借方	实收资本	贷方
200 000						200 000
	（1）				（2）	

图3-9　收到投入资本

【例3-4】5月5日以银行存款50 000元，偿还到期的应付债券。

这项经济业务，使企业的银行存款减少50 000元，同时，使企业应偿付的债券减少50 000元，它涉及"银行存款"这个资产类账户和"应付债券"这个负债类账户。银行存款的减少是资产的减少，应记入"银行存款"账户的贷方，应付债券的减少是负债的减少，应记入"应付债券"账户的借方。这项经济业务在账户中登记的结果，见图3-10。

借方	银行存款	贷方		借方	应付债券	贷方
		50 000		50 000		
	（1）				（2）	

图3-10　以银行存款偿还应付债券

【例3-5】5月8日，购入新机器设备5台，价值共计100 000元。已安装完毕，价款已开出转账支票付讫。

这笔业务使得企业的固定资产增加100 000元，同时，使企业的银行存款减少100 000元，涉及"固定资产"和"银行存款"这两个资产类账户。固定资产的增加应记入"固定资产"账户的借方。银行存款的减少应记入"银行存款"的贷方。这项经济业务在账户中登记的结果，见图3-11。

借方	银行存款	贷方		借方	固定资产	贷方
		100 000		100 000		
	（1）				（2）	

图3-11　以银行存款购入固定资产

【例3-6】5月8日，以银行存款50 000元缴纳所得税32 000元和分配利润18 000元。

这笔业务使得企业的银行存款减少50 000元，同时，使企业的应交税金和应付利润减少 50 000 元，涉及"银行存款"资产类账户和"应交税费"及"应付利润"负债类账户。银行存款的减少应记入"银行存款"账户的贷方，应缴纳税金与应付利润的减少应记入"应交税费"和"应付利润"的借方。这项经济业务在账户中登记的结果，见图 3-12。

借方	银行存款	贷方		借方	应交税费	贷方		借方	应付利润	贷方
		50 000			32 000				18 000	
	（1）				（2）				（3）	

图 3-12　以银行存款交税和分配利润

【例 3-7】5 月 20 日，销售产品一批，取得收入 200 000 元，款项已存入银行（不考虑增值税）。

这笔业务使得资产类要素中的"银行存款"和收入类要素中的"主营业务收入"发生变化，两类要素同时增加。一方面银行存款因存入而增加 200 000 元，应记入"银行存款"账户的借方；另一方面收入增加 200 000 元，应记入"主营业务收入"账户的贷方。这项经济业务在账户中登记的结果，见图 3-13。

借方	银行存款	贷方		借方	主营业务收入	贷方
200 000						200 000
	（1）				（2）	

图 3-13　销售产品并收回货款

【例 3-8】5 月 30 日，用现金支付办公费 1 500 元。

这笔业务使得资产类要素中的"库存现金"和费用类要素中的"管理费用"发生变化。一方面现金的支出而使现金减少 1 500 元，应记入"库存现金"账户的贷方；另一方面费用增加 1 500 元，应记入"管理费用"账户的借方。这项经济业务在账户中登记的结果，见图 3-14。

借方	库存现金	贷方		借方	管理费用	贷方
		1 500		1 500		
	（1）				（2）	

图 3-14　用现金支付办公费

通过以上例子可以看出，经济业务的发生引起的会计恒等式的变化包括三种情况：第一种情况是经济业务的发生引起会计恒等式左右两边会计要素在数量上同时增加或同时减少且金额一致；第二种情况是经济业务单独影响会计恒等式左边有关会计要素时，会引起会计恒等式左边会计要素不同具体项目一个在数量上增加，同时另一个减少且金额一致；第三种情况是经济业务单独影响会计恒等式右边有关会计要素时，会引起会计恒等式右边会计要素不同具体项目一个在数量上增加，同时另一个减少且金额一致。这些都必然引起两个或两个以上的会计要素项目发生变化，且每一会计要素项目的变化从价值量方面看，又只有增加和减少两种情况；从结果方面看，必然符合"资产=负债+所有者权益"。因此，借贷记账法的记账规则是"有借必有贷，借贷必相等"。

根据以上所举经济业务，借贷记账法的记账规则可用图 3-15 表示。

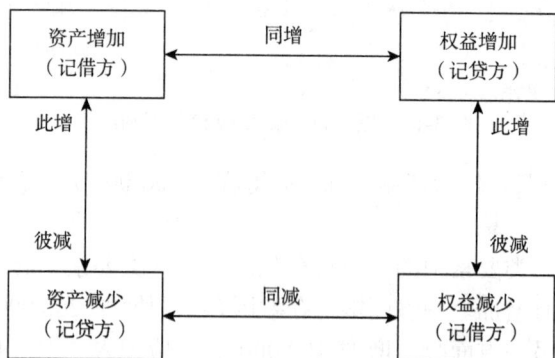

图 3-15   借贷记账法的记账规则

采用借贷记账法时，在某项经济业务发生时，总会在有关账户之间形成应借、应贷的关系。我们把账户之间应借、应贷的相互关系，叫做账户的对应关系，把形成对应关系的账户，叫做对应账户。例如，用现金购买原材料这项业务，要分别在"原材料"账户的借方和"库存现金"账户的贷方进行登记。"原材料"和"库存现金"这两个账户之间就发生了相互对应关系，这两个账户就互为对应账户。

通过账户对应关系，可以了解经济业务的内容，检查经济业务的合理合法性。

为了保证账户对应关系的正确性，便于正确地记账，在将经济业务记入账户之前，应先根据经济业务所涉及的账户及其借贷方向和金额编制会计分录，然后根据会计分录登记有关账户。

在借贷记账法下，为了连续、系统地记录资产、负债和所有者权益的变化，清晰地反映各个账户之间的对应关系，应该首先分析每项经济业务性质的内容，确认应记入的账户、应记金额、应借应贷的方向，然后再记入有关分类账户中。这种指明每项经济业务应借应贷账户名称及其金额的记录，称为会计分录（简称分录）。在实际工作中，这项工作是通过在记账凭证上编制会计分录来完成的。

会计分录的内容包括借、贷符号，应借、应贷账户名称，借、贷金额三部分。

关于会计分录的编制格式，按惯例，有两点：

第一，应是先借后贷，借贷分行，借方在上，贷方在下；

第二，贷方记账符号、账户、金额都要比借方退后一格，表明借方在左，贷方在右，金额后面不带单位"元"。

在编制会计分录时，可以按以下步骤进行：①分析经济业务涉及哪些账户发生变化；②分析涉及的这些账户的性质，即它们各属于什么会计要素，位于会计恒等式的左边还是右边；③分析确定这些账户是增加了还是减少了，增减金额是多少；④根据账户的性质及其增减变化情况，确定分别记入账户的借方或贷方；⑤根据会计分录的格式要求，编制完整的会计分录。

【例 3-9】将库存现金 15 000 元送存银行。

分析：

涉及账户：	库存现金	银行存款
账户性质：	资产类	资产类
增减变化：	减少	增加
记账方向：	贷方	借方

会计分录为

借：银行存款	15 000
贷：库存现金	15 000

会计分录有简单会计分录和复合会计分录。简单会计分录，是指由一个账户的借方与另一个账户的贷方相对应所组成的会计分录，以上所举的例 3-1~例 3-5 及例 3-7、例 3-8 都是简单会计分录。复合会计分录，是指由一个账户的借方与两个以上账户的贷方相对应，或者一个账户的贷方与两个以上账户的借方相对应所组成的会计分录，以上所举的例 3-6 是复合会计分录。应当指出，为了使账户对应关系清楚，在借贷记账法下，复合会计分录只能一借多贷或一贷多借，一般不能编制多借多贷的会计分录。但在某些特殊情况下为了反映经济业务的全貌，也可以编制多借多贷的会计分录。

四、借贷记账法的试算平衡

运用借贷记账法的记账规则在账户中记录经济业务的过程中，可能会发生这样或那样的人为错误。为此，还必须依据会计恒等式的平衡关系和借贷记账法的记账规则，确立科学的、简便的、用于检查和验证账户记录是否正确的方法，以便找出错误及其原因，及时予以改正。这种检查和验证账户记录正确性的方法，在会计上称为试算平衡。

在借贷记账法下，对每项经济业务都是按照记账规则编制会计分录，根据会计分录登记入账的。为了检查账户记录是否正确，到了一定时期（如 1 个月）的期末，在各项经济业务的会计分录全部登记入账后，应进行试算平衡。

试算平衡是指根据资产和负债及所有者权益之间的平衡关系，通过对所有账户的发生额或余额的汇总计算和比较，来检查各类账户记录是否正确的一种方法。

由于借贷记账法的记账规则是"有借必有贷，借贷必相等"，按照这个记账规则编制会计分录，每笔会计分录借贷两方的发生额必然相等，从而将一定时期内各项经济业务的会计分录全部登记入账后，所有账户的借方本期发生额合计数与贷方本期发生额合计数必然相等；在期末结出各账户期末余额后，所有账户的借方期末余额合计数与贷方余额合计数也必然相等。因此，在借贷记账法下，可以采用余额平衡法或发生额平衡法进行试算平衡。

1. 余额试算平衡

根据会计账户性质，成本类和损益类会计账户一般不存在期末余额，而资产类、负债和所有者权益类账户期末多数都存在余额。其中，资产类账户的期末余额一般在借方，负债和所有者权益类账户的余额一般在贷方。因此，按照会计恒等式的平衡关系推导，全部账户的期末余额平衡关系可以按以下公式加以检验：

$$\sum 账户的期末借方余额 = \sum 账户的期末贷方余额$$

2. 发生额试算平衡

由于采用借贷记账法必须遵守"有借必有贷，借贷必相等"的规则，无论是哪个经济业务发生，都必须在一个（或几个）账户的借方登记一笔金额，同时必须在一个（或几个）账户的贷方登记相等的金额，这样登记的全部账户的借方发生额合计数必然会和全部账户贷方的发生额合计数相等。全部账户借方和贷方发生额的平衡关系可以按以下公式加以检验：

$$\sum 账户的本期借方发生额 = \sum 账户的本期贷方发生额$$

每个月结束时，在已经结出各个账户的本月发生额和月末余额后，试算平衡一般是通过编制试算平衡表来进行的。试算平衡表分两种：一种是将本期发生额和期末余额试算平衡分别列表编制，见表3-1和表3-2。另一种是将本期发生额和期末余额合并在一张表上进行试算平衡，见表3-3。

表 3-1　总分类账户余额试算平衡表

年　　月　　　　　　　　　　　　单位：元

会计科目	借方余额	贷方余额
合计		

表 3-2　总分类账户本期发生额试算平衡表

年　　月　　　　　　　　　　　　单位：元

会计科目	借方发生额	贷方发生额
合计		

表 3-3　总分类账户本期发生额余额试算平衡表

年　　月　　　　　　　　　　　　单位：元

会计科目	期初余额		本期发生额		期末余额	
	借方	贷方	借方	贷方	借方	贷方
合计						

　　通过试算平衡表来检查账簿记录是否平衡并不是绝对的，如果借贷不平衡，就可以肯定账户的记录或计算有错误。但是如果借贷平衡，却不能肯定记账没有错误，因为有些错误并不影响借贷双方平衡。如果在有关账户中重记或漏记某些经济业务，或者将借贷记账方向记反，就不能通过试算平衡发现错误。

本章习题

第四章

借贷记账法的应用

学习目标：本章重点学习借贷记账法的应用。重点掌握对制造业企业的资金筹集、采购过程、生产过程、销售过程以及利润的形成和分配等环节的借贷记账法应用。

第一节　企业经济业务概述

企业生产经营活动的正常进行，需要有货币资金、固定资产、原材料等资产，这些资产的来源主要是投资者（所有者）的投资和债权人的贷款。企业利用投资者的投资和债权人的贷款购建正常生产经营所需要的资产，并将资产投入生产过程，其耗费转化为成本和费用，同时生产出产品，然后通过销售转化为货币，形成主营业务收入。收入抵补各项耗费后形成财务成果，对经营实现的利润进行分配，或对出现的亏损进行弥补，这些就构成了企业的主要经济业务。按照其经济业务与生产经营过程及其经营资金运动的关系，可分为资金筹集业务、采购过程业务、生产过程业务、销售过程业务和利润形成与分配业务。

在资金筹集阶段，企业应采取各种筹资方式，从一定的渠道筹集经营资金，资金筹集是企业经营资金运动全过程的起点。在这一过程中，投资者向企业投入资金，形成企业的资本金；向债权人借入各种借款，形成企业的借入资金。企业筹集的资本金和借入资金，投入企业的生产经营过程，就形成企业的经营资金。因此，投资者向企业投入资本，企业向债权人借入现金，就是资金筹集过程中的基本经济业务。

在采购过程中，企业主要是购置固定资产，为生产经营准备必要的劳动资料，购买原材料等，为生产经营准备必要的劳动对象。企业以货币资金购建固定资产，要发生各项购建支出；企业以货币资金购买原材料，要支付材料价款和采购费用。这些固定资产购建业务、在途物资业务，以及与供应单位之间的货款结算业务，就是采购过程中的基本经济业务。

在生产过程中，劳动者运用劳动资料对劳动对象进行加工，生产出满足市场需要的产品。在这一过程中，要发生各种各样的耗费，如要发生材料费用、固定资产折旧费用、工资费用，以及其他各项费用。这些费用都需要分配、归集到各种产品上去，以计算产品的生产成本。因此，生产费用的发生、归集和分配，产品生产成本的计算，完工产品的验收入库等，就成为生产过程中的基本经济业务。

在销售过程中，企业将产品销售给购货单位，并办理结算收回货款；在形成主营业务收入时，还要结转销售产品的成本；为销售产品要发生各项销售费用；产品销售后还要依法缴纳销售税金。因此，销售产品、结转产品的成本、发生销售费用、缴纳销售税金，以及由此引起的企业同其他单位之间的结算业务，就是销售过程中的基本经济业务。

在产品销售过程结束后，企业应将主营业务收入同主营业务成本、销售费用、税金进行比较，计算盈亏，确定企业的最终财务成果。

对于实现的利润，要依法计算缴纳所得税，对于税后利润再按有关规定进行分配。因此，计算盈亏、缴纳所得税、进行利润分配等，就成为利润形成与分配过程中的基本经济业务。

在以上所叙述的生产经营过程中，资金筹集、采购业务、产品生产、产品销售以及利润形成和分配，五个过程首尾相连，就构成了制造业企业的主要经济业务。为了全面连续系统地反映和监督由上述企业主要业务所组成的生产经营活动过程和结果，也就是企业再生产过程中的资金运动，企业必须根据各项经济业务的具体内容和管理要求，相应地设置不同的账户，并运用借贷记账法，对各项经济业务的发生进行账务处理，以提供管理上所需要的各种会计信息。

■ 第二节　资金筹集业务的核算

根据会计恒等式，企业资金的来源从总体上说包括两个方面的内容：一是接受投资者投入的资金，称为实收资本或股本；二是从债权人处借入的资金，即企业的负债。它们虽然都属于企业资产的来源，但性质不同。

一、投入资本的核算

我国有关法律规定，企业设立时，为使企业具备与其生产经营和服务规模相适应的资金数额，保证企业从事生产经营活动的需要，作为企业的所有者，必须向企业注入一定的资本金。资本金是指企业在工商行政管理部门登记的注册资本。设立企业必须达到法定注册资本的最低限额。资本金按照投资主体分为国家资本金、法人资本金、个人资本金以及外商资本金等。企业资本金的取得，可以采用国家投资、各方集资或者发行股票等方式筹集。

投资者按照企业章程，或合同、协议的约定，实际投入企业的资本，就是企业的实收资本。股份有限公司的投资者投入的资本是股本。投资者可以采用库存现金、银行存款、实物资产或无形资产等向企业投资。

根据资本保全规则，投资者投入企业的资本，除法律、法规另有规定外，投资者不得随意抽回。

（一）账户设置

为了反映和监督投资者投入资本的增减变动情况，应设置"实收资本"或"股本"账户（图4-1）。该账户属于所有者权益类账户，其贷方登记企业实际收到的投资人投入的资本，借方登记投入资本的减少额，期末余额在贷方，表示企业实有的资本或股本数额。通常，除股份有限公司使用"股本"账户外，其他企业组织使用"实收资本"账户。"实收资本"或"股本"账户一般应按投资人设置明细分类账。

实收资本（股本）

实收资本的减少额	期初余额
	企业实际收到的投资人投入的资本
	期末余额：企业实有资本或股本数额

图 4-1　实收资本（股本）账户

（二）账务处理

一般企业实收资本应按以下规定核算：

（1）投资者以货币资金投入的资本，应当以实际收到或者存入企业开户银行的金额作为实收资本入账。

（2）投资者以非货币资金投入的资本，应按投资各方确认的价值作为实收资本入账。

【例4-1】东方公司是由实达集团在2016年1月直接投资建立的有限责任公司，注册资本为2 000 000元。2016年3月1日又收到某公司追加投资1 500 000元，所得款项已存入银行存款账户。

这项经济业务的发生，一方面使东方公司的银行存款增加了1 500 000元，另一方面东方公司接受外单位的投资也增加了1 500 000元。这项经济业务影响到资产和所有者权益这两个会计要素，涉及"银行存款"和"实收资本"两个账户。银行存款的增加导致资产的增加，应记入"银行存款"账户的借方；东方公司接受外单位投资的增加导致所有者权益的增加，应记入"实收资本"账户的贷方。这项经济业务应编制的会计分录为

借：银行存款　　　　　　　　　　　　　　　　　　　　1 500 000
　　贷：实收资本　　　　　　　　　　　　　　　　　　　　1 500 000

二、借入资金的核算

企业的借入资金主要是通过向银行或其他非金融机构借入各种借款，或者向外发行

债券形成的。企业取得的借款和债券均属于负债，按归还期限长短的不同，可分为流动负债和非流动负债。企业借入的归还期在一年以内（含一年）的借款，如短期借款或应付短期债券，属于流动负债；借入的归还期在一年以上（不含一年）的借款，如长期借款或应付债券，属于非流动负债。这里仅介绍短期借款的核算。

（一）账户设置

为了反映和监督企业从金融机构借入的归还期在一年以内（含一年）的借款，应设置"短期借款"账户。"短期借款"账户用来核算企业借入的期限在一年以内的各种借款的取得、偿还及结欠情况。该账户属于负债类账户，其贷方登记取得的各种短期借款，借方登记偿还的各种短期借款；期末余额在贷方，表示企业期末尚未偿还的短期借款的本金（图4-2）。该账户应按债权人和借款种类设置明细分类账，进行明细分类核算。

短期借款	
	期初余额
短期借款的减少额	短期借款的增加额
	期末余额：尚未归还的短期借款额

图4-2　短期借款账户

（二）账务处理

短期借款的业务包括取得借款、支付利息和偿还借款三项主要内容。企业从银行取得各种短期借款时，应按实际取得的借款本金计价入账，增加短期借款。企业还应该按期支付短期借款利息，利息属于筹资费用，应计入"财务费用"科目。资产负债表日按计算的利息金额借记"财务费用"科目，贷记"应付利息"科目。实际支付利息时，如果支付的是已经计提的利息，借记"应付利息"科目，贷记"银行存款"科目。如果支付的是未经计提的利息，借记"财务费用"科目，贷记"银行存款"科目。短期借款到期时，企业应按期如数偿还借款本金，按实际偿还金额，冲减短期借款。

下面举例说明短期借款的账务处理方法。

【例4-2】东方公司于3月3日从银行取得短期借款90 000元，期限为6个月，年利息率为6%。每月初支付利息。银行通知款项已经划入银行存款账户。

这项经济业务的发生，一方面使东方公司的银行存款增加了90 000元，另一方面使东方公司的短期借款也增加了90 000元，这项经济业务影响到资产和负债这两个会计要素，涉及"银行存款"和"短期借款"这两个账户。银行存款的增加导致资产的增加，应记入"银行存款"账户的借方；短期借款的增加导致负债的增加，应记入"短期借款"账户的贷方；而且两个账户所记的金额都是90 000元。这项经济业务应编制的会计分录为

借：银行存款　　　　　　　　　　　　　　　　　　　90 000
　　贷：短期借款　　　　　　　　　　　　　　　　　　　　90 000

【例 4-3】接例 4-2，月末，计提每个月利息。

每月利息费用=90 000×6%÷12=450（元）

这项经济业务的发生，一方面使东方公司的财务费用增加了 450 元，另一方面使东方公司的应付利息也增加了 450 元，这项经济业务影响到费用和负债这两个会计要素，涉及"财务费用"和"应付利息"这两个账户。财务费用的增加导致费用的增加，应记入"财务费用"账户的借方；应付利息的增加导致负债的增加，应记入"应付利息"账户的贷方；而且两个账户所记的金额都是 450 元。这项经济业务应编制的会计分录为

借：财务费用   450
　贷：应付利息   450

下月初，实际支付利息，一方面应付利息这项负债减少了 450 元，另一方面银行存款这项资产减少了 450 元。

借：应付利息   450
　贷：银行存款   450

【例 4-4】9 月 3 日，东方公司按期偿还向银行的借款 90 000 元。

这项经济业务的发生，一方面使银行存款减少了 90 000 元，另一方面使短期借款减少了 90 000 元，这项经济业务影响到负债和资产两个会计要素，涉及"短期借款"和"银行存款"两个账户。短期借款的减少导致负债的减少，应记入"短期借款"账户的借方，银行存款的减少导致资产的减少，应记入"银行存款"账户的贷方；而且两个账户所记的金额都是 90 000 元。这项经济业务应编制的会计分录为

借：短期借款   90 000
　贷：银行存款   90 000

第三节　采购业务的核算

企业的采购过程，是生产的准备过程。采购过程的主要经济业务包括固定资产购置业务和材料采购业务。现分别说明这两类业务的账户设置和账务处理方法。

一、固定资产购置的核算

固定资产是指企业在生产经营过程中可供长期使用，并且保持原有实物形态的资产。它是企业用来改变或影响劳动对象的主要劳动材料，是企业进行生产经营活动必不可少的物质基础。在实际工作中，现行《企业会计制度》规定，使用期限超过 1 年的房屋、建筑物、机器、机械、运输工具以及其他与生产、经营有关的设备、器具、工具等资产应作为固定资产；不属于生产经营主要设备的物品，单位价值在 2 000 元以上，并且使用年限超过 2 年的，也应当作为固定资产。

（一）账户设置

为了反映企业固定资产的增减变化及其结存情况，应设置"固定资产"账户。该账户是按原始价值核算固定资产增减变动的资产类账户，其借方登记增加固定资产的原始价值，贷方登记减少固定资产的原始价值；期末余额在借方，表示期末企业现有固定资产的账面原值（图 4-3）。企业应当设置"固定资产登记簿"和"固定资产卡片"，按固定资产类别、使用部门和每项固定资产进行明细核算。

固定资产

期初余额	
固定资产取得成本的增加额	固定资产取得成本的减少额
期末余额：原价的结余	

图 4-3　固定资产账户

（二）账务处理

企业购置的不需要经过建造过程即可使用的固定资产,其成本包括实际支付的买价、相关税费、使固定资产达到预定可使用状态前所发生的可归属于该资产的运输费、装卸费、安装费和专业人员服务费等作为入账价值。其中，相关税费包括关税等。但购置不动产和生产经营用的有形动产所产生的增值税进项税额允许抵扣。

购置的需要经过安装才可使用的固定资产，除取得时的成本之外，还需加上安装成本等，使该项资产达到可使用状态前的实际支出，作为入账价值。

【例 4-5】3 月 3 日，东方公司购入不需要安装的生产用设备一台，取得的增值税专用发票上注明的设备价款为 50 000 元，增值税额为 8 500 元，款项已用银行存款全部付清。

这项经济业务的发生，一方面使固定资产增加了 50 000 元和向销售方支付的增值税进项税额增加了 8 500 元，另一方面使银行存款减少了 58 500 元。由于固定资产和银行存款都属于资产要素，所以，这项经济业务影响到资产要素内两个项目的一增一减，"应交税费——应交增值税（进项税额）"在借方用以抵减当期的增值税销项税额，涉及"固定资产"、"应交税费——应交增值税（进项税额）"和"银行存款"三个账户。固定资产的增加导致资产的增加，应记入"固定资产"账户的借方；银行存款的减少导致资产的减少，应记入"银行存款"账户的贷方。这项经济业务的会计分录为

借：固定资产　　　　　　　　　　　　　　　　　　50 000
　　应交税费——应交增值税（进项税额）　　　　　8 500
　　贷：银行存款　　　　　　　　　　　　　　　　　　58 500

二、材料采购的核算

材料采购业务的主要核算内容是核算材料实际采购成本的形成、材料的验收入库，以及采购过程中与供货单位之间的货款结算等。企业可以根据自身生产经营特点及管理要求，对原材料采用不同的方法进行核算。在我国的会计实务中，根据"原材料"科目记录的价格不同，原材料的计算方法可以分为两种：一是按实际成本计价；二是按计划成本计价。本书只介绍第一种方法，即原材料按实际成本计价。

购进材料时，企业要与供应单位或其他有关单位办理款项的结算，支付采购材料的买价和运输费、装卸费、运输途中的合理损耗、入库前的挑选整理费用等各种采购费用。材料运达企业后应由仓库验收并保管，以备生产车间或管理部门等领用。采购过程中支付给供应单位的买价和发生的各项采购费用，构成材料的采购成本。

企业所购进的材料验收入库，或材料未到但已为该项材料支付货款后，企业就拥有了该项材料的所有权，该项材料即应被作为一项资产加以确认，当生产车间或管理部门领用材料时，该项材料被作为一项费用加以确认。期末全部库存材料被作为资产负债表中的一项流动资产而确认。购进材料按是否支付货款和采购费用分类，分为：①购进材料时直接支付买价及采购费用。由于支付货款，企业的某些资产减少，某些资产增加。②购进材料未付款，在将来规定的时间内以企业含有经济利益的资源核算。这笔未结算的款项被作为一项负债加以确认，期末全部应付款作为资产负债表中的一项流动负债。③先预付货款，后取得材料。企业虽先付款，但并未取得材料，不能作为材料增加处理。它实际上是转移一笔款项，所以预付货款表现为企业某项资产增加，某项资产减少。

材料一般按历史成本计价作为购进材料的计量基础，即按采购材料时付出的实际采购成本计价。根据会计准则的规定，材料一旦按实际采购成本计价入账后，一般情况下不再调整其账面价值。但期末当材料的可变现价值低于历史成本时，材料按低于历史成本的可变现价值计量。

（一）账户设置

为了总括地对材料采购业务进行核算，应根据经济业务的具体内容设置三类账户：第一类反映企业在采购过程中发生的实际采购成本，如"在途物资"账户；第二类反映库存材料收、发、结存情况，如"原材料""库存现金""银行存款"账户；第三类反映企业结算采购成本，如"库存现金""应付账款""预付账款"等账户。

1. "在途物资"账户

为了反映企业在材料采购过程中发生的买价和采购费用等实际采购成本，设置"在途物资"账户，该账户属于资产类账户。材料按实际采购成本计价，而实际采购成本又包括买价和运输费、装卸费、运输途中的合理损耗、入库前的挑选整理费用等各种采购费用。采购成本的各构成要素在支付时间上有先后，为了能归集材料的采购成本，需要设置"在途物资"账户。该账户属于资产类账户，借方用于归集未入库材料的实际采购成本；待将采购成本归集完毕，材料入库后，从贷方转入"原材料"账户；其借方余额表示未入库的材料成本（图4-4）。

<table>
<tr><td colspan="2" align="center">在途物资</td></tr>
<tr><td>期初余额
购入材料的实际采购成本</td><td>结转的入库材料的实际采购成本</td></tr>
<tr><td>期末余额：未入库材料的实际采购成本</td><td></td></tr>
</table>

图 4-4　在途物资账户

2. "原材料"账户

为了总括地核算和监督库存材料的收入、发出和结存情况及其增减变动情况，设置"原材料"账户，该账户属于资产类账户。材料验收入库时，按入库材料的实际采购成本借记"原材料"账户；领用或发出材料，按发出材料的实际成本贷记"原材料"账户；其借方余额表示库存材料的实际成本（图4-5）。

<table>
<tr><td colspan="2" align="center">原材料</td></tr>
<tr><td>期初余额
验收入库材料的实际成本</td><td>发出材料的实际成本</td></tr>
<tr><td>期末余额：库存材料实际成本</td><td></td></tr>
</table>

图 4-5　原材料账户

3. "库存现金"账户

为了总括地核算和监督企业库存现金的收、付和结存情况，设置"库存现金"账户，该账户属于资产类账户。企业收到现金时，按实收金额借记"库存现金"科目；支出现金时，按实际支出金额贷记"库存现金"科目；其借方余额表示库存现金的实际数额（图4-6）。

<table>
<tr><td colspan="2" align="center">库存现金</td></tr>
<tr><td>期初余额
现金的增加</td><td>现金的减少</td></tr>
<tr><td>期末余额：现金结余</td><td></td></tr>
</table>

图 4-6　库存现金账户

4. "银行存款"账户

为了总括地核算和监督企业存放在银行款项的收、付和结存情况，设置"银行存款"账户，该账户属于资产类账户。企业收到款项存入银行时，按实际存入银行的款项借记

"银行存款"科目；提取和支出存款时，按实际提取或支出金额贷记"银行存款"科目；其借方余额表示存放银行的实际结余款项（图 4-7）。

银行存款	
期初余额	
银行存款的增加	银行存款的减少
期末余额：银行存款结余	

图 4-7　银行存款账户

5. "应付账款"账户

为了核算和监督企业因赊购材料等而与供应单位发生的结算债务增减变化和结果，设置"应付账款"科目，该账户属于负债类账户。发生应付供应单位款项时，按实际应付款项，贷记"应付账款"科目；归还供应单位款项时，按实际归还的款项借记"应付账款"科目；其贷方余额表示实际应付给供应单位的款项（图 4-8）。

应付账款	
	期初余额
已偿付给供应单位的款项	应付供应单位款项的增加额
	期末余额：尚未偿还的应付款

图 4-8　应付账款账户

6. "预付账款"账户

为了总括地核算和监督企业因购买材料预先支付货款，而与供应单位发生的结算债权增减变化和结果，设置"预付账款"账户，该账户属于资产类账户。发生预付供应单位款项时，按实际预付的款项借记"预付账款"科目；收到供应单位提供的产品或劳务时，冲销预付供应单位款项，贷记"预付账款"科目；其借方余额表示尚未收到产品的预付款项（图 4-9）。

预付账款	
期初余额	
预付供应单位款项的增加	冲销预付供应单位款项
期末余额：尚未结算的预付款项	

图 4-9　预付账款账户

（二）账务处理

【例 4-6】3 月 6 日，东方公司向红阳公司购进甲材料 17 000 千克，每千克单价 30

元，计 510 000 元；增值税专用发票上注明的材料价款 510 000 元，增值税税额 86 700 元，材料尚未到达企业验收入库，款项未付。

这项经济业务的发生，使材料和向销售方支付的增值税进项税额增加了 596 700 元。但它只是在途物资成本的一部分，其他的费用还未发生，故应将其记入"在途物资"账户，待归集全面后再转为材料。这项经济业务使应付账款增加 596 700 元。所以这项经济业务涉及"在途物资"、"应交税费——应交增值税（进项税额）"和"应付账款"三个账户。库存材料的增加，应记入"在途物资"账户的借方；向销售方支付的增值税进项税额增加，应借记"应交税费——应交增值税（进项税额）"；应付账款的增加，应记入"应付账款"的贷方。这项经济业务的会计分录如下：

```
借：在途物资——甲材料                              510 000
    应交税费——应交增值税（进项税额）                86 700
    贷：应付账款                                           596 700
```

【例 4-7】3 月 7 日，东方公司以银行存款支付甲材料的运杂费 7 800 元。

这项经济业务的发生，一方面使在途物资的费用增加了 7 800 元；另一方面使企业的银行存款减少了 7 800 元。涉及"在途物资"和"银行存款"两个账户。采购费用的增加，应借记"在途物资"科目；银行存款的减少，应贷记"银行存款"科目。这项经济业务的会计分录如下：

```
借：在途物资——甲材料                              7 800
    贷：银行存款                                           7 800
```

【例 4-8】3 月 8 日，东方公司以现金支付甲材料的搬运费 500 元。

这项经济业务的发生，一方面使在途物资的费用增加 500 元；另一方面使企业的现金减少了 500 元。涉及"在途物资"和"库存现金"两个账户。采购费用的增加应借记"在途物资"科目；现金的减少，应贷记"库存现金"科目。这项经济业务的会计分录如下：

```
借：在途物资——甲材料                              500
    贷：库存现金                                           500
```

【例 4-9】3 月 9 日，甲材料到达企业并验收入库。

甲材料的采购成本全部归集完毕，其"在途物资"账户借方归集的采购成本为 518 300（510 000+7 800+500）元。此时应将实际采购成本从"在途物资"账户转入"原材料"账户，这项经济业务的会计分录如下：

```
借：原材料——甲材料                                518 300
    贷：在途物资——甲材料                                  518 300
```

同时，为了简化核算，企业通常在月末将本月的全部购入并入库的材料汇总起来一并结转。

【例 4-10】3 月 10 日，东方公司以 10 000 元的银行存款预付给华光公司，用于购买材料。

这项经济业务的发生，一方面使企业的预付货款增加；另一方面使银行存款减少，涉及"预付账款"和"银行存款"两个账户。预付货款的增加应借记"预付账款"科目；

银行存款的减少，应贷记"银行存款"科目。这项经济业务的会计分录如下：

借：预付账款——华光公司　　　　　　　　　　　　　　　10 000
　　贷：银行存款　　　　　　　　　　　　　　　　　　　　　　10 000

【例 4-11】3 月 30 日，东方公司收到预付货款的材料，并验收入库。该批材料的实际买价为 20 000 元。增值税专用发票上注明的材料价款 20 000 元，增值税税额 3 400 元，除冲销原预付货款的 10 000 元外，以银行存款支付其余款项。同时以库存现金支付采购费用 200 元。

这项经济业务的发生，一方面使库存材料增加了 20 200（即 20 000+200）元；另一方面使银行存款减少了 10 000 元，预付货款减少了 10 000 元，库存现金减少了 200 元。为了便于集中材料的采购成本，这项经济业务涉及"原材料"、"应交税费——应交增值税（进项税额）""银行存款"、"预付账款"和"库存现金"五个账户。付款时按实际采购成本借记"原材料"科目；向销售方支付的增值税进项税额增加，应借记"应交税费——应交增值税（进项税额）"；银行存款减少，贷记"银行存款"科目；冲销预付货款，贷记"预付账款"科目；现金减少，贷记"库存现金"科目。这项经济业务编制的会计分录如下：

借：原材料　　　　　　　　　　　　　　　　　　　　　　　20 200
　　应交税费——应交增值税（进项税额）　　　　　　　　　　3 400
　　贷：银行存款　　　　　　　　　　　　　　　　　　　　　13 400
　　　　预付账款　　　　　　　　　　　　　　　　　　　　　10 000
　　　　库存现金　　　　　　　　　　　　　　　　　　　　　　　200

三、发出材料的计价方法

在企业的整个生产经营过程中，材料始终处于流动状态，原有的材料被领用耗费，新的材料陆续地补充进来，加之材料的产地、价格、运输距离等条件不同，同一种材料的每批采购成本往往不完全相等。因此，发出材料时需考虑其计价问题。发出材料的计价方法主要有个别计价法、先进先出法、移动加权平均法和一次加权平均法。

资料：假设东方公司 2016 年 6 月 A 存货的期初结存和本期购销情况见表 4-1。

表 4-1　A 存货的期初结存和本期购销情况

日期	业务	数量/件	单价/元	金额/元
6 月 1 日	期初结存	150	60	9 000
6 月 8 日	销售	70		
6 月 15 日	购进	100	62	6 200
6 月 20 日	销售	50		
6 月 24 日	销售	90		
6 月 28 日	购进	200	68	13 600
6 月 30 日	销售	60		

（一）个别计价法

个别计价法，又称个别认定法、具体辨认法、分批实际法。采用这一方法是假设存货的成本流转与实物流转相一致，按照各种存货，逐一辨认各批发出存货和期末存货所属的购进批别或生产批别，分别按其购入或生产时所确定的单位成本作为计算各批发出存货和期末存货成本的方法。采用这一方法，计算发出存货的成本和期末存货的成本比较合理、准确，但该方法的前提是需要对发出和结存存货的批次进行具体认定，以辨别其所属的收入批次，所以实务操作的工作量繁重，困难较大。

个别计价法适用于容易识别、存货品种数量不多、单位成本较高的存货计价，如房产、船舶、飞机、重型设备、珠宝、名画等贵重物品。

（二）先进先出法

该方法假定"先入库的存货先发出去"，根据这一前提，计入销售或耗用存货的成本应顺着收入存货批次的单位成本次序计算。当然，这仅是为了计价，与物品实际入库或发出的次序并无多大关系。

本案例采用先进先出法计价，A 存货明细分类账的登记结果见表 4-2。

表 4-2　A 存货明细分类账（一）

2016 年		摘要	收入			发出			结存		
月	日		数量/件	单价/元	金额/元	数量/件	单价/元	金额/元	数量/件	单价/元	金额/元
6	1	期初结存							150	60	9 000
	8	销售				70	60	4 200	80	60	4 800
	15	购进	100	62	6 200				80	60	11 000
									100	62	
	20	销售				50	60	3 000	30	60	8 000
									100	62	
	24	销售				30	60	1 800	40	62	2 480
						60	62	3 720			
	28	购进	200	68	13 600				40	62	16 080
									200	68	
	30	销售				40	62	2 480	180	68	12 240
						20	68	1 360			
		本期销售成本				270		16 560			

（三）移动加权平均法

采用移动加权平均法，当每次购进单价与结存单价不同时，就需要重新计算一次加权平均价，并据此计算下次购货前的存货成本和销售成本。采用这种方法，可以随时结转销售成本。其平均单价的计算公式为

移动加权平均单价=（前结存金额+本次购入金额）/（前结存数量+本次购入数量）

仍以前例，第一批购入后的平均单价为

移动加权平均单价＝（4 800＋6 200）/（80＋100）=61.11（元）

第二批购入后的平均单价为

移动加权平均单价＝（2 444＋13 600）/（40＋200）=66.85（元）

按移动加权平均法计算本期各批 A 存货销售成本和结存成本，以及 A 存货明细分类账的登记结果，见表 4-3。

表 4-3   A 存货明细分类账（二）

2016年		摘要	收入			发出			结存		
月	日		数量/件	单价/元	金额/元	数量/件	单价/元	金额/元	数量/件	单价/元	金额/元
6	1	期初结存							150	60	9 000
	8	销售				70	60	4 200	80	60	4 800
	15	购进	100	62	6 200				180	61.11	11 000
	20	销售				50	61.11	3 056	130	61.11	7 944
	24	销售				90	61.11	5 500	40	61.11	2 444
	28	购进	200	68	13 600				240	66.85	16 044
	30	销售				60	66.85	4 011	180	66.85	12 033
		本期销售成本				270		16 767			

采用移动加权平均法，可以随时结转销售成本，随时提供存货明细分类账上的结存数量和金额，有利于对存货进行数量、金额的日常控制。但这种方法，由于每次进货后都要计算一次平均价，势必会增加会计核算工作量。

（四）一次加权平均法

采用一次加权平均法，本月销售或耗用的存货，平时只登记数量，不登记单价和金额，月末按一次计算的加权平均单价，计算期末存货成本和本期销售或耗用成本。存货的平均单位成本的计算公式为

$$存货单位成本=\frac{月初结存金额+\sum 本月各批收货的实际成本×本月各批收货的数量}{月初结存数量+本月各批收货数量之和}$$

$$=（9\ 000＋6\ 200＋13\ 600）/（150＋100＋200）=64（元）$$

本月发出存货成本＝本月发出存货数量×存货单位成本

$$=（70＋50＋90＋60）×64=17\ 280（元）$$

月末库存存货成本＝月末库存存货数量×存货单位成本

$$=180×64=11\ 520（元）$$

按一次加权平均法计算期末 A 存货成本和本期销售成本，以及 A 存货明细分类账的登记结果，见表 4-4。

表 4-4　A 存货明细分类账（三）

2016年		摘要	收入			发出			结存		
月	日		数量/件	单价/元	金额/元	数量/件	单价/元	金额/元	数量/件	单价/元	金额/元
6	1	期初结存							150	60	9 000
	8	销售				70			80		
	15	购进	100	62	6 200				180		
	20	销售				50			130		
	24	销售				90			40		
	28	购进	200	68	13 600				240		
	30	销售				60			180		11 520
		本期销售成本				270	64	17 280			

从表 4-4 可看出，采用一次加权平均法时，A 存货明细分类账的登记方法与先进先出法基本相同，只是期末 A 存货的结存单价为 64 元，据此计算出存货成本为 11 520 元，本期销售成本为 17 280 元。

第四节　产品生产业务的核算

企业在生产过程中会发生各种各样的耗费，如耗费材料、人工等。当这些生产耗费具体到一定的产品和数量上时，便形成产品的制造成本。在计算产品制造成本时，应严格区分生产成本和期间费用。生产成本是应当记入所生产的产品价值的耗费，而期间费用是应当直接记入当期损益的耗费。产品生产成本包括直接材料、直接人工和制造费用。直接材料、直接人工是按成本核算对象和成本项目分别归集的直接费用，制造费用是为生产发生的间接费用。生产过程业务核算的主要内容有两项：一是生产耗费的发生、归集与分配；二是产品生产成本的计算。

一、账户设置

企业的产品成本计算是通过建立生产费用核算的账户体系来进行的。通过生产费用核算账户，可以反映和监督生产费用的发生、归集和分配情况，并在此基础上进行产品成本的计算。工业企业进行生产费用的核算，一般应设立"生产成本"和"制造费用"两个账户。下面分别说明这两个账户的核算内容及账户结构。

（一）"生产成本"账户

"生产成本"账户用来核算企业进行工业性生产，包括生产各种产品（包括产成品、自制半成品、提供劳务等）、自制材料、自制工具、自制设备等所发生的各种直接生产费用。该账户属于成本类账户，借方登记产品生产过程中所发生的各项生产成本，包括直接材料费用、直接人工费用和分配来的制造费用；贷方登记完工产品的实际制造成本。期末借方余额，表示期末尚未完工的在产品的实际成本（图4-10）。

生产成本

期初余额	
为生产产品所发生的各项生产成本	结转的完工入库产品的生产成本
期末余额：在产品的生产成本	

图 4-10　生产成本账户

为了具体反映每一种产品的生产费用发生情况，核算各种产品的生产数量和实际制造成本，应按照产品的品种或类别分别设置"生产成本"明细分类账户，进行明细分类核算。

（二）"制造费用"账户

"制造费用"账户用来核算为生产产品和提供劳务而发生的各项间接生产费用。它是指生产车间为管理和组织本车间生产所发生的、不能直接计入产品成本的各项费用，包括车间管理人员的工资和福利费、折旧费和修理费、车间办公费、水电费、机物料消耗、劳务保护费、季节性和修理期间的停工损失等。"制造费用"账户属于成本类账户。借方登记各项制造费用的发生额；贷方登记计入产品成本的分配额，即分配转入"生产成本"账户借方应由各种产品负担的制造费用。该账户期末一般应无余额，且一般应按不同的车间、部门设置明细分类账，并按费用项目设置专栏，进行明细核算（图4-11）。

制造费用

按车间归集所发生的各项制造费用	期末分配结转入"生产成本"账户的制造费用

图 4-11　制造费用账户

企业行政管理部门为组织和管理生产而发生的管理费用，应当作为期间费用，记入"管理费用"账户。

产品生产过程中发生的直接材料费用和直接人工费用，直接记入"生产成本"账户的借方；发生的各项间接费用，先在"制造费用"账户的借方进行归集，月末再分配计入"生产成本"账户的借方。这样，在"生产成本"账户的借方就归集了产品生产所发生的各项费用。

在生产业务的核算中，除了要设置和运用"生产成本"和"制造费用"两个账户外，还会运用到"原材料""应付职工薪酬""累计折旧"账户，这些账户核算的内容和账户结构，我们将结合生产费用的归集与分配业务，分别在后面的内容予以说明。

二、账务处理

（一）材料费用的归集与分配

企业在生产过程中耗用的各种材料，应根据领料凭证按用途进行归集和分配。直接用于产品生产，构成产品实体的材料费，属于直接费用，应记入"生产成本"账户的借方；生产车间耗用的一般消耗，属于间接费用，应记入"制造费用"账户的借方。

【例4-12】3月10日，东方公司仓库发出下列材料用于生产A、B两种产品和其他的一般耗用，见表4-5。

表4-5　材料耗用

用途	甲材料		乙材料		丙材料		金额合计/元
	数量/千克	金额/元	数量/千克	金额/元	数量/千克	金额/元	
制造产品耗用	9 000	270 000	8 000	160 000	12 000	300 000	730 000
A产品	6 000	180 000	4 000	80 000	8 000	200 000	460 000
B产品	3 000	90 000	4 000	80 000	4 000	100 000	270 000
企业生产车间耗用			1 000	20 000			20 000
合计	9 000	270 000	9 000	180 000	12 000	300 000	750 000

这项经济业务的发生，一方面使企业的库存材料减少了750 000元；另一方面材料投入生产，使生产成本增加了730 000元的材料费用，材料用于生产车间的一般消耗，使制造费用增加了20 000元的材料费用。这项经济业务涉及"生产成本"、"制造费用"和"原材料"等账户。库存材料减少应记入"原材料"账户的贷方；材料费用增加，应按材料用途归集，用于制造产品的材料，借记"生产成本"科目，生产车间一般耗用的材料，借记"制造费用"科目。这项经济业务编制的会计分录如下：

借：生产成本——A产品　　　　　　　　　　　　　　460 000
　　　　　　——B产品　　　　　　　　　　　　　　270 000
　　制造费用　　　　　　　　　　　　　　　　　　　20 000
　贷：原材料——甲材料　　　　　　　　　　　　　　270 000
　　　　　　——乙材料　　　　　　　　　　　　　　180 000
　　　　　　——丙材料　　　　　　　　　　　　　　300 000

（二）职工薪酬的归集与分配

产品生产过程中发生的职工薪酬是产品成本的重要组成部分。职工薪酬是指企业为获得职工提供的服务而给予各种形式的报酬以及其他相关支出，包括职工在职期间和离职后提供给职工的全部货币性薪酬和非货币性福利。企业提供给职工配偶、子女或其他被赡养人的福利等，也属于职工薪酬。包括工资、职工福利、社会保险费、住房公积金、工会经费、职工教育经费、非货币性福利、辞退福利、股份支付等。

为了反映核算企业根据有关规定应付给职工的各种薪酬，需要设置"应付职工薪酬"账户。该账户属于负债类账户。贷方登记计算提取数，借方登记发放金额，余额一般在贷方，表示尚未支付的职工薪酬（图4-12）。

应付职工薪酬	
实际支付的职工薪酬	期初余额
	月末计算分配的职工薪酬
	期末余额：尚未付的职工薪酬

图 4-12 应付职工薪酬账户

企业生产过程中实际发生的职工薪酬，应按职工的类别及职工薪酬的用途进行归集与分配。直接从事产品生产的生产工人的职工薪酬，属于直接工资费用，应记入"生产成本"账户的借方；车间管理人员的职工薪酬，属于间接工资费用，应记入"制造费用"账户的借方。

下面举例说明职工薪酬归集与分配的账务处理。

【例4-13】3月11日，东方公司开出现金支票从银行提取现金40 000元，以备发放工资。

这项经济发生，一方面使企业的现金增加了40 000元；另一方面使存款减少40 000元，并涉及"库存现金"和"银行存款"账户。现金的增加应记入"库存现金"账户的借方；存款的减少，应记入"银行存款"账户的贷方。其会计分录如下：

借：库存现金   40 000
　　贷：银行存款   40 000

【例4-14】3月11日，东方公司以现金40 000元支付企业职工的工资。

这项经济业务的发生，一方面使企业的现金减少40 000元，另一方面使企业支付给职工的工资债务减少40 000元。涉及"应付职工薪酬"和"库存现金"账户。实际支付工资使负债减少，应借记"应付职工薪酬"科目；现金的减少，应贷记"库存现金"科目。这项经济业务编制会计分录如下：

借：应付职工薪酬——工资   40 000
　　贷：库存现金   40 000

【例4-15】3月31日，东方公司结算本月应付职工工资，其中制造A产品的职工工资18 000元，制造B产品的职工工资12 000元，车间管理人员的工资5 000元，厂部管理人员的工资5 000元。

这项经济业务的发生，一方面使企业应付给职工的工资增加40 000元；另一方面使工资费用增加了40 000元。这项经济业务涉及"生产成本"、"制造费用"、"管理费用"和"应付职工薪酬"四个账户。应付给职工的工资增加，贷记"应付职工薪酬"科目。工资费用的增加是费用的增加，应按其用途进行归集：产品生产工人的工资，是构成产品成本的直接工资，应记入"生产成本"账户的借方；为车间管理人员支付的工资，是产品生产中的间接费用，应记入"制造费用"账户的借方；厂部管理人员的工资属于期间费用，应记入"管理费用"账户的借方。这项经济业务的会计分录如下：

借：生产成本——A产品　　　　　　　　　　　　　　　　　18 000
　　　　——B产品　　　　　　　　　　　　　　　　　　12 000
　　制造费用　　　　　　　　　　　　　　　　　　　　　5 000
　　管理费用　　　　　　　　　　　　　　　　　　　　　5 000
　贷：应付职工薪酬——工资　　　　　　　　　　　　　　　40 000

【例4-16】东方公司按本月工资总额的一定比例提取职工福利费5 600元，其中：产品生产工人的福利费4 200元（A产品生产工人的福利费2 520元，B产品工人的福利费1 680元）；车间管理人员的福利费700元，厂部管理人员的福利费700元。

这项经济业务表明生产过程中发生了人工费用。因此，这项经济业务的发生，引起费用和负债两个要素同时增加的变化，一方面使企业应付的福利费增加了5 600元，另一方面使工资费用中的福利费增加了5 600元。这项经济业务涉及"生产成本"、"制造费用"、"管理费用"和"应付职工薪酬"四个账户。应付福利费的增加是负债的增加，应随同工资一起按用途进行归集：产品生产工人的福利费，是构成产品成本的直接工资，应记入"生产成本"账户的借方；车间管理人员的福利费是产品生产中的间接费用，应记入"制造费用"账户的借方；厂部管理人员的福利费属于期间费用，应记入"管理费用"账户的借方。这项经济业务应编制的会计分录为

借：生产成本——A产品　　　　　　　　　　　　　　　　　2 520
　　　　——B产品　　　　　　　　　　　　　　　　　　1 680
　　制造费用　　　　　　　　　　　　　　　　　　　　　700
　　管理费用　　　　　　　　　　　　　　　　　　　　　700
　贷：应付职工薪酬——职工福利　　　　　　　　　　　　　5 600

（三）制造费用的归集与分配

制造费用是指企业为生产产品或提供劳务而发生的各项间接费用。它也是产品制造成本的一个组成部分。制造费用的归集与分配应通过"制造费用"账户进行核算，在核算时还将运用到"原材料""应付职工薪酬""累计折旧"等账户。关于"原材料""应付职工薪酬"等账户已在前面做了介绍，下面对"累计折旧"账户的核算内容及账户结构予以说明。

固定资产折旧，是指固定资产在使用期内由于磨损或损耗而减少的价值。固定资产由于损耗而减少的这部分价值应该及时得到补偿，以保证企业扩大再生产的顺利进行。为此，企业应按收入与费用配比的原则，将这部分价值以折旧费用项目按期计入产品成本或费用，构成产品成本或费用的一个组成部分。为了核算企业固定资产已提折旧的累计情况，需要设置"累计折旧"账户，该账户属于资产类账户。该账户贷方登记按月提取的折旧额，借方登记因减少固定资产而减少的累计折旧，期末余额在贷方，表示已提折旧的累计额（图4-13）。该账户只进行总分类核算，不进行明细分类核算。如果要查明该项固定资产已提折旧的具体情况，可以通过固定资产卡片来了解。

	累计折旧	
	期初余额
固定资产折旧的减少	提取固定资产折旧的增加
	期末余额：固定资产的累计折旧额

图 4-13　累计折旧账户

　　企业发生各项制造费用时，应根据有关的费用发生凭证，将各项制造费用归集在"制造费用"账户的借方；月份终了，再将本月发生的制造费用转入"生产成本"账户的借方，并按一定的分配标准，分配计入各种产品的成本中。

　　关于制造费用中的材料费用和工资费用，已在前面有关内容中述及，下面举例说明制造费用其他内容的账务处理方法。

　　【例 4-17】3 月 31 日，东方公司计提本月份折旧费用 10 300 元，其中生产车间厂房及机器设备的折旧 8 700 元，行政管理部门折旧费 1 600 元。

　　这项经济业务表明在生产过程中固定资产的价值发生损耗，损耗的价值转化为费用。因此，这项经济业务的发生，引起资产和费用两个要素发生变化：一方面使固定资产价值减少（表现为累计折旧增加）了 10 300 元；另一方面使制造费用增加了 8 700 元，管理费用增加了 1 600 元。这项经济业务涉及"制造费用"、"管理费用"和"累计折旧"三个账户。固定资产价值的减少是资产的减少，应记入"累计折旧"账户的贷方；折旧费的增加是成本费用的增加，应计入"制造费用"和"管理费用"账户的借方。这项经济业务编制的会计分录如下：

　　借：制造费用　　　　　　　　　　　　　　　　　　　　　　　8 700
　　　　管理费用　　　　　　　　　　　　　　　　　　　　　　　1 600
　　　　贷：累计折旧　　　　　　　　　　　　　　　　　　　　　　　10 300

　　【例 4-18】3 月 31 日，东方公司以银行存款支付生产车间固定资产修理费 800 元。

　　这项经济业务表明企业发生固定资产修理费，同时该项费用实际支付。这项经济业务同时涉及"制造费用""银行存款"两个账户。因此，这项经济业务的发生，引起费用和资产两个要素一增一减的变化，一方面使制造费用中的修理费增加了 800 元，应记入"制造费用"账户借方；另一方面使银行存款减少了 800 元，应记入"银行存款"账户贷方。这项经济业务编制的会计分录如下：

　　借：制造费用　　　　　　　　　　　　　　　　　　　　　　　　800
　　　　贷：银行存款　　　　　　　　　　　　　　　　　　　　　　　　800

　　【例 4-19】3 月 10 日，东方公司用银行存款支付生产车间办公费 800 元，水电费 2 000 元。

　　这项经济业务表明生产车间为管理和组织生产发生了其他各项间接费用。因此，这项经济业务的发生，引起费用和资产两个要素发生变化：一方面使制造费用增加了 2 800 元；另一方面使企业的银行存款减少了 2 800 元。这项经济业务涉及"制造费用"和"银行存款"两个账户。生产车间办公费和水电费的增加是费用的增加，应记入"制造费用"

账户的借方；银行存款的减少是资产减少，应记入"银行存款"账户的贷方。这项经济业务编制的会计分录如下：

借：制造费用　　　　　　　　　　　　　　　　　　　　　　2 800
　贷：银行存款　　　　　　　　　　　　　　　　　　　　　　　2 800

【例 4-20】月份终了，东方公司将本月发生的制造费用 38 000 元，A、B 两种产品生产工时分别为 600 工时和 400 工时。按 A、B 两种产品生产工时的比例分配计入各种产品的生产成本。经计算，A 产品应负担制造费用 22 800 元，B 产品应负担制造费用为 15 200 元。

这项经济业务的核算步骤是：首先，将本月发生的制造费用总额 38 000 元在 A、B 两种产品之间分配，计算确定 A、B 两种产品各自应负担的制造费用。其次，将制造费用全部转入产品生产成本。

这项经济业务表明企业本月发生的制造费用应计入产品生产成本。因此，这项经济业务的发生使制造费用减少了 38 000 元。这项经济业务涉及"生产成本"和"制造费用"两个账户。生产成本的增加是费用的增加，应记入"生产成本"账户的借方；制造费用的减少是费用的减少，应记入"制造费用"账户的贷方。这项经济业务应编制的会计分录为

借：生产成本——A 产品　　　　　　　　　　　　　　　　22 800
　　　　　　——B 产品　　　　　　　　　　　　　　　　15 200
　贷：制造费用　　　　　　　　　　　　　　　　　　　　　38 000

（四）完工产品结转

为了核算和监督库存产成品收发和结存情况，企业应设置"库存商品"账户。该账户属于资产类账户，其借方登记验收入库完工产成品的实际成本；贷方登记销售发出产成品的实际成本（图 4-14）。对于企业生产完工验收入库的产成品，企业会计部门应于月末根据"产品成本计算表"，按其所列的产成品实际成本，借记"库存商品"账户，贷记"生产成本"账户。

库存商品	
期初余额	
验收入库商品成本的增加	库存商品成本的减少
期末余额：结存的商品成本	

图 4-14　库存商品账户

【例 4-21】3 月 31 日，东方公司本月生产的 1 000 件 A 产品全部完工并验收入库，该批产品的实际成本为 498 000 元。B 产品尚未完工。假设 A 产品没有期初和期末在产品。

这项经济业务表明产品生产完工，生产资金转化为成品资金。因此，这项经济业务的发生引起资产和费用两个要素一增一减的变化：一方面使企业的产成品增加了 498 000

元；另一方面使生产成本减少了 498 000 元。这项经济业务涉及"库存商品"和"生产成本"两个账户。产成品增加是资产的增加，应记入"库存商品"账户的借方；生产成本的减少是费用的减少，应记入"生产成本"账户的贷方。这项经济业务应编制的会计分录如下：

借：库存商品——A 产品　　　　　　　　　　　　　　　　498 000
　　贷：生产成本——A 产品　　　　　　　　　　　　　　　498 000

第五节　产品销售业务的核算

制造业企业从生产过程制造完成的产成品验收入库开始起，到销售给购买方为止的过程称为销售过程。这一过程是产品价值和使用价值的实现过程，即通过交换，将制造的产品及时地销售出去，按产品的销售价格向购买方办理结算，收回销货款，通常把销货款称为销售收入。在产品销售过程中，企业为取得一定数量的销售收入，必须付出相应数量的产品，为制造这些产品耗费的材料、人工等称为产品销售成本。此外，企业为了推销产品还要发生包装费、运输费、广告费等耗费。这些耗费与销售产品有关，应抵减当期的销售收入。企业在取得销售收入时，应按国家税法规定的税率和实现的销售收入计算产品销售税金。综上所述，制造业企业销售过程的主要经济业务是：确认和登记实现的业务收入；计算和结转业务成本；支付销售费用；计算税金及附加；确定营业利润或亏损等。

一、账户设置

为了能全面核算销售过程业务的各项内容，企业应设置和运用"主营业务收入""主营业务成本""销售费用""税金及附加"等账户。

"主营业务收入"账户用来核算和监督企业销售产品取得收入的情况。企业销售产品实现了收入，记入该账户的贷方；期末将本期实现的收入从借方转入"本年利润"账户，结转后该科目一般没有余额（图 4-15）。

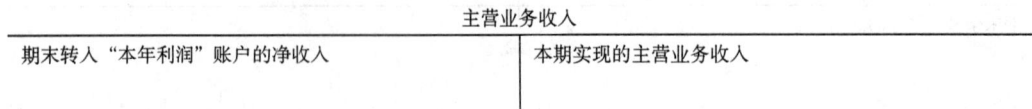

主营业务收入	
期末转入"本年利润"账户的净收入	本期实现的主营业务收入

图 4-15　主营业务收入账户

"主营业务成本"账户用来核算销售产成品的实际成本。企业结转销售产品成本时，记入该账户的借方；期末将本期的销售成本从贷方转入"本年利润"账户，结转后该科目一般没有余额（图 4-16）。

主营业务成本

本期发生的主营业务成本	期末转入"本年利润"账户的主营业务成本

图 4-16　主营业务成本账户

"销售费用"账户用来核算产品销售过程中发生的各项销售费用。销售费用包括运输费、装卸费、包装费、保险费、展览费和广告费，以及为销售本企业商品而专设的销售机构的职工工资及福利费、业务费等经营费用。发生各项销售费用时，记入该账户的借方；期末将本期的销售费用从贷方转入"本年利润"账户，结转后该科目一般没有余额（图 4-17）。

销售费用

本期发生的各项销售费用	期末转入"本年利润"账户的销售费用

图 4-17　销售费用账户

"税金及附加"账户用来核算应由销售产品负担的销售税金。期末，企业按照规定计算出应负担的销售税金，记入该账户的借方；期末将本期产品负担的税金转入"本年利润"账户，结转后该科目一般没有余额（图 4-18）。

税金及附加

本期发生的各项税金及附加	期末转入"本年利润"账户的税金及附加

图 4-18　税金及附加账户

"管理费用"账户。"管理费用"账户是用来核算为组织和管理生产经营活动而发生的管理费用的账户。该账户属于损益类账户中支出性质的账户，其借方登记发生的各项管理费用；贷方登记期末转入"本年利润"账户的本期管理费用数额；期末结转后本账户应无余额（图 4-19）。

管理费用

本期发生的各项管理费用	期末转入"本年利润"账户的管理费用

图 4-19　管理费用账户

"财务费用"账户。"财务费用"账户是用来核算企业为筹集生产经营所需资金等而发生的费用的账户。该账户属于损益类账户中支出性质的账户，其借方登记企业发生的各项财务费用；贷方登记期末转入"本年利润"账户的本期财务费用数额；期末结转后本账户应无余额（图 4-20）。

财务费用

本期发生的各项财务费用	期末转入"本年利润"账户的财务费用

图 4-20　财务费用账户

此外，对于收取的货款进行核算时，还将运用"应收账款""预收账款""应交税费"等账户。

"应收账款"账户用来核算企业因销售产品、提供劳务等业务，应向购货方或接受劳务单位收取的款项。发生应收购买单位款项，借记"应收账款"科目；收回应收的购买单位款项，贷记"应收账款"科目；其借方余额表示应收的购买单位货款（图 4-21）。

应收账款

期初余额	
发生的各项应收账款	收回的各项应收账款
期末余额：尚未收回的应收账款	

图 4-21　应收账款账户

"预收账款"账户用来核算企业按照合同规定向购货单位预收的货款。企业向购货单位预收货款时，记入该账户的贷方；产品销售实现时，按售价借记"预收账款"科目（图 4-22）。

预收账款

	期初余额
预收账款的冲减额	预收账款的增加额
	期末余额：预收账款额

图 4-22　预收账款账户

"应交税费"账户用来核算企业各种税费的结算和缴纳情况。每期终了，按规定计算出当期应缴纳的各种税费，记入"应交税费"科目的贷方；企业缴纳税费，应借记"应交税费"科目；其贷方余额表示应交未交的税费（图 4-23）。

应交税费

	期初余额
应交税费的减少额	应交税费的增加额
	期末余额：应交未交税费额

图 4-23　应交税费账户

二、账务处理

（一）确认和登记销售收入

企业销售产品的结果会使企业的资产增加或负债减少，因此，确认销售收入的原则为：如果企业在正常经营活动中形成的经济利益总流入会导致资产的增加或负债的减少，未来经济利益能够流入企业，并能够可靠地加以计量，就应该确认为收入的实现。实际上收入的确认和计量要解决收入的入账时间和入账金额。收入的入账时间以销售为基础，当产品已经发出，产品的所有权已经转移给买方后，收到货款或取得收取货款的证据，作为收入实现的入账时间。收入的入账金额一般按销售产品的售价确认。企业销售产品未收到款，但在将来规定的时间内会通过结算，作为未来的经济利益流入企业。这笔未结算的款项被作为企业的一项资产加以确认。期末全部应收未收款作为资产负债表中的一项流动资产而得到确认。

【例 4-22】3 月 20 日，东方公司按合同向红光工厂发出 A 产品 100 件，单位售价 800 元，共计 80 000 元。开出的增值税专用发票上注明售价 80 000 元，增值税税额 13 600 元，货款未收到。

这项经济业务表明企业营业收入已经实现。因此，这项经济业务的发生，一方面使收入和向购买方收取的增值税增加了 93 600 元；另一方面应收账款增加了 93 600 元。这项经济业务同时涉及"应收账款"、"主营业务收入"和"应交税费——应交增值税（销项税额）"三个账户。应收账款增加 93 600 元，应借记"应收账款"科目；销售收入增加 80 000 元，贷记"主营业务收入"科目；向购买方收取的增值税增加了 13 600 元，贷记"应交税费——应交增值税（销项税额）"。这项经济业务编制的会计分录如下：

```
借：应收账款                                             93 600
    贷：主营业务收入                                       80 000
        应交税费——应交增值税（销项税额）                    13 600
```

【例 4-23】3 月 16 日，东方公司按合同规定预收实德集团货款 70 000 元存入银行。

这项经济业务的发生，一方面使银行存款增加 70 000 元；另一方面在预收货款时，销售并未实现，不能作为主营业务收入的增加，只能表示预收账款增加 70 000 元。这项经济业务同时涉及"银行存款"和"预收账款"两个账户。银行存款增加借记"银行存款"科目；预收货款增加贷记"预收账款"科目。这项经济业务编制的会计分录如下：

```
借：银行存款                                             70 000
    贷：预收账款                                          70 000
```

【例 4-24】3 月 26 日，东方公司按合同规定向实德集团销售 A 产品 800 件，单位售价 800 元，共计 640 000 元。开出的增值税专用发票上注明售价 640 000 元，增值税税额 108 800 元，共计 748 800 元。其中 70 000 元为预收货款，其余款项收到存入银行。

这项经济业务的发生，一方面转移产品所有权，实现了销售，使主营业务收入和向购买方收取的增值税共计增加了 748 800 元；另一方面使银行存款增加 678 800 元，使预收货款减少 70 000 元。这项经济业务涉及"银行存款"、"预收账款"、"主营业务收入"和"应交税费——应交增值税（销项税额）"四个账户。银行存款增加借记"银行存款"科目；预收货款减少借记"预收账款"科目；销售收入增加贷记"主营业务收入"科目；向购买方收取的增值税增加，贷记"应交税费——应交增值税（销项税额）"。这项经济业务编制的会计分录如下：

```
借：银行存款                                          678 800
    预收账款                                           70 000
  贷：主营业务收入                                      640 000
      应交税费——应交增值税（销项税额）                 108 800
```

（二）计算和结转销售成本

根据收入与成本配比原则，企业在确认并登记销售收入后，应将已销售产品的实际生产成本，从"库存商品"账户结转到"主营业务成本"账户，以便与销售收入相配比。

【例 4-25】3 月 31 日，结转上述已售 A 产品 900 件的成本 448 200 元。

这项经济业务表明产品销售后，库存商品转化为销售成本，成为为取得销售收入而付出的代价。因此，这项经济业务的发生，引起资产和费用两个要素的变化：一方面使库存商品成本减少了 448 200 元；另一方面使销售成本增加了 448 200 元。这项经济业务涉及"主营业务成本"和"库存商品"两个账户。库存商品费用的增加，应记入"主营业务成本"账户的借方；库存商品发出减少，应记入"库存商品"账户的贷方。这项经济业务应编制的会计分录为

```
借：主营业务成本                                      448 200
  贷：库存商品——A 产品                                448 200
```

（三）确认并登记销售费用

企业在产品销售过程中所发生的各项费用，应在费用发生时登记入账。

【例 4-26】3 月 28 日，东方公司以银行存款 5 400 元支付销售 A 产品的销售费用。

这项经济业务的发生，一方面使银行存款减少 5 400 元；另一方面使销售费用增加了 5 400 元。这项经济业务涉及"销售费用"和"银行存款"两个账户。销售费用增加借记"销售费用"科目；银行存款减少贷记"银行存款"科目。这项经济业务编制的会计分录如下：

```
借：销售费用                                           5 400
  贷：银行存款                                          5 400
```

（四）计算并登记税金及附加

企业营业收入实现后，还应按税法规定，计算应由营业收入负担的税金及附加，包括消费税、城市维护建设税、资源税、教育费附加、房产税、土地使用税、车船使用税和印花税等相关税费。

【**例4-27**】月末，东方公司按税法规定计算出本月应缴的城市维护建设税1 190元。

这项经济业务表明企业本月销售产品应负担税金及附加。因此，这项经济业务的发生，引起费用和负债两个要素同时增加的变化：一方面使税金及附加增加了1 190元，另一方面使企业应交税费增加了1 190元，这项经济业务涉及"税金及附加"和"应交税费——应交城市维护建设税"两个账户。税金及附加的增加是费用的增加，应记入"税金及附加"账户的借方；应交税费的增加是负债的增加，应记入"应交税费——应交城市维护建设税"账户的贷方。这项经济业务应编制的会计分录为

```
借：税金及附加                                          1 190
    贷：应交税费——应交城市维护建设税                      1 190
```

（五）发生期间费用

1. 管理费用

管理费用是企业为管理和组织生产经营活动所发生的各项费用，包括行政管理部门职工工资、修理费、物料消耗、低值易耗品摊销、办公费和差旅费等。管理费用属于期间费用，应在发生的当期便从当期损益中扣除。企业发生各项管理费用时，应按实际发生额登记入账。

【**例4-28**】3月27日，东方公司用银行存款支付行政管理部门的业务招待费900元。

这项经济业务表明企业开支了业务招待费。因此，这项业务引起费用和资产两个要素的一增一减的变化：一方面使管理费用增加了900元，另一方面使银行存款减少900元。这项经济业务涉及"管理费用"和"银行存款"两个账户。管理费用的增加是费用的增加，应记入"管理费用"账户的借方；银行存款的减少是资产的减少，应记入"银行存款"账户的贷方。这项经济业务应编制的会计分录为

```
借：管理费用                                            900
    贷：银行存款                                          900
```

2. 财务费用

财务费用是企业为筹集生产经营所需资金等而发生的费用，包括利息支出、汇兑损失以及相关的手续费等。财务费用属于期间费用，应在发生的当期便从当期损益中扣除。企业发生各项财务费用时，应按实际发生额登记入账。

【**例4-29**】东方公司于3月31日用银行存款支付该月的短期借款利息1 000元。

这项经济业务的发生，一方面使企业本月的财务费用增加了1 000元，另一方面使企业的银行存款减少了1 000元。这项经济业务影响到费用和资产这两个会计要素，涉及"财务费用"和"银行存款"两个账户。财务费用的增加是费用的增加，应记入"财务费用"账户的借方；银行存款的减少是资产的减少，应记入"银行存款"账户的贷方。这项经济业务应编制的会计分录为

```
借：财务费用                                            1 000
    贷：银行存款                                          1 000
```

第六节　利润形成与分配业务的核算

企业一定会计期间的各项收入与各种费用相抵后形成本期的最终财务成果。财务成果的表现形式有利润和亏损两种。财务成果是企业经济活动效率与效益的综合表现，是衡量企业经营成果和经济效益的综合尺度。企业在一定会计期间实现的税前利润总额，要按照国家规定进行分配。因此，确定企业的净利润和对净利润进行分配，就是财务成果业务核算的主要内容。

一、利润的计算

为了正确计算一个企业在某一会计期间的净利润（或亏损），应根据配比原则，将企业在该会计期间内所获得的收入与所花费的费用加以配合抵销。企业一定时期实现的净利润（或亏损）按下列程序和方法计算。

（一）计算营业利润

营业利润是指企业一定时期从事各种经营业务所实现的毛利润扣除期间费用后的利润。其计算公式为

营业利润=营业收入-营业成本-税金及附加-销售费用-管理费用-财务费用
　　　　-资产减值损失±公允价值变动收益（公允价值变动损失）
　　　　±投资收益（投资损失）

其中，营业收入是指企业经营业务所发生的实际成本的总额，包括主营业务收入和其他业务收入；营业成本是指企业经营业务所发生的实际成本的总额，包括主营业务成本和其他业务成本；资产减值损失是指企业计提各项资产减值准备所形成的损失；公允价值变动收益（或损失）是指企业交易性金融资产等公允价值变动形成的应计入当期损益的利得（或损失）；投资收益（或损失）是指企业以各种方式对外投资所取得的收益（或发生的损失）。

（二）计算利润总额

利润总额是指企业在一定时期进行生产经营活动所实现的毛利润缴纳所得税前的利润，也称税前利润，其计算公式为

利润总额=营业利润+营业外收入-营业外支出

其中，营业外收入是指企业发生的与其日常活动无直接关系的各项利得；营业外支出是指企业发生的与其日常活动无直接关系的各项损失。

（三）计算净利润

净利润是指企业本期利润总额扣除应负担的所得税费用后的利润总额，也称作税后利润。其计算公式为

净利润=利润总额-所得税费用

二、利润实现的核算

（一）账户设置

为了反映和监督财务成果的形成情况，以及财务成果各个组成内容的发生情况，应设置和运用下列账户。

1. "本年利润"账户

"本年利润"账户是用来核算企业在本期实现的净利润（或亏损）的账户。该账户属于利润类账户，其贷方登记由有关收入账户转入的企业取得的各项收入数额，借方登记由有关支出账户转入的企业发生的各项支出的数额。收入和支出相抵后，本账户若有贷方余额，表示本期实现的净利润额；若有借方余额，表示本期发生的亏损总额（图 4-24）。本期终了，企业应将本年收入和支出相抵后结出的本期实现的净利润额或亏损总额，全部转入"利润分配"账户，结账后本账户应无余额。

本年利润

期末转入的各项费用和损失	期末转入的各项收入和得
本年亏损额	本年净利润额

图 4-24　本年利润账户

2. "营业外收入"账户

"营业外收入"账户是用来核算企业发生的与企业生产经营没有直接关系的各项收入的账户。该账户属于损益类账户中收入性质的账户，其贷方登记企业取得的各项营业外收入；借方登记期末转入"本年利润"账户的本期营业外收入数额；期末结转后本账户应无余额。

3. "营业外支出"账户

"营业外支出"账户是用来核算企业发生的与企业生产经营活动没有直接关系的各项支出的账户。该账户属于损益类账户中支出性质的账户，其借方登记企业发生的各项营业外支出；贷方登记期末转入"本年利润"账户的本期营业外支出数额；期末结转后本账户应无余额。

4. "所得税费用"账户

"所得税费用"账户是用来核算企业确认的应从当期损益中扣除的所得税费用。该账户属于损益类账户中费用类账户，其借方登记企业本期发生的所得税；贷方登记期末转入"本年利润"账户的本期所得税数额；期末结转后本账户应无余额。

（二）账务处理

（1）取得营业外收入。营业外收入是指企业发生的与其日常活动无直接关系的各项利得，包括非流动资产处置利得、盘盈利得、罚没利得、捐赠利得等。营业外收入是利润总额的增加项目，企业发生营业外收入时，应按实际发生额登记入账。

【例 4-30】3 月 28 日，东方公司对违纪职工决定罚款 1 390 元，款项于当日送存银行。

这项经济业务表明企业发生了一项营业外收入。因此，这项经济业务引起资产和收入两个要素发生变化：一方面使企业的资产增加了 1 390 元，另一方面使企业的营业外收入增加了 1 390 元。这项业务涉及"银行存款"和"营业外收入"两个账户。银行存款的增加是资产的增加，应记入"银行存款"账户的借方；营业外收入的增加是收入的增加，应记入"营业外收入"账户的贷方。这项经济业务应编制的会计分录为

借：银行存款   1 390
　贷：营业外收入   1 390

（2）发生营业外支出。营业外支出是指企业发生的与其日常活动无直接关系的各项损失，包括非流动资产处置损失、盘亏损失、罚款支出、公益性捐赠支出、非常损失等。营业外支出是利润总额的抵减项目，企业发生营业外支出时，应按实际发生额登记入账。

【例 4-31】3 月 30 日，经研究决定对贫困地区某小学捐赠文教费 1 000 元。款项已从银行转账付讫。

这项经济业务表明企业发生了一项营业外支出。因此，这项业务引起费用和资产两个要素发生变化：一方面使营业外支出增加了 1 000 元，另一方面使银行存款减少了 1 000元。这项经济业务涉及"营业外支出"和"银行存款"两个账户。营业外支出的增加是费用的增加，应记入"营业外支出"账户的借方；银行存款的减少是资产的减少，应记入"银行存款"账户的贷方。这项经济业务应编制的会计分录为

借：营业外支出   1 000
　贷：银行存款   1 000

（3）计算应缴纳所得税。所得税是按照税法规定从企业的生产经营所得中缴纳的税金，它属于企业的一项费用支出。企业实现的利润总额按照税法规定作相应调整后，依法缴纳所得税。

【例 4-32】3 月 31 日按规定税率 25% 计算东方公司本月应缴纳所得税为 658 125 元。

东方公司 3 月实现利润计算如下：

营业利润=80 000+640 000-448 200-1 190-5 400-900-5 000-700-1 600-1 450

          =255 560（元）

利润总额=255 560+1 390-1 000=255 950（元）

应缴纳所得税额=255 950×25%=63 987.5（元）

这项经济业务表明企业发生了所得税费用，形成了应交税费。因此，这项经济业务引起费用和负债两个要素同时增加的变化：一方面使所得税增加了 63 987.5 元，另一方面使应交税费增加了 63 987.5 元。这项业务涉及"所得税费用"和"应交税费——应交所得税"两个账户。所得税的增加是费用的增加，应记入"所得税费用"账户的借方；应交税费的增加是负债的增加，应记入"应交税费——应交所得税"账户的贷方。这项经济业务应编制的会计分录为

借：所得税费用   63 987.5

   贷：应交税费——应交所得税   63 987.5

（4）结转本年利润。通过上述会计的日常核算，已将企业本期发生的各项收入和费用全部记入各有关的损益类账户。期末，应将各个损益类账户余额结转到"本年利润"账户。在"本年利润"账户中，通过全部收入和全部费用相抵，结出本期实现的净利润（减亏损）。

【例 4-33】3 月 31 日将本月实现的主营业务收入 720 000 元，营业外收入 1 390 元，结转入"本年利润"账户。

这项转账业务表明企业将本月实现的各项收入全部转入"本年利润"账户。因此，这项业务引起收入和所有者权益两个要素发生变化，涉及"主营业务收入"、"营业外收入"和"本年利润"三个账户，应编制的会计分录为

借：主营业务收入   720 000

   营业外收入   1 390

   贷：本年利润   721 390

【例 4-34】3 月 31 日将本月发生的主营业务成本 448 200 元，销售费用 5 400 元，管理费用 8 200 元，财务费用 1 450 元，营业外支出 1 000 元，所得税费用 63 987.5 元，以及税金及附加 1 190 元，结转到"本年利润"账户。

这项转账业务表明企业将本月发生的各项支出全部转入"本年利润"账户。因此，这项业务引起费用和所有者权益两个要素发生变化，涉及"主营业务成本"、"税金及附加"、"销售费用"、"管理费用"、"财务费用"、"营业外支出"、"所得税费用"和"本年利润"等账户，应编制的会计分录为

借：本年利润   529 427.5

   贷：主营业务成本   448 200

     税金及附加   1 190

     销售费用   5 400

     管理费用   8 200

     财务费用   1 450

     营业外支出   1 000

     所得税费用   63 987.5

通过结转，将本月发生的全部收入和全部支出都汇集在"本年利润"账户，即可计算确定企业本月实现的净利润。

净利润=721 390−529 427.5=191 962.5（元）

三、利润分配的核算

（一）账户设置

企业在一定时期实现的净利润（税后利润），应按照有关协议、规定或决议进行分配。利润分配的顺序：一是弥补以前年度亏损；二是提取盈余公积，留给企业用于扩大经营规模，或以丰补歉，或用于职工集体福利设施支出等；三是向投资者分配利润，作为所有者投资的报酬。

为了反映和监督企业利润的分配情况，以及盈余公积的提取和应付利润的结算情况，应设置和运用下列账户。

（1）"利润分配"账户。"利润分配"账户是用来核算企业的利润分配（或亏损的弥补）和历年分配后利润的结存余额的账户。该账户属于所有者权益类账户，其借方登记已分配的利润数额；贷方登记年终从"本年利润"账户转入的本年净利润（如为亏损，则从"本年利润"账户转入至"利润分配"账户借方）；年终结账后，该账户如为贷方余额，表示累计未分配的利润，如为借方余额，则表示未弥补的亏损。该账户按利润分配的去向和反映历年分配后结存金额的需要，一般应设置"提取盈余公积"、"应付利润"和"未分配利润"等明细分类账户。

（2）"盈余公积"账户。"盈余公积"账户是用来核算企业从税后利润中提取的盈余公积的账户。该账户属于所有者权益类账户，其贷方登记提取的盈余公积，借方登记盈余公积的支用数额；期末贷方余额，表示盈余公积的结余数额（图 4-25）。

盈余公积

本期使用的盈余公积金	期初余额
	本期提取的盈余公积金
	期末余额：结余的盈余公积金

图 4-25　盈余公积账户

（3）"应付利润"（或"应付股利"）账户。"应付利润"（或"应付股利"）账户用来核算企业应付给投资者的利润或现金股利。该账户属于负债类账户，其贷方登记计算出的应付给投资者的利润或现金股利；借方登记已实际支付的利润或现金股利；期末贷方余额，表示尚未支付的利润或现金股利。

（二）账务处理

（1）提取盈余公积。为了增加企业自我发展的实力和承担经营风险的能力，企业应按规定从税后利润中提取盈余公积，企业提取的盈余公积属于所有者权益。

【例4-35】东方公司企业按税后利润的10%提取盈余公积 19 196.25（191 962.5×10%）元。

这项经济业务表明企业将净利润中的一部分转化为盈余公积。因此，这项业务引起所有者权益要素中两个不同项目的一增一减的变化：一方面使利润分配数增加（即利润减少）了19 196.25元，另一方面使盈余公积增加了19 196.25元。这项经济业务涉及"利润分配"和"盈余公积"两个账户。利润分配的增加是所有者权益的减少，应记入"利润分配"账户的借方；盈余公积的增加是所有者权益的增加，应记入"盈余公积"账户的贷方。这项经济业务应编制的会计分录为

借：利润分配——提取盈余公积　　　　　　　　　　　19 196.25
　　贷：盈余公积　　　　　　　　　　　　　　　　　　　　19 196.25

（2）向投资者分配利润。企业实现的税后利润在提取盈余公积后，应按投资协议、合同或法律法规的规定在投资者之间分配。企业根据利润分配方案，计算出应分配给投资者的利润时，一方面应作为利润分配的一项内容登记入账，另一方面，由于应分配给投资者的利润尚未支付，应作为一项负债登记入账。

【例4-36】东方公司经批准决定向投资者分配利润30 000元。

这项经济业务表明企业将一部分利润分配给投资者，但尚未支付。因此，这项业务引起所有者权益和负债两个要素发生变化：一方面使利润分配数增加（即利润减少）了30 000元，另一方面使应付利润增加了30 000元。这项经济业务涉及"利润分配"和"应付利润"两个账户。利润分配的增加是所有者权益的减少，应记入"利润分配"账户的借方；应付利润的增加是负债的增加，应记入"应付利润"账户的贷方。这项经济业务应编制的会计分录为

借：利润分配——应付利润　　　　　　　　　　　　　30 000
　　贷：应付利润　　　　　　　　　　　　　　　　　　　　30 000

（3）期末结转本期实现的净利润（亏损）。年度终了，将"本年利润"账户余额全部转入"利润分配"账户，结转后"本年利润"账户无余额。

【例4-37】东方公司期末结转本期实现的净利润。

东方公司本期实现净利润191 962.5元。结转净利润这项经济业务的发生，一方面使公司记录在"本年利润"账户的累计净利润减少191 962.5元，另一方面使公司可供分配利润增加191 962.5元。这项经济业务涉及"本年利润"和"利润分配"两个账户。结转净利润时，应将净利润从"本年利润"账户的借方转入"利润分配"账户的贷方（如果结转亏损，作相反的处理）。这项经济业务应编制的会计分录为

借：本年利润　　　　　　　　　　　　　　　　　　　191 962.5
　　贷：利润分配——未分配利润　　　　　　　　　　　　191 962.5

假设账户无期初余额，本章例4-1至例4-37业务（除例4-4之外）的丁字账户结构如图4-26所示。

银行存款

①1 500 000	③450
②90 000	⑤58 500
㉓70 000	⑦7 800
㉔678 800	⑩10 000
㉚1 390	⑪13 400
	⑬40 000
	⑱800
	⑲2 800
	㉖5 400
	㉘900
	㉙1 000
	㉛1 000
2 020 940	

（1）

库存现金

⑬40 000	⑧500
	⑪200
	⑭40 000
	700

（2）

应收账款

| ㉒93 600 | |
| 93 600 | |

（3）

预收账款

| ㉔70 000 | ㉓70 000 |

（4）

实收资本

| | ①1 500 000 |
| | 1 500 000 |

（5）

短期借款

| ④90 000 | ②90 000 |

（6）

应付利息

| ③450 | ③450 |

（7）

固定资产

| ⑤50 000 | |
| 50 000 | |

（8）

应付账款

| | ⑥596 700 |
| | 596 700 |

（9）

应交税费——应交增值税（进项税额）

⑤8 500	
⑥86 700	
⑪3 400	
98 600	

（10）

应交税费——应交增值税（销项税额）

	㉒13 600
	㉔108 800
	122 400

（11）

在途物资——甲材料

⑥510 000	⑨518 300
⑦7 800	
⑧500	

（12）

原材料

⑨518 300	⑫750 000
⑪20 200	
211 500	

（13）

制造费用

⑫20 000	⑳38 000
⑮5 000	
⑯700	
⑰8 700	
⑱800	
⑲2 800	

（14）

应付职工薪酬

⑭40 000	⑮40 000
	⑯5 600
	5 600

（15）

生产成本——A 产品

⑫460 000	㉑498 000
⑮18 000	
⑯2 520	
⑳22 800	
5 320	

（16）

库存商品——A 产品

㉑498 000	㉕448 200
49 800	

（17）

生产成本——B 产品

⑫270 000	
⑮12 000	
⑯1 680	
⑳15 200	
298 880	

（18）

预付账款

⑩10 000	⑪10 000

（19）

主营业务收入

㉝720 000	㉒80 000
	㉔640 000

（20）

管理费用

⑮5 000	㉞8 200
⑯700	
㉘900	
⑰1 600	

（21）

应交税费——应交城市维护建设税

	㉗1 190
	1 190

（22）

财务费用

③450	㉞1 450
㉙1 000	

（23）

主营业务成本

㉕448 200	㉞448 200

（24）

销售费用

㉖5 400	㉞5 400

（25）

税金及附加

㉗1 190	㉞1 190

（26）

营业外收入

㉝1 390	㉚1 390

（27）

营业外支出

㉛1 000	㉞1 000

（28）

所得税费用

㉜63 987.5	㉞63 987.5

（29）

应交税费——应交所得税

	㉜63 987.5
	63 987.5

（30）

盈余公积

	㉟19 196.25
	19 196.25

（31）

本年利润

㉞529 427.5	㉝721 390
㊲191 962.5	

（32）

利润分配

㉟19 196.25	㊲191 962.5
㊱30 000	
	142 766.25

（33）

应付利润

	㊱30 000
	30 000

（34）

图 4-26　例 4-1 至例 4-37 业务的丁字账户

第七节　其他业务

企业作为商品的生产者和经营者，应按照税法规定履行纳税义务，对经营活动的流转额或所得额依法缴纳各种税费。企业的纳税义务，一般随其经营活动的进行而产生，但企业向税务机关缴纳税款则定期（一般按月）集中进行。由于纳税义务产生时间与缴纳税款时间不一致，一定时期内企业应交的税费，在尚未缴纳之前暂时停留在企业，形成一项负债，会计上成为应交税费。由于各种税费的计算依据不同，会计处理方法也各不相同。

增值税是以商品（含应税劳务、销售服务、无形资产或不动产）在流转过程中产生的增值额为计税依据而征收的一种流转税。按照税法规定，企业购进货物、加工修理修配劳务、服务、无形资产或者不动产所支付或者负担的增值税额（即进项税额），可以从销售货物、提供加工修理修配劳务、服务、无形资产或者不动产按规定收取的增值税（即销项税额）中抵扣。

增值税是价外税，实行价外计征的办法，纳税人销售货物、提供应税劳务、服务、无形资产或者不动产，均应按销售额与适用税率计算缴纳增值税。

增值税的纳税人为在我国境内销售货物或者提供加工、修理修配劳务、进口货物、服务、无形资产或者不动产的单位和个人。纳税人按其经营规模及会计核算资料是否健全划分为一般纳税人和小规模纳税人。按税法的有关规定，小规模纳税人的条件为：从事货物生产或提供应税劳务的纳税人，以及以从事货物生产或提供应税劳务为主，并兼营货物批发或零售的纳税人，年应征增值税销售额在 50 万元以下的；从事货物批发或零售的纳税人，年应税销售额在 80 万元以下的，以及应税销售额超过小规模纳税人标准，但会计核算不健全或者不能提供准确税务资料的；或虽符合一般纳税人条件但不申请办理一般纳税人认定手续的均应视同小规模纳税人。除此之外，则为一般纳税人。

"应交税费"账户核算企业应缴纳的各种税费。其贷方登记计算应交和退回多交的税费额，借方登记实际缴纳和补交的税费额，期末贷方余额表示未交和未退回多交的税费额，借方余额表示多交或尚未抵扣的税费额。"应交税费"账户应按各种税种设置明细分类账进行明细分类核算。

一、一般纳税人的会计核算

（1）进项税额。一般纳税人采购物资时，按增值税专用发票上注明的增值税额，借记"应交税费——应交增值税（进项税额）"科目，按发票上记载的应计入采购成本的金额，借记"在途物资""原材料"等科目，按实付金额，贷记"银行存款""应付账款"等科目。

【例 4-38】东方公司购入一批原材料，增值税专用发票上注明的原材料，价款为 500 000 元，增值税额为 85 000 元。货款已经支付，材料已经到达并验收入库（假定该企业采用实际成本进行日常材料核算）。

东方公司购入原材料：

借：原材料　　　　　　　　　　　　　　　　　　　　　　500 000

　　应交税费——应交增值税（进项税额）　　　　　　　　85 000

　　贷：银行存款　　　　　　　　　　　　　　　　　　　　　585 000

（2）销项税额。销货方或提供劳务方按照不含税售价和适用的增值税率计算销项税额，并开具增值税专用发票。按实现的营业收入和收取的增值税额，借记"银行存款""应收账款"等科目。按实现的营业收入，贷记"主营业务收入"等科目，按增值税专用发票上注明的增值税额，贷记"应交税费——应交增值税（销项税额）"科目。

【例 4-39】东方公司当期销售产品收入为 1 000 000 元（不含应向购买者收取的增值税），货款尚未收到。假如该产品的增值税率为 17%。

东方公司销售产品，销项税额=1 000 000×17%=170 000（元）。

借：应收账款　　　　　　　　　　　　　　　　　　　　1 170 000

　　贷：主营业务收入　　　　　　　　　　　　　　　　　　1 000 000

　　　　应交税费——应交增值税（销项税额）　　　　　　　170 000

二、小规模纳税人的会计核算

小规模纳税企业的标准按国家有关规定执行。小规模纳税企业的特点有：一是小规模纳税企业销售物资或者提供应税劳务，一般情况下只能开具普通发票，不能开具增值税专用发票；二是小规模纳税企业销售物资或提供应税劳务，实行简易办法计算应纳税额，按照销售额的一定比例计算征收；三是小规模纳税人的销售额不包括其应纳税额。采用销售额和应纳税额合并定价方法的，按照公式"销售额=含税销售额÷（1+征收率）"还原为不含税销售额计算。

从会计核算角度看，小规模纳税企业购入物资无论是否具有增值税专用发票，其支付的增值税额均不计入进项税额，不得由销项税额抵扣，而计入购入物资的成本。相应地，其他企业从小规模纳税企业购入物资或接受劳务支付的增值税额，如果不能取得增值税专用发票，也不能作为进项税额抵扣，而应计入购入物资或应税劳务的成本。小规模纳税企业的销售收入应按不含税价格计算。小规模纳税企业"应交税费——应交增值税"科目，应采用三栏式账户。

【例 4-40】假定某工业企业核定为小规模纳税企业，本期购入原材料，按照增值税专用发票上记载的原材料成本为 500 000 元，支付的增值税额为 85 000 元，企业开出、承兑的商业汇票，材料尚未收到。该企业本期销售产品，含税价格为 800 000 元，货款尚未收到（假定该企业采用实际成本进行日常材料核算）。根据上述经济业务，企业应作会计处理如下。

（1）购进原材料。

借：在途物资　　　　　　　　　　　　　　　　　　　　　585 000

　　　　贷：应付票据　　　　　　　　　　　　　　　　　　　　　　585 000
　　（2）销售物资。
不含税价格=800 000÷（1+3%）=776 699（元）
应交增值税=776 699×3%=23 301（元）
　　借：应收账款　　　　　　　　　　　　　　　　　　　　　　800 000
　　　　贷：主营业务收入　　　　　　　　　　　　　　　　　　　776 699
　　　　　　应交税费——应交增值税　　　　　　　　　　　　　　　23 301

第八节　账户的分类

　　以工业企业为例，在借贷记账法下，账户按其用途和结构的不同，可以分为盘存账户、结算账户、资本账户、集合分配账户、跨期摊提账户、成本计算账户、收入账户、费用账户、财务成果账户、调整账户和计价对比账户等十一类账户。
　　下面分别说明各类账户的用途和结构特点。

一、盘存账户

　　盘存账户是用来反映和监督各项财产物资和货币资金的增减变动及其结存情况的账户。属于这类账户的有"库存现金"、"银行存款"、"原材料"、"库存商品"和"固定资产"等账户。"生产成本"账户的期初期末余额表示在产品，也具有盘存账户的性质。这类账户的结构是，借方登记各项财产物资和货币资金的增加数，贷方登记各项财产物资和货币资金的减少数，期末余额总是在借方，表示期末各项财产物资和货币资金的实际结存数。盘存账户的结构可用图 4-27 表示。

盘存账户

期初余额	
发生额：本期各项财产物资或货币资产的增加数	发生额：本期各项财产物资或货币资产的减少数
期末余额：期末各项财产物资或货币资产的结存数	

图 4-27　盘存账户

　　盘存账户的特点是：
　　（1）盘存账户反映的财产物资和货币资金，都是可以通过财产清查的方法（实地盘点或对账）确定其实有数，核对其实际结存数与账面结存数是否相符，检查实存的财产物资和货币资金在管理上和使用上是否存在问题。
　　（2）除"库存现金"和"银行存款"账户外，其他盘存账户，如"原材料""库存商品""固定资产"等账户，通过设置明细分类账可以提供实物数量和金额两种指标。

二、结算账户

结算账户是用来反映和监督企业同其他单位或个人之间债权（应收款项或预付款项）、债务（应付款项或预收款项）结算情况的账户。结算业务的性质不同，决定了不同结算账户具有不同的用途和结构。因此，结算账户按其用途和结构的不同，又可以分为债权结算账户、债务结算账户和债权债务结算账户三类。

（一）债权结算账户

债权结算账户亦称资产结算账户，是用来反映和监督企业同各单位或个人之间的债权结算业务的账户。属于这类账户的有"应收账款""预付项款""其他应收款"等账户。这类账户的结构特点是：借方登记债权的增加数，贷方登记债权的减少数，期末余额一般是在借方，表示期末尚未收回债权的实有数。债权结算账户的结构可用图4-28表示。

债权结算账户	
期初余额：期初尚未结算的应收款项或预付款项的实有数	
发生额：本期各项财产物资或货币资产的增加数	发生额：本期应收款项或预付款项的减少额
期末余额：期末尚未结算的应收款项或预付款项的实有数	

图 4-28　债权结算账户

（二）债务结算账户

债务结算账户亦称负债结算账户，是用来反映和监督企业同其他单位或个人之间的债务结算业务的账户。属于这类账户的有"应付账款"、"预收账款"、"短期借款"、"长期借款"、"应付职工薪酬"、"应交税费"、"应付利润"和"其他应付款"等账户。这类账户的结构特点是：贷方登记债务的增加数，借方登记债务的减少数，期末余额一般在贷方，表示期末尚未偿还的债务的实有数。债务结算账户的结构可用图4-29表示。

债务结算账户	
	期初余额：期初结欠的借入款项、应付款项或尚未结算的预收款项的实有数
发生额：本期借入款项、应付款项或预收款项的减少数	发生额：本期借入款项、应付款项或预收款项的增加数
	期末余额：期末结欠的借入款项、应付款项或尚未结算的预收款项的实有数

图 4-29　债务结算账户

（三）债权债务结算账户

债权债务结算账户亦称资产负债结算账户或往来结算账户。顾名思义，这类账户既反映债权结算业务，又反映债务结算业务，是双重性质的结算账户。这类账户的使用基于以下情况：在实际工作中，某些与企业经常发生业务往来的单位，有时是企业的债权人，有时是企业的债务人，如企业向同一单位销售产品，如果是先发货后收款，发生的应收而尚未收到的款项就构成了企业的债权；如果合同规定购买方先预付货款，企业预收的款项就构成了企业的债务。为了集中反映企业与同一单位发生的债权和债务的往来结算情况，有必要设置和运用这类债权债务的结算账户，在同一个债权结算账户或者同一个债务结算账户，反映应收和预付或者应付和预收该单位款项的增减变动及其结余情况。这类账户的结构特点是：借方登记债权（应收款项和预付款项）的增加额和债务（应付款项和预收款项）的减少额；贷方登记债务的增加额和债权的减少额。期末账户余额可能在借方，也可能在贷方：如在借方，表示尚未收回的债权净额，即尚未收回的债权大于尚未偿付的债务的差额；如在贷方，表示尚未偿付的债务净额，即尚未偿付的债务大于尚未收回的债权的差额。该账户所属明细分类账的借方余额之和与贷方余额之和的差额，应当与总分类账的余额相等。债权债务结算账户的结构可用图 4-30 表示。

债权债务结算账户

期初余额：期初债权大于债务的差额	期初余额：期初债务大于债权的差额
发生额：（1）本期债权增加额	发生额：（1）本期债务增加额
（2）本期债务减少额	（2）本期债权减少额
期末余额：期末债权大于债务的差额	期末余额：期末债务大于债权的差额

图 4-30　债权债务结算账户

如果企业预收款项的业务不多，可以不单设"预收账款"账户，而用"应收账款"账户同时反映企业应收款项和预收款项的增减变动及其变动结果，此时的"应收账款"账户就是一个债权债务结算账户；如果企业预付款的业务不多，可以不单设"预付账款"账户，而用"应付账款"账户同时反映企业应付款项和预付款项，此时的"应付账款"账户就是一个债权债务结算账户。

需要指出的是，债权债务结算账户的借方余额或贷方余额只是表示债权和债务增减变动后的差额，并不一定表示企业债权债务的实际余额。这是因为一个企业在某一时点可能同时存在债权和债务。例如，企业本月与甲、乙两单位发生的债权、债务业务登账结果如图 4-31 所示。

应收账款（总分类账）

（1）应从甲单位收取款项 1 000	（2）预收乙单位款项 500
余额：期末应收款大于预收款的差额 500	

（1）

明细分类账（甲单位）　　　　　　　　　　　　　　　　　　　明细分类账（甲单位）

（1）应收账款 1 000				（2）预收账款 500
余额：应收账款 1 000				余额：预收账款 500

（2）　　　　　　　　　　　　　　　　　　　　　　　　　（3）

图 4-31　某企业应收账款总分类账和明细分类账

业务说明：

（1）月末，企业应从甲单位收取款项 1 000 元，从乙单位预收款项 500 元。

（2）两个明细分类账余额之和 500（1 000–500）元与总分类账余额相等。

因此，在编制资产负债表时，应根据债权债务结算账户所属明细分类账的余额方向，分析判断余额的性质，而不能直接根据总分类账余额填列有关项目，以便真实地反映企业债权债务的结算情况。

在借贷记账法下，结算账户中有许多是双重性质的账户，除上述的"应收账款""应付账款"等账户外，"应交税费""应付职工薪酬"等也都具有双重性质。例如，"应交税费"账户，从账户名称看，应属债务结算账户，实际上税金往往按计划预交，预交时，作为资产的增加，应记入"应交税费"账户的借方。如果预交数大于应交数，出现借方余额，仍是债权（资产）；如果预交数与应交数相等，账户没有余额；如果预交数小于应交数，出现贷方余额，就转化为债务了。

三、资本账户

资本账户亦称所有者投资账户，是用来反映和监督企业所有者投资的增减变动及其结存情况的账户。属于这类账户的有"实收资本""盈余公积"等账户。盈余公积属于企业的留存收益，其最终所有权属于企业所有者，本质上是企业所有者对企业的投资，因而应将"盈余公积"账户归入资本账户。这类账户的结构特点是：贷方登记所有者投资的增加额，借方登记所有者投资的减少额，余额总是在贷方，表示期末所有者投资的实有额。该账户的结构可用图 4-32 表示。

资本账户

发生额：本期所有者投资的减少额	期初余额：期初所有者投资的实有额
	发生额：本期所有者投资的增加额
	期末余额：期末所有者投资的实有额

图 4-32　资本账户

四、集合分配账户

集合分配账户是用来归集和分配企业生产经营过程中某个阶段所发生的各种费用，反映和监督有关费用计划执行情况以及费用分配情况的账户。属于这类账户的有"制造费用"账户。这类账户的特点是：借方登记各种费用的发生数，贷方登记按照一定标准分配计入各个成本计算对象的费用分配数，除季节性生产的企业外，归集在这类账户借方的费用一般在当期全部都分配出去，所以这类账户期末通常没有余额。可见，集合分配账户具有明显的过渡性质。该类账户的结构可用图 4-33 表示。

集合分配账户

发生额：本期各种费用的发生额	发生额：本期各种费用的分配额

图 4-33 集合分配账户

五、跨期摊提账户

跨期摊提账户是用来反映和监督应由几个会计期间共同负担的费用，并将这些费用在各个会计期间进行分摊的账户。如前所述，企业会计核算的前提之一是会计分期，即把企业持续不断的经营活动过程，划分为较短的会计期间，以便分期结算账目和编制报表。但是，企业在生产经营过程发生的费用中，有些是跨期的，即应由几个会计期间共同负担。为了正确计算各个会计期间的损益，必须按照权责发生制的要求，按照受益的原则严格划分费用的归属期。为此，需要设置跨期摊提账户来实现这一过程。属于这类账户的有"长期待摊费用"账户。借方用来登记费用的实际发生数或支付数；贷方用来登记应由某个会计期间负担的费用摊配数；期末如为借方余额，表示已支付尚未摊配的待摊费用。跨期摊提账户的结构可用图 4-34 表示。

跨期摊提账户

期初余额：期初已支付而尚未摊提的费用数	
发生额：本期费用的支付数	发生额：本期费用的摊配数
期末余额：已支付而尚未摊配的待摊费用数	

图 4-34 跨期摊提账户

六、成本计算账户

成本计算账户是用来反映和监督企业生产经营过程中某一阶段所发生的、应计入成

本的全部费用，并确定各个成本计算对象的实际成本的账户。属于这类账户的有"生产
成本""在途物资"等账户。这类账户结构的特点是：借方登记应计入成本的全部费用，
包括直接计入各个成本计算对象的费用和按一定标准分配计入各个成本计算对象的费
用；贷方登记转出的已完成某一过程的成本计算对象的实际成本。成本计算账户的结构
可用图 4-35 表示。

成本计算账户	
期初余额：期初尚未完成某一过程的成本计算对象的实际成本	
发生额：生产经营过程某一阶段发生的应计入成本的费用	发生额：结转已完成某一过程的成本计算对象的实际成本
期末余额：尚未完成某一过程的成本计算对象的实际成本	

图 4-35   成本计算账户

七、收入账户

收入账户是用来反映和监督企业在一定会计期间内所取得的各种收入的账户。这里
的收入概念是广义的，不仅包括营业收入（产品销售收入和其他业务收入），还包括投资
收益和营业外收入。属于这类账户的有"主营业务收入""其他业务收入""营业外收入"
等账户。这类账户的结构特点是：贷方登记本期收入的增加额；借方登记本期收入的减
少额和期末转入"本年利润"账户的收入额；结转后该类账户应无余额。收入账户的结
构可用图 4-36 表示。

收入账户	
发生额：（1）本期收入的减少额 　　　　（2）期末转入"本年利润"账户的收入额	发生额：本期收入的增加额

图 4-36   收入账户

八、费用账户

费用账户是用来反映和监督企业在一定会计期间内所发生的、应计入当期损益的各
种费用的账户。这里的费用概念也是广义的，不仅包括为取得产品销售收入而发生的各
项耗费，还包括营业外的支出和所得税费用。属于这类账户的有"主营业务成本"、"销
售费用"、"税金及附加"、"管理费用"、"财务费用"、"营业外支出"和"所得税费用"
等账户。这类账户结构的特点是：借方登记本期费用支出的增加额；贷方登记本期费用
支出的减少额和期末转入"本年利润"账户的费用支出数额；结转后该类账户应无余额。
费用账户的结构可用图 4-37 表示。

费用账户	
发生额：本期费用支出的增加额	发生额：（1）本期费用支出的减少额 （2）期末转入"本年利润"账户的费用数额

图 4-37　费用账户

九、财务成果账户

财务成果账户是用来反映和监督企业在一定期间内全部生产经营活动最终成果的账户。属于这类账户的有"本年利润"账户。这类账户的结构特点是：贷方登记期末从各收入账户转入的本期发生的各项收入数；借方登记期末从各费用账户转入的本期发生的、与本期收入相配比的各项费用数。期末如为贷方余额，表示收入大于费用的差额，为企业本期实现的净利润；若出现借方余额，则表示本期费用支出大于收入的差额，为本期发生的亏损总额。年末，本年实现的利润或发生的亏损都要结记转入"利润分配"账户，结转后该类账户应无余额。由此可见这类账户的一个特点：在年度中间，账户的余额（无论是实现的利润还是发生的亏损）不转账，要一直保留在该账户，目的是提供截至本期累计实现的利润或发生的亏损，因而年度中间该账户有余额，且可能在贷方，也可能在借方。年终结算，要将本年实现的利润或发生的亏损从"本年利润"账户转入"利润分配"账户。因此，年末转账后，该账户应无余额。财务成果账户的结构可用图 4-38 表示。

财务成果账户	
发生额：应计入本期损益的各项费用	发生额：应计入本期损益的各项收入
期末余额：本期发生的亏损	期末余额：本期实现的净利润

图 4-38　财务成果账户

十、调整账户

调整账户是用来调整被调整账户的余额，以求得被调整账户的实际余额而设置的账户。

在会计核算中，由于管理上的需要或其他方面的原因，对于某些会计要素，要求用两种数字从不同的方面进行反映。在这种情况下，就需要设置两个账户，一个用来反映其原始数字，另一个用来反映对原始数字的调整数字。例如，固定资产由于使用发生损耗，其价值不断减少，但从管理的角度考虑，需要"固定资产"账户能提供固定资产的原始价值指标，因此，固定资产价值的减少不直接记入"固定资产"账户的贷方，冲减其原始价值，而是另外开设了"累计折旧"账户，将提取的折旧记入"累计折旧"账户的贷方，用以反映固定资产由于损耗而不断减少的价值。将"固定资产"账户的借方余额（现有固定资产的原始价值）减去"累计折旧"账户的贷方余额（现有固定资产的累计折旧额），其差额就是现有固定资产的净值（或称折余价值）。可见，"累计折旧"账户就是为了调整"固定资产"账户借方余额（原始价值），而求得其实际价值（净值）设置的。"累计折旧"账户就属于调整账户。属于这类账户的还有"利润分配""材料成本差异""坏账准备"等账户。

调整账户按其调整方式的不同，可以分为备抵账户、附加账户和备抵附加账户三类。

（一）备抵账户

备抵账户亦称抵减账户，是用来抵减被调整账户余额，以求得被调整账户实际余额的账户。其调整方式，可用下列计算公式表示：

被调整账户余额−调整账户余额=被调整账户的实际余额

因此，被调整账户的余额与备抵账户的余额一定是相反的方向。如果被调整账户的余额在借方，则备抵账户的余额一定在贷方；反之亦然。

备抵账户，按照被调整账户的性质，又可分为资产备抵账户和权益备抵账户两类。

（1）资产备抵账户，是用来抵减某一资产账户（被调整账户）余额，以求得该资产账户实际余额的账户。例如，"累计折旧"账户是"固定资产"这个资产账户的备抵账户，两个账户之间的关系，可用图 4-39 表示。

固定资产		累计折旧	
期末余额：固定资产原始价值 200 000			期末余额：固定资产累计折旧 60 000
（1）		（2）	

图 4-39 资产备抵账户

固定资产资产账面净值=原始价值−累计折旧=200 000−60 000=140 000（元）

除上述"累计折旧"和"固定资产"账户外，资产备抵账户和其被调整账户还有"坏账准备"和"应收账款"、"存货跌价准备"和存货类账户、"累计摊销"和"无形资产"等。

（2）权益备抵账户，是用来抵减某一权益账户（被调整账户）的余额，以求得该权益账户实际余额的账户。例如，"利润分配"账户就是"本年利润"账户的备抵账户。"本年利润"账户的期末贷方余额，反映期末已实现利润数，"利润分配"账户的借方余额，反映本期已分配的利润数。用"本年利润"账户的贷方余额减去"利润分配"账户的借方余额，其差额表示企业期末尚未分配的利润数。"利润分配"账户与"本年利润"账户的关系，可用图 4-40 表示。

利润分配			本年利润		
期末余额：已分配的利润数 42 000					期末余额：已实现的利润数 68 000
（1）					（2）

图 4-40　权益备抵账户

未分配的利润数=已实现的利润数−已分配的利润数=68 000−42 000=26 000（元）

（二）附加账户

附加账户是用来增加被调整账户的余额，以求得被调整账户的实际余额的账户。其调整方式可用下列计算公式表示：

被调整账户余额+附加账户余额=被调整账户的实际余额

因此，被调整账户的余额与附加账户的余额一定在同一方向（借方或贷方）。在实际工作中，纯粹的附加账户很少运用。

（三）备抵附加账户

备抵附加账户是指既可以用来抵减，又可以用来附加被调整账户的余额，以求得被调整账户实际余额的账户。这类账户属于双重性质账户，兼有备抵账户和附加账户的功能，但不能同时起两种作用。其在某一时期执行的是哪一种功能，取决于该账户的余额与被调整账户的余额是在同一方向还是相反方向。工业企业采用计划成本进行材料的日常核算时，所设置的"材料成本差异"账户就属于备抵附加账户。

综上所述，可以看出调整账户具有以下特点：

（1）调整账户与被调整账户反映的经济内容相同，但用途和结构不同。

（2）被调整账户反映会计要素的原始数字，而调整账户反映的是同一要素的调整数字。因此，调整账户不能脱离被调整账户而独立存在。

（3）调整方式是指原始数字与调整数字是相加还是相减，以求得有特定含义的数字。调整方式是相加还是相减则取决于被调整账户与调整账户的余额在同一方向还是相反方向。

十一、计价对比账户

在企业的生产经营过程中，为了加强经济管理，对某项经济业务，如材料采购业务或产品生产业务，可以按照两种不同的计价标准计价，并将两种不同的计价标准进行对比，借以确定其业务成果。计价对比账户就是用来对上述业务按照两种不同的计价标准进行计价、对比，确定其业务成果的账户。按计划成本进行材料日常核算的企业所设置的"材料采购"账户和按计划成本进行产成品日常核算的企业所设置的"生产成本"账户，就属于这类账户。以"材料采购"账户为例，其结构的特点是，借方登记材料的实际采购成本（第一种计价），贷方登记入库材料的计划成本（第二种计价），将借贷两方两种计价对比，可以确定材料采购的业务成果，即以实际采购成本与计划对比，确定超支或节约额。由于确定的材料成本差异，无论是超支还是节约，都要从"材料采购"账户结转记入"材料成本差异"账户，因此，当采购的材料均已全部运达并验收入库时，结转后"材料采购"账户应无余额。如有余额一定是在借方，表示期末尚有一部分材料尚未运达企业，或虽已运达企业但尚未验收入库。计价对比账户的结构可用图 4-41 表示。

计价对比账户

发生额：核算业务的第一种计价	发生额：核算业务的第二种计价
第二种计价大于第一种计价的差额转入差异账户的借方	第一种计价大于第二种计价的差额转入差异账户的贷方

图 4-41　计价对比账户

本章习题

第五章

会 计 凭 证

学习目标：通过本章学习，了解会计凭证的种类和格式、会计凭证的填制和审核、会计凭证的传递和保管；重点掌握原始凭证、记账凭证的概念、基本内容、填制方法，并理解两者之间的关系。

■ 第一节　会计凭证概述

一、会计凭证的概念及意义

在实际会计工作中，借贷记账法的运用，是借助于一定的载体进行的，也就是说，诸如明确经济业务发生情况的记录、会计分录的编制、账户的设置和登记等，都是在事先印制好的、具有专门格式的纸张上进行的，这些具有专门格式的纸张，就是本章和下一章将要介绍的会计凭证和会计账簿。

所谓会计凭证就是在会计工作中记录经济业务、明确经济责任的书面证明，也是登记账簿的依据。任何单位，每发生一项经济业务，如现金的收付、物资的进出、往来款项的结算等，经办业务的有关人员必须按照规定的程序和要求，认真填制会计凭证，记录经济业务发生或完成的日期和经济业务的内容，并在会计凭证上签名盖章，有的凭证还需要加盖公章，以对会计凭证的真实性和正确性负责。一切会计凭证都必须经过有关人员的严格审核，只有经过审核无误的会计凭证才能作为登记账簿的依据。因此，会计凭证的填制和审核，对于完成会计工作的任务，发挥会计在经济管理中的作用，具有十分重要的意义。归纳起来，有以下三个方面的作用：

（1）记录经济业务，提供记账依据。每个企业在生产经营过程中，都会发生大量的、各种各样的经济业务，会计部门要及时正确地记录这些经济业务，必须依据会计凭证。每当发生经济业务时，必须填制相应的会计凭证。一般地说，经济业务发生在哪里，会计凭证就在哪里填制。这样可以正确及时地反映各项经济业务的发生及完成情况。随着经济业务的执行和完成，记载经济业务执行和完成情况的会计凭证就按规定的流转程序最终汇集到财务会计部门，成为记账的基本依据。

（2）明确经济责任，强化内部控制。任何一项经济业务活动，都要由经管人员填制凭证并签字盖章，这样就便于划清职责，加强责任感，并便于发现问题，查明责任，从而有利于加强与改善经营管理，推行经济责任制，以防止舞弊行为，强化内部控制制度。

（3）监督经济活动，控制经济运行。通过会计凭证的审核，可以监督各项经济业务的合法性，检查经济业务是否符合国家的有关法律、制度，是否符合企业目标和财务计划；检查经济业务有无违法乱纪、违反会计制度的现象，有无铺张、浪费、贪污、盗窃等损害公共财产的行为发生；可以及时发现经济管理中存在的问题和管理制度中存在的漏洞，及时加以制止和纠正，以改善经营管理，提高经济效益。

二、会计凭证的种类

企业发生的经济业务内容非常复杂丰富，用以记录、监督经济业务的会计凭证，也必然种类繁多，形式多样。例如，企业购买商品由供货方开出的发货票，支出款项由收款方开出的收据，出售商品开出的发货单，发出材料时使用的领料单，本单位会计部门根据发票、领料单等制成的、用来作为记账依据的凭证，等等，都是我们这里所研究的会计凭证的范畴。因此，为了具体地认识、掌握和运用会计凭证，首先要对会计凭证加以分类。我们可以根据取得和填制会计凭证的程序和用途，将这些会计凭证从总体上分为两大类，即原始凭证和记账凭证。所谓程序是指不同的会计凭证产生时间上的先后顺序，而用途是指会计凭证用于何种会计处理。

原始凭证又称单据，是用来记载和说明经济业务的发生和完成情况，明确经济责任的最初书面证明；记账凭证又称记账凭单，是单位会计人员根据原始凭证填制的、作为登记账簿依据的会计凭证。

第二节 原始凭证

一、原始凭证的概念

原始凭证是记录经济业务已经发生、执行或完成，用以明确经济责任，作为记账依据的最初的书面证明文件，如出差乘坐的车船票、采购材料的发货票、到仓库领料的领料单等，都是原始凭证。原始凭证是在经济业务发生的过程中直接产生的，是经济业务发生的最初证明，在法律上具有证明效力，所以也可叫做"证明凭证"，其法律效力通常要强于登记账簿的记账凭证。

二、原始凭证的种类

原始凭证按其取得的来源不同，可以分为自制原始凭证和外来原始凭证两类。

（一）自制原始凭证

自制原始凭证是指在经济业务发生、执行或完成时，由本单位的经办人员自行填制的原始凭证，如收料单、领料单、产品入库单等。自制原始凭证按其填制手续不同，又可分为一次凭证、累计凭证、汇总原始凭证和记账编制凭证四种。

（1）一次凭证。在自制的原始凭证中，大部分凭证的填制手续是一次完成的，已填制的凭证不能再重复使用，这类自制原始凭证称为一次性凭证。例如，企业购进材料验收入库，由仓库保管员填制的收料单，见表 5-1；车间或班组向仓库领用材料时填制的领料单，见表 5-2；以及差旅人员填制的、出纳人员据以付款的借款单，见表 5-3，等等，都是一次凭证。

表 5-1　收料单示例

收料单

材料科目：甲材料　　　　　　　　　　　　　　　　　　收料仓库：A 仓库

供应单位：石家庄凯威公司　　　　2016 年 11 月 1 日　　　发票号码：20091101

材料编号	材料名称	规格	计量单位	数量		实际价格			
				应收	实收	单价	发票金额	运费	合计
3012	甲材料	螺纹钢	千克	5 000	5 000	11	55 000	300	55 300
备注									

采购员：　　　　　　检验员：　　　　　　记账员：　　　　　　保管员：

表 5-2　领料单示例

领料单

领料部门：第一车间　　　　　2016 年 11 月 5 日　　　　用途：××产品

品名	规格型号	单位	数量		单价	金额
			请领	实领		
圆钢	10 毫米	千克	200	200	15	3 000
物料号码	备注					

领料部门负责人：　　　　　领料人：　　　　　会计：　　　　　发料人：

表 5-3　借款单示例

借款单

2016 年 11 月 10 日

借款人	张瑞军	借款事由	采购
所属部门	供应部门		
借款金额 （小写）	￥4 000.00	核准金额 人民币（大写）	肆仟元整
审批意见： 　　年　月　日		归还期限	11 月 15 日	归还方式	

会计主管：　　　　复核：　　　　　　出纳：　　　　　　借款人：

（2）累计凭证。在一些单位，为了连续反映一定时期内不断重复发生同一经济业务的完成情况，由单位内部经办人员在每次完成经济业务后在某凭证上重复填制而成，这种凭证称为累计凭证。例如，限额领料单，见表 5-4。

表 5-4　限额领料单示例

限额领料单

领料部门：二车间　　　　　　　　　　　　　　　　　第 300 号：

用途：A 产品　　　　　　　　2016 年 11 月　　　　　发料仓库：甲仓库

材料编号	材料名称规格	计量单位	计划投产量	单位消耗定额	领用限额	实发 数量	单价 万	千	百	十	元	角	分	金额 百	十	万	千	百	十	元	角	分
0254	角钢	千克	250	0.3	500	460					5	0	0				2	3	0	0	0	0

日期	领用 数量	领料人	发料人	退料 数量	退料人	收料人	限额结余数量
11 月 2 日	100	张辉	李飞				400
11 月 10 日	160	张辉	李飞				240
11 月 20 日	200	张辉	李飞				40

限额领料单，是可以多次使用的领料凭证。只要在有效期间之内（一般为一个月）领料数量不超过限额就可以连续使用。此单是由生产、计划部门根据下达的生产任务和材料消耗定额按每种材料用途分别开出，一料一单，一式两联，一联交仓库据以发料，一联交领料部门据以领料。使用限额领料单，全月不应超过生产计划部门所下达的领用限额。用料单位每次领料及退料，都要由经办人员在限额领料单上逐笔记录、签章，并结出限额余额。

二车间在 11 月分三次领用角钢，实际累计耗用 460 千克，与领用限额 500 千克比起来节约了 40 千克，节约角钢金额为 200 元。限额领料单既可以做到对领用材料的事前控制，又可减少凭证填制手续。但因这种凭证要反复使用，必须严格凭证的保管制度和材料收发手续。

（3）汇总原始凭证。实际工作中，为了简化记账凭证的填制工作，将一定时期若干份记录同类性质经济业务的原始凭证汇总编制一张汇总凭证，用以集中反映某项经济业务的完成情况，如收货汇总表、商品销货汇总表、发出材料汇总表（表5-5）等。汇总原始凭证所汇总的内容，只能是同类经济业务，即将反映同类经济业务的各原始凭证汇总编成一张汇总原始凭证，不能汇总不同类别的经济业务。汇总原始凭证在大中型企业中使用得非常广泛，因为它可以简化核算手续，提高核算工作效率；能够使核算资料更为系统化，使核算过程更为条理化；能够直接为管理提供某些综合指标。

表 5-5　发出材料汇总表

2016 年 11 月

领用部门 ＼ 材料品种	甲种材料	乙种材料	……	合计
制造产品耗用	5 000	4 200		
其中：A 产品	3 000	2 000		
B 产品	2 000	2 200	……	
车间一般耗用	1 500	300		
行政管理部门耗用		200		
合计	6 500	4 700		

（4）记账编制凭证。在企业自制的各种原始凭证中，一般都以实际发生或完成的经济业务为依据，由经办人员填制并签章，但有些自制原始凭证，则是由会计人员根据已经入账的结果，对某些特定项目进行归类、整理而编制的，这种根据账簿记录而填制的原始凭证，称为记账编制凭证。例如，月末确定已销商品成本时根据库存商品账簿记录所编制的成本计算表；月末计算产品生产成本时，所编制的制造费用分配表以及月末所编制的利润分配计算表等。

（二）外来原始凭证

外来原始凭证是指同外部单位发生经济往来关系时，从外部单位取得的原始凭证，如购货时取得的发货单、付款时取得的收据、采购商品取得的增值税专用发票、出差乘坐的车船票、货物运输发票等。增值税专用发票的一般格式如表5-6所示。

表 5-6　增值税专用发票示例

××市增值税专用发票

№ 02356279

发票联　　　　开票日期：2016 年 11 月 12 日

购货单位	名称：	××市富达工业公司							第四联
	纳税人识别号：	125422100364510				密码区			
	地址、电话：	××市汉中路第 50 号　7461231							
	开户银行及账户	中国工商银行汉中路分行　621-955-0405							
货物或应税劳务名称		规格型号	单位	数量	单价	金额	税率	税额	
材料 A			千克	600	45	27 000.00	17%	4 590.00	
合计						27 000.00	17%	4 590.00	
价税合计（大写）		叁万壹仟伍佰玖拾元整　　　　　　（小写）¥31 590.00							发票联
销货单位	名称：	山东隆兴工厂							
	纳税人识别号：	125422102152144				备注			
	地址、电话：	山东路 120 号　3233465							
	开户行及账号：	中国农业银行阳东路支行　301-145-2185							

收款人：　　　　复核：　　　　开票人：　　　　销货单位：

三、原始凭证的填制

（一）原始凭证的基本要素

在会计实务中，原始凭证绝大部分并不是由财会人员填制的，而是由有关单位或本单位有关业务人员填制的。由于各种经济业务的内容和经济管理的要求不同，原始凭证的名称、格式和内容多种多样，其填制和审核的具体内容也会因此而多种多样。但是，各种原始凭证都应具备一些共同的基本要素，主要有以下几个方面：

（1）原始凭证的名称。任何原始凭证都应有名称，如收料单、领料单、发票等。原始凭证的名称表明了该原始凭证的用途，如收料单是反映入库材料的原始凭证。

（2）填制凭证的日期。原始凭证必须写明填制的日期，以表明这项经济业务是在什么时候发生或完成的，所以原始凭证上写明的日期，应是经济业务发生或完成的日期。

（3）凭证的编号。有些原始凭证需要进行连续的编号。

（4）填制和接受凭证的单位名称。编制原始凭证，一定要有对方，这个对方就是接受单位。凭证的接受单位就是发生经济业务往来的单位，而不是第三者。

（5）经济业务的基本内容。其中包括经济业务发生的数量和金额。因为原始凭证是用来证明经济业务的发生或完成情况的，因此必须在凭证上写明经济业务的内容，包括经济业务所涉及的商品物资的品种、数量、单位、单价和金额等。

（6）填制单位和经办人员的签章。为了明确经济责任，原始凭证要由编制单位加盖公章，并由经办人员签名或盖章。

同时，为了满足经营管理的需要，自制原始凭证除应包括上述内容之外，还可补充其他必要的内容。例如，为了掌握计划、预算或合同的执行情况，可在有关的原始凭证上注明计划定额或合同编号等。根据某些经济业务的特点，考虑经营管理的需要，还可在有关原始凭证上增加需提供的资料。此外，有些经济业务在不同单位中经常发生，为了使各单位所填制的原始凭证能够提供统一管理所需要的资料，主管部门可制定统一的凭证格式。例如，中国人民银行统一制定的现金支票、转账支票，国家铁路局统一制定的铁路运单，就是分别在各级银行和相关部门统一使用的原始凭证。

（二）原始凭证的填制要求

填制原始凭证的方式主要有三种：一是在经济业务实际发生或完成时，由经办人员直接填制，如一次凭证和累计凭证；二是根据已经入账的有关经济业务，由会计人员在分析整理后进行填制，如记账编制凭证；三是根据若干张同类经济业务的原始凭证定期进行汇总填制，如汇总原始凭证。因此，原始凭证的填制方式不同，其填制的要求也不完全一致，但就原始凭证应反映实际发生的经济业务，明确有关人员的责任而言，其填制的一般要求是相同的，主要有以下几点：

（1）凭证所反映的经济业务必须合法，必须符合国家有关政策、法令、规章、制度的要求，不符合以上要求的，不得列入原始凭证。

（2）填制在凭证上的内容和数字，必须真实可靠，要符合有关经济业务的实际情况。

（3）各种凭证的内容必须逐项填写齐全，不得遗漏，必须符合手续完备的要求，经办业务的有关部门和人员要认真审查，签名盖章。

（4）各种凭证的书写要用蓝黑墨水，文字要简要，字迹要清楚，易于辨认。不得使用未经国务院公布的简化字；对阿拉伯数字要逐个写清楚，不得连写；在数字前应填写人民币符号"￥"；属于套写的凭证，一定要写透，不要上面清楚，下面模糊。

（5）大小写金额数字要符合规格，正确填写。大写金额数字应一律用壹、贰、叁、肆、伍、陆、柒、捌、玖、拾、佰、仟、万、亿、元、角、分、零、整等，不得乱造简化字；没有角分的，要在元后写"整"字。金额数字中间有"0"字时，如小写金额￥1 001.50，大写金额中可以只写一个"零"字，为"壹仟零壹元伍角整"；大写金额中有"分"的，不写"整"字，其余一律加"整"字。银行结算制度规定的结算凭证、预算的缴款凭证、拨款凭证、企业的发票、收据、提货单、运单、合同、契约以及其他规定需要填列大写金额的各种凭证，必须有大写的金额，不得只填小写金额，不填大写金额。

（6）各种凭证不得随意涂改、刮擦、挖补，填写错误需要更正时，应用划线更正法，即将错误的文字和数字，用红色墨水划线注销，再将正确的数字和文字用蓝字写在划线部分的上面，并签字盖章。

（7）各种凭证必须编号，以便查考。各种凭证如果已预先印定编号，在写坏作废时，应当加盖"作废"戳记，全部保存，不得撕毁。

（8）各种凭证必须及时填制，一切原始凭证都应按照规定程序，及时送交财会部门，由财会部门加以审核，并据以编制记账凭证。

四、原始凭证的审核

审核会计凭证是正确组织会计核算和进行会计检查的一个重要方面，也是实行会计监督的一个重要手段。为了正确地反映和监督各项经济业务，保证核算资料的真实、准确和合法，会计部门和经办业务的有关部门，必须对会计凭证，特别是对原始凭证进行严格认真的审核。

会计凭证的审核，主要是对各种原始凭证的审核。各种原始凭证，除由经办业务的有关部门审核外，最后要由会计部门进行审核。及时审核原始凭证，是对经济业务进行的有效监督。审核原始凭证，主要是审查四方面的内容。

（一）真实性审核

真实性是指会计人员根据业务经验对凭证所记载的经济业务内容进行的审查和判断，如凭证日期是否真实、业务内容是否真实、有无单价、单价和合计数是否相等，借以判断原始凭证的正确性。原始凭证作为会计信息的基本信息源，其真实性对会计信息的质量具有至关重要的影响。外来原始凭证，必须有填制单位公章和填制人员签章；自制原始凭证，必须有经办部门和经办人员的签名或盖章。

（二）合法性审核

审查发生的经济业务是否符合国家的政策、法令、制度和计划的规定，有无违反财政纪律等违法乱纪行为。如有违反，要向本单位领导汇报，提出拒绝执行的意见，必要时，可向上级领导机关反映有关情况；对于弄虚作假、营私舞弊、伪造涂改凭证等违法乱纪行为，必须及时揭露，并向领导汇报，严肃处理。

（三）合规性审核

审查原始凭证填写的内容是否符合规定的要求，如查明凭证所记录的经济业务是否符合实际情况、应填写的项目是否齐全、数字和文字是否正确、书写是否清楚、有关人员是否已签名盖章等。如有手续不完备或数字填列错误的凭证，应由经办人员补办手续或更正错误。

（四）及时性审核

原始凭证的及时性是保证会计信息及时性的基础。为此，要求在经济业务发生或完成时及时填制有关原始凭证，及时进行凭证的传递。审核时应注意审查凭证的填制日期，尤其是支票、银行汇票、银行本票等时效性较强的原始凭证，更应仔细验证其签发日期。

原始凭证的审核，是一项严肃而细致的工作，会计人员必须坚持制度、坚持原则，履行会计人员的职责。在审核过程中，对于内容不全面、手续不完备、数字不准确以及情况不清楚的原始凭证，应当退还给有关业务单位或个人，并令其补办手续或进行更正。对于违反制度和法令的一切收支，会计人员应拒绝付款、拒绝报销或拒绝执行，并向本单位领导报告。对于伪造凭证、涂改凭证和虚报冒领等不法行为，会计人员应扣留原始凭证，并根据《中华人民共和国会计法》规定，向领导提出书面报告，请示严肃处理。

第三节 记账凭证

一、记账凭证的概念及种类

（一）记账凭证的概念

记账凭证是会计人员根据审核无误的原始凭证进行归类、整理，并确定会计分录而编制的凭证，是直接登记账簿的依据。从原始凭证到记账凭证是经济信息到会计信息的转变过程，这一会计加工过程实现了信息的质的转变。

由于原始凭证来自不同的单位，种类繁多，数量庞大，格式不一，不能清楚地表明应记入的会计科目的名称和方向。为了便于登记账簿，需要根据原始凭证反映的不同经济业务，加以归类和整理，填制具有统一格式的记账凭证，确定会计分录，并将相关的原始凭证附在后面。这样不仅可以简化记账工作、减少差错，而且有利于原始凭证的保管，便于对账和查账，提高会计工作质量。

（二）记账凭证的种类

（1）记账凭证按其适用的经济业务，分为专用记账凭证和通用记账凭证两类。

第一，专用记账凭证，是用来专门记录某一类经济业务的记账凭证。专用凭证按其所记录的经济业务是否与现金和银行存款的收付有关，可分为收款凭证、付款凭证和转账凭证三种。

收款凭证是用来记录现金和银行存款等货币资金收款业务的凭证，它是出纳人员根据审核无误的现金和银行存款收款业务的原始凭证（如支票存根等）填制的。在收款凭证左上方所填列的借方科目是"库存现金"或"银行存款"科目。在凭证内所反映的贷方科目，应填列与"库存现金"或"银行存款"相对应的科目。金额栏填列经济业务实际发生的数额，在凭证的右侧填写附原始凭证张数，并在制单处签名或盖章。其格式见表5-7、表5-8。

表 5-7   收款凭证示例（库存现金）

收款凭证

借方科目：**库存现金**   2016 年 11 月 1 日   现收字第 1 号

摘要	贷方科目	明细科目	金额										记账符号	
			千	百	十	万	千	百	十	元	角	分		附单据张
收到振丰公司押金	其他应付款	振丰公司					6	0	0	0	0			
		合计金额					6	0	0	0	0			

会计主管人员（签章）   记账（签章）   出纳（签章）   审核（签章）   制单（签章）

表 5-8   收款凭证示例（银行存款）

收款凭证

借方科目：**银行存款**   2016 年 11 月 1 日   银收字第 1 号

摘要	贷方科目	明细科目		金额									记账符号	
				千	百	十	万	千	百	十	元	角	分	附单据张
收到南通公司前欠货款	应收账款	南通公司					7	2	0	0	0	0	0	
结算方式及票号	支票号	45012	合计金额				7	2	0	0	0	0	0	

会计主管人员（签章）   记账（签章）   出纳（签章）   审核（签章）   制单（签章）

付款凭证是用来记录现金和银行存款等货币资金付款业务的凭证，它是出纳人员根据审核无误的现金和银行存款付款业务的原始凭证填制的。在付款凭证左上方所填列的贷方科目，应是"库存现金"或"银行存款"科目。在凭证内所反映的借方科目，应填列与"库存现金"或"银行存款"相对应的科目。金额栏填列经济业务实际发生的数额，在凭证的右侧填写所附原始凭证的张数，并在制单处签名或盖章。其格式见表 5-9、表 5-10。

表 5-9   付款凭证示例（库存现金）（一）

付款凭证

贷方科目：**库存现金**   2016 年 11 月 5 日   现付字第 1 号

摘要	借方科目	明细科目	金额										记账符号	
			千	百	十	万	千	百	十	元	角	分		附单据张
支付商品广告费	销售费用	广告费					2	5	0	0	0	0		
		合计金额					2	5	0	0	0	0			

会计主管人员（签章）   记账（签章）   出纳（签章）   审核（签章）   制单（签章）

表 5-10 付款凭证示例（银行存款）（一）

付款凭证

贷方科目：银行存款　　　　　2016 年 11 月 7 日　　　　　银付字第 1 号

摘要	借方科目	明细科目	金额										记账符号
			千	百	十	万	千	百	十	元	角	分	
购进 A 材料	原材料	A 材料				6	0	0	0	0	0	0	
结算方式及票号	支票号	50621　合计金额				6	0	0	0	0	0	0	

附单据　张

会计主管人员（签章）　记账（签章）　出纳（签章）　审核（签章）　制单（签章）

在会计实务中，某些经济业务既是货币资金收入业务，又是货币资金支出业务，如现金与银行存款之间的划转业务。为了避免记账重复，对于这类业务一般只编制付款凭证，不编制收款凭证。其格式见表 5-11、表 5-12。

表 5-11 付款凭证示例（库存现金）（二）

付款凭证

贷方科目：库存现金　　　　　2016 年 11 月 8 日　　　　　现付字第 2 号

摘要	借方科目	明细科目	金额										记账符号
			千	百	十	万	千	百	十	元	角	分	
将多余现金存入银行	银行存款						5	0	0	0	0	0	
		合计金额					5	0	0	0	0	0	

附单据　张

会计主管人员（签章）　记账（签章）　出纳（签章）　审核（签章）　制单（签章）

表 5-12 付款凭证示例（银行存款）（二）

付款凭证

贷方科目：银行存款　　　　　2016 年 11 月 9 日　　　　　银付字第 2 号

摘要	借方科目	明细科目	金额										记账符号
			千	百	十	万	千	百	十	元	角	分	
从银行提取现金	库存现金					1	0	0	0	0	0	0	
结算方式及票号	支票号	50746　合计金额				1	0	0	0	0	0	0	

附单据　张

会计主管人员（签章）　记账（签章）　出纳（签章）　审核（签章）　制单（签章）

转账凭证是用以记录与货币资金收付无关的转账业务的凭证，它是由会计人员根据审核无误的转账业务原始凭证填制的。在借贷记账法下，将经济业务所涉及的会计科目都填列在凭证内，借方科目在上，贷方科目在下，将各会计科目应借应贷的金额填列在"借方金额"或"贷方金额"栏内。借、贷方金额合计应该相等。制单人应在填制凭证后签名盖章，并在凭证的右侧填写所附原始凭证的张数。其格式如表 5-13 所示。

表 5-13　转账凭证示例

转账凭证

2016 年 11 月 1 日　　　　　　　　　　　　　　转字第 1 号

摘要	总账科目	明细科目	√	借 方 金 额										√	贷 方 金 额										附单据张
				千	百	十	万	千	百	十	元	角	分		千	百	十	万	千	百	十	元	角	分	
已销产品成本结转	主营业务成本				1	8	0	0	0	0	0	0	0												
	库存商品	甲产品														1	8	0	0	0	0	0	0	0	
合计					1	8	0	0	0	0	0	0	0			1	8	0	0	0	0	0	0	0	

会计主管人员（签章）　　　记账（签章）　　　　出纳（签章）　　　审核（签章）　　　制单（签章）

第二，通用记账凭证，是适用于记录各种经济业务的记账凭证格式，即会计主体发生的各种经济业务在填制记账凭证时只采用一种通用的格式进行记录，并据此登记现金、银行存款日记账、总分类账和各种明细分类账。采用通用记账凭证的会计主体，不再根据经济业务的内容分别填制收款凭证、付款凭证和转账凭证，它的格式与转账凭证格式相同，见表 5-14。

表 5-14　记账凭证示例

记账凭证

2016 年 11 月 9 日　　　　　　　　　　　　　　转字第 3 号

摘要	总账科目	明细科目	√	借 方 金 额										√	贷 方 金 额										附单据张
				千	百	十	万	千	百	十	元	角	分		千	百	十	万	千	百	十	元	角	分	
收到振丰公司押金	库存现金								6	0	0	0	0												
	其他应付款	振丰公司																		6	0	0	0	0	
合计									6	0	0	0	0							6	0	0	0	0	

会计主管人员（签章）　　　记账（签章）　　　　出纳（签章）　　　审核（签章）　　　制单（签章）

在经济业务比较简单的经济单位，为了简化凭证可以使用通用记账凭证，记录所发生的各种经济业务。

（2）记账凭证按其包括的会计科目是否单一，分为复式记账凭证和单式记账凭证两类。

第一，复式记账凭证。复式记账凭证又叫做多科目记账凭证，要求将某项经济业务所涉及的全部会计科目集中填列在一张记账凭证上。复式记账凭证可以集中反映账户的对应关系，因而便于了解经济业务的全貌，了解资金的来龙去脉，便于查账，同时可以减少填制记账凭证的工作量，减少记账凭证的数量；但是不便于汇总计算每一个会计科目的发生额，不便于分工记账。上述收款凭证、付款凭证和转账凭证的格式都是复式记账凭证的格式。

第二，单式记账凭证。单式记账凭证又叫做单科目记账凭证，要求将某项经济业务所涉及的每个会计科目，分别填制记账凭证，每张记账凭证只填列一个会计科目，其对方科目只供参考，不据以记账。也就是把某一项经济业务的会计分录，按其所涉及的会计科目，分散填制两张或两张以上的记账凭证。单式记账凭证便于汇总计算每一个会计科目的发生额，便于分工记账；但是填制记账凭证的工作量较大，而且出现差错不易查找。其格式见表5-15、表5-16。

表 5-15　借项记账凭证示例

借项记账凭证

2016 年 11 月 11 日　　　　　　　凭证编号 $1\frac{1}{2}$ 号

摘要	总账科目	明细科目	金额									
			千	百	十	万	千	百	十	元	角	分
收到振丰公司的押金	库存现金							6	0	0	0	0
对应总账科目：其他应付款		合计金额						6	0	0	0	0

会计主管人员（签章）　　　记账（签章）　　　出纳（签章）　　　审核（签章）　　　制单（签章）

表 5-16　贷项记账凭证示例

贷项记账凭证

2016 年 11 月 15 日　　　　　　　凭证编号 $1\frac{2}{2}$ 号

摘要	总账科目	明细科目	金额									
			千	百	十	万	千	百	十	元	角	分
收到振丰公司的押金	其他应付款	振丰公司						6	0	0	0	0
对应总账科目：库存现金		合计金额						6	0	0	0	0

会计主管人员（签章）　　　记账（签章）　　　出纳（签章）　　　审核（签章）　　　制单（签章）

（3）记账凭证按其是否经过汇总，可以分为汇总记账凭证和非汇总记账凭证两种。

第一，汇总记账凭证，是根据非汇总记账凭证按一定的方法汇总填制的记账凭证。汇总记账按汇总方法不同，又可分为分类汇总和全部汇总两种。

分类汇总记账凭证是根据一定期间的记账凭证按其种类分别汇总填制的，如"现金汇总收款凭证"和"银行存款汇总收款凭证"，"现金汇总付款凭证"和"银行存款汇总付款凭证"，"汇总转账凭证"都是分类汇总凭证。

全部汇总凭证是根据一定期间的记账凭证全部汇总填制的，如"科目汇总表"就是全部汇总凭证。

第二，非汇总记账凭证，是没有经过汇总的记账凭证。收款凭证、付款凭证和转账凭证以及通用记账凭证都是非汇总记账凭证。

二、记账凭证的填制

（一）记账凭证的基本要素

记账凭证种类甚多，格式不一，但其主要作用都在于对原始凭证进行分类、整理，按照复式记账的要求，运用会计科目，编制会计分录，据以登记账簿。因此，记账凭证必须具备以下基本内容：

（1）填制单位的名称；

（2）记账凭证的名称；

（3）记账凭证的编号；

（4）填制凭证的日期；

（5）经济业务的内容摘要；

（6）会计科目（包括一级、二级和明细科目）的名称、记账方向和金额；

（7）所附原始凭证的张数；

（8）制证、审核、记账、会计主管等人员的签章，收款凭证和付款凭证还应由出纳人员签名或盖章。

（二）记账凭证的填制要求

填制记账凭证，是会计核算工作的重要环节，是对原始凭证的整理和分类，并按照复式记账的要求，运用会计科目，确定会计分录，作为登记账簿的依据。填制记账凭证能使记账更为条理化，保证记账工作的质量，对于简化记账工作、提高会计核算效率，具有十分重要的作用。

如果说，会计人员对原始凭证主要在于注重审核，那么，对记账凭证则主要在于注重填制。填制记账凭证的具体要求如下：

（1）记账凭证的摘要栏是对经济业务的简要说明，又是登记账簿的重要依据，必须针对不同性质的经济业务的特点，考虑到登记账簿的需要，用简明的语言正确地填写，不可漏填或错填。

（2）必须按照会计制度统一规定的会计科目，根据经济业务的性质，编制会计分录，以保证核算的口径一致，便于综合汇总。应用借贷记账法编制分录时，应编制简单分录或复合分录，以便从账户对应关系中反映经济业务的情况。

（3）填制记账凭证，可以根据每一份原始凭证单独填制，也可以根据同类经济业务的多份原始凭证汇总填制，还可以根据汇总的原始凭证来填制。

记账凭证在一个月内应当连续编号，以便查核。在使用通用凭证时，可按经济业务发生的顺序编号。采用收款凭证、付款凭证和转账凭证的，可采用"字号编号法"，即按凭证类别顺序编号。也可采用"双重编号法"，即按总字顺序编号与按类别顺序编号相结合。一笔经济业务，需要编制多张记账凭证时可采用"分数编号法"，在使用单式记账凭证时，也可采用"分数编号法"。

（4）记账凭证的日期。收、付款凭证应按货币资金收付的日期填写；转账凭证原则上应按收到原始凭证的日期填写。如果一份转账凭证依据不同日期的某类原始凭证填制，可按填制凭证日期填写。在月终时，有些转账业务要等到下月初方可填制转账凭证，也可按月末的日期填写。

（5）记账凭证上应注明所附的原始凭证张数，以便查核。如果根据同一原始凭证填制数张记账凭证，则应在未附原始凭证的记账凭证上注明"附件××张，见第××号记账凭证"。如果原始凭证需要另行保管，则应在附件栏目内加以注明，但更正错账和结账的记账凭证可以不附原始凭证。

（6）在采用"收款凭证"、"付款凭证"和"转账凭证"等复式凭证的情况下，凡涉及现金和银行存款的收款业务，填制收款凭证；凡涉及现金和银行存款的付款业务，填制付款凭证；涉及转账业务，填制转账凭证。但是涉及现金和银行存款之间的划转业务，按规定只填制付款凭证，以免重复记账。例如，现金存入银行只填制一张现金付款凭证；对于从银行提取现金的经济业务，只填制一张银行存款付款凭证。

（7）记账凭证填写完毕，应进行复核与检查，并按所使用的记账方法进行试算平衡。有关人员，均要签名盖章。出纳人员根据收款凭证收款，或根据付款凭证付款时，要在凭证上加盖"收讫"或"付讫"的戳记，以免重收重付，防止差错。

三、记账凭证的审核

为了正确登记账簿和监督经济业务，除了编制记账凭证的人员应当认真负责、正确填制、加强自审以外，同时还应建立专人审核制度。如前所述，记账凭证是根据审核后的合法的原始凭证填制的。因此，记账凭证的审核，除了要对原始凭证进行复审外，还应注意以下几点。

（一）合规性审核

审核记账凭证是否附有原始凭证，原始凭证是否齐全，内容是否合法，记账凭证所记录的经济业务与所附原始凭证所反映的经济业务是否相符。

（二）技术性审核

审核记账凭证的应借、应贷科目是否正确，账户对应关系是否清晰，所使用的会计科目及其核算内容是否符合会计制度的规定，金额计算是否准确；摘要是否填写清楚，项目填写是否齐全，如日期、凭证编号、二级和明细会计科目、附件张数以及有关人员签章等。

在审核过程中，如果发现差错，应查明原因，按规定办法及时处理和更正。只有经过审核无误的记账凭证，才能据以登记账簿。

对会计凭证进行审核，是保证会计信息质量，发挥会计监督的重要手段。这是一项政策性很强的工作，要做好会计凭证的审核工作、正确发挥会计的监督作用，会计人员应当做到：既要熟悉和掌握国家政策、法令、规章制度和计划、预算的有关规定，又要熟悉和了解本单位的经营情况。这样，才能明辨是非，确定哪些经济业务是合理、合法的，哪些经济业务是不合理、不合法的。会计人员应自觉地执行政策，遵守制度，正确处理各种经济关系。

第四节　会计凭证的传递和保管

一、会计凭证的传递

会计凭证的传递，是指会计凭证从填制到归档保管整个过程中，在单位内部各有关部门和人员之间的传递程序和传递时间。各种会计凭证，它们所记录的经济业务不尽相同，所要据以办理的业务手续和所需的时间也不尽相同。应当为每种会计凭证的传递，规定合理的传递程序和在各个环节停留的时间。会计凭证的传递是会计制度的一个重要组成部分，应当在会计制度中做出明确的规定。

正确地组织会计凭证的传递，对于及时地反映和监督经济业务的发生和完成情况，合理地组织经济活动，加强经济管理责任制，具有重要意义。因为正确地组织凭证的传递，能及时地、真实地反映和监督经济业务的发生和完成情况；把有关部门和人员组织起来，分工协作，使正常的经济活动得以顺利地实现；考核经办业务的有关部门和人员是否按照规定的凭证手续办事，从而加强经营管理上的责任制。

科学的传递程序，应该使会计凭证沿着最迅速、最合理的流向运行。因此，在制定会计凭证传递程序时，应当注意考虑下列三个问题：

（1）要根据经济业务的特点、企业内部机构的设置和人员分工的情况，以及经营管理上的需要，恰当地规定各种会计凭证的联数和所流经的必要环节。做到既要使各有关部门和人员能利用凭证了解经济业务情况，并按照规定手续进行处理和审核；又要避免凭证传递通过不必要的环节，影响传递速度。

（2）要根据有关部门和人员对经济业务办理必要手续（如计量、检验、审核、登记等）的需要，确定凭证在各个环节停留的时间，保证业务手续的完成。但又要防止不必要的耽搁，从而使会计凭证以最快速度传递，以充分发挥它及时传递经济信息的作用。

（3）建立凭证交接的签收制度。为了确保会计凭证的安全和完整，在各个环节中都应指定专人办理交接手续，做到责任明确，手续完备、严密、简便易行。

二、会计凭证的保管

会计凭证的保管，是指会计凭证登账后的整理、装订和归档存查。会计凭证是记账的依据，是重要的经济档案和历史资料，所以对会计凭证必须妥善整理和保管，不得丢失或任意销毁。

会计凭证的保管，既要做到会计凭证的安全和完整无缺，又要便于凭证的事后调阅和查找。会计凭证归档保管的主要方法和要求如下。

（1）每月记账完毕，要将本月各种记账凭证加以整理，检查有无缺号和附件是否齐全。然后按顺序号排列，装订成册。为了便于事后查阅，应加具封面，封面上应注明单位的名称所属的年度和月份、起讫的日期、记账凭证的种类、起讫号数、总计册数等，并由有关人员签章。为了防止任意拆装，在装订线上要加贴封签，并由会计主管人员盖章。会计凭证封面的格式如表 5-17 所示。

表 5-17　会计凭证封面

年 月 份 第 册	（企业名称）				
	年　　　　月份　　　共　　　　册　第　　　　册				
	收款				
	付款	凭证　　　第　　　号至第　　　号共　　　　张			
	转账				
	附：原始凭证共　　　　　　张				
	会计主管（签章）　　　　　　　　　保管（签章）				

（2）如果在一个月内凭证数量过多，可分装若干册，在封面上加注共几册字样。如果某些记账凭证所附原始凭证数量过多，也可以单独装订保管，但应在其封面及有关记账凭证上加注说明。重要原始凭证，如合同、契约、押金收据以及需要随时查阅的收据等在需要单独保管时，应编制目录，并在原记账凭证上注明另行保管，以便查核。

（3）装订成册的会计凭证应集中保管，并指定专人负责。查阅时，要有一定的手续制度。

（4）会计凭证的保管期限和销毁手续，必须严格执行会计制度的规定，任何人无权自行随意销毁。

本章习题

第六章

会计账簿

学习目标：通过本章学习，了解账簿的重要性、种类和格式；重点掌握不同类别账簿的编制方法；同时，掌握账簿启用规则、错账更正方法、总分类账和明细分类账的平行登记规则。

■ 第一节　会计账簿概述

一、会计账簿的概念和作用

会计账簿是指以经过审核后的会计凭证为依据，用来序时地、分类地记录和反映各项经济业务的簿籍，它由具有专门格式，以一定形式联系在一起的账页所组成。由于会计凭证数量多，又很分散，只能零散地反映个别经济业务的内容，无法连续、系统、全面、完整地反映和监督一个经济单位在一定时期内经济业务的变化情况。同时，会计凭证容易散失，不便于查找资料，不便于日常使用。为了给经济管理提供系统的核算资料，需要运用登记账簿的方法，把分散在会计凭证上的大量的核算资料，加以集中、归类整理登记到账簿中去。

设置和登记账簿，是对经济信息进行加工整理的一个专门方法，是会计核算工作的一个重要环节，对于加强经济管理有十分重要的意义，可以概括如下：

（1）账簿可以为企业的经济管理提供系统、完整的会计信息。通过设置和登记账簿，可以对经济业务进行序时或分类的核算，将分散的核算资料加以系统化，全面系统地提供有关企业成本费用、财务状况和经营成果的总括和明细的核算资料，以正确地计算费用、成本和收入、成果，为经营管理提供系统、完整的核算资料。

（2）账簿可以为定期编制会计报表，提供数据资料。通过账簿可以分门别类地对经济业务进行登记，积累了一定时期的会计资料，通过整理，就成为编制会计报表的资料。

（3）账簿是考核企业经营成果、加强经济核算、分析经济活动情况的重要依据。账簿记录了一定时期资金取得与运用情况，提供了费用、成本、销售收入和财务成果等资料。结合有关资料，进行经济活动分析，总结经验，提出措施，改进工作。

二、会计账簿的种类

一个会计主体拥有的账簿不是一本两本，而是功能各异、结构有别的一整套账簿体系。有些账簿能提供总括指标，有些能提供明细指标；有些能提供综合指标，有些能提供分散指标；有些能提供价值指标，有些能提供实物指标；有些作序时的记录，有些作分类的记录。为了具体地认识各种账簿的特点，以便更好地运用、掌握它们，需要从不同的角度对账簿进行分类。

（一）会计账簿按用途分类

会计账簿按其用途不同，可以分为序时账、分类账和备查账三类。

（1）序时账。序时账也称日记账，它是按照经济业务发生时间的先后顺序，逐日逐笔进行连续登记的会计账簿。序时账按记录内容的不同，分为特种日记账和普通日记账两种。

第一，特种日记账，是把某类性质相同的经济业务序时连续登记的账簿。在我国会计实务中，为了加强货币资金管理，大多数单位对现金和银行存款的收付业务，专门设置现金日记账和银行存款日记账进行登记。现金和银行存款日记账就属于特种日记账。现金日记账和银行存款日记账的一般格式见表6-1和表6-2。

表 6-1 现金日记账示例（一）

现金日记账

年		凭证号数	摘要	对方科目	收入	支出	结余
月	日						

表 6-2 银行存款日记账示例（一）

银行存款日记账

年		凭证号数	对方科目	摘要	结算凭证		收入	支出	结余
月	日				种类	编号			

第二，普通日记账，是把全部经济业务按照时间先后顺序进行登记的账簿。普通日记账不便于查阅和使用，也不便于进行会计核算和监督，因此，一般单位很少采用普通日记账。

（2）分类账。分类账是对全部经济业务按照账户进行分类登记的会计账簿。分类账按照反映经济业务的详细程度不同，又分为总分类账和明细分类账。

第一，总分类账，是根据总账科目开设的账户，用以全面地、连续地记录和反映全部经济业务的账簿。总分类账可以提供经济活动和财务收支的全面情况，统驭明细分类账，为编制会计报表提供主要依据，所有单位都必须设置总分类账。其一般格式见表6-3。

表6-3　总分类账示例（一）

总分类账

账户名称：　　　　　　　　　　　　　　　　　　　　　　　　　　　　　第　　页

年		凭证号数	摘要	借方	贷方	借或贷	余额
月	日						

第二，明细分类账，是根据总账科目所属二级科目或明细科目开设账户，用以分类登记某一类经济业务，提供比较详细的核算资料的账簿。明细分类账，可以提供经济活动和财务收支的详细情况，有利于加强财产物资的管理，监督往来款项的结算，也为编制会计报表提供必要的资料。因此，各单位在设置总分类账的基础上，根据经营管理的实际需要，设置必要的明细分类账。

一些小型经济单位业务简单，总分类账户不多，为简化工作，可以把序时账簿与分类账簿结合起来，设置联合账簿，又称联合账。例如，将日记账与总分类账结合设置成日记总账。

（3）备查账。备查账也称辅助账，它是对某些在日记账和分类账等主要账簿中未能记录或记载不全的经济业务进行补充登记的账簿，是一种辅助性的账簿，它可以为经营管理者提供必要的参考资料，各单位可以根据实际需要来设置这类账簿。例如，经营性租入固定资产、应收票据备查簿、受托加工材料登记簿等。备查账没有固定格式，它与其他账簿之间不存在依存和钩稽关系。

（二）会计账簿按其外表形式分类

会计账簿按其外表形式不同，可以分为订本账、活页账和卡片账三类。

（1）订本账。订本账是在启用前就已经按顺序编号固定装订成册的账簿。其优点是可以防止账页散失或抽换账页；其缺点是账页固定后，不能确定各账户应该预留多少账页，也不便于会计人员分工记账。现金日记账、银行存款日记账和总分类账一般采用这种形式。

（2）活页账。活页账是在启用前和使用过程中把账页置于活页账夹内，随时可以取放账页的账簿。其优点是可根据实际需要，灵活使用，也便于分工记账；其缺点是账页容易散失或被抽换。为了克服此缺点，使用活页账时必须要求按账页顺序编号，期末装订成册，加编目录，并由有关人员盖章后保存。适用于一般明细分类账。

（3）卡片账。卡片账是由许多具有账页格式的硬纸卡片组成，存放在卡片箱中的一种账簿。其优缺点与活页账基本相同，但使用卡片账一般不需要每年更换。卡片账多用于固定资产的明细分类核算。

（三）会计账簿按其格式分类

会计账簿按格式的不同，可以分为三栏式账簿、多栏式账簿和数量金额式账簿三种。

（1）三栏式账簿。它是指设有借方、贷方和余额三个基本栏目的会计账簿。三栏式账簿适用于只要进行金额核算，而不要求进行数量核算的相关账户。各种日记账、总分类账以及债权、债务明细分类账均可采用三栏式账簿。

（2）多栏式账簿。它是指在账簿的借方和贷方两个基本栏目内按需要设置多个专栏的会计账簿。专栏是设置在借方，还是设置在贷方，或是两方同时设专栏，以及需要设置多少专栏，都由各单位根据实际需要确定。多栏式账簿可以提供某类经济业务的详细情况，一般适用于收入、成本、费用等账户，如主营业务收入、生产成本、制造费用等。

（3）数量金额式账簿。它是指在账簿的收入、发出和结存三个栏目内，分别设置了数量、单价和金额三个小栏，以反映财产物资的实物数量和价值量的会计账簿。数量金额式账簿适用于既要进行金额核算，又要进行数量核算的账户，如原材料、产成品、库存商品、固定资产等明细分类账。

账簿按用途、外表形式和格式分类可总结为图 6-1 所示内容。

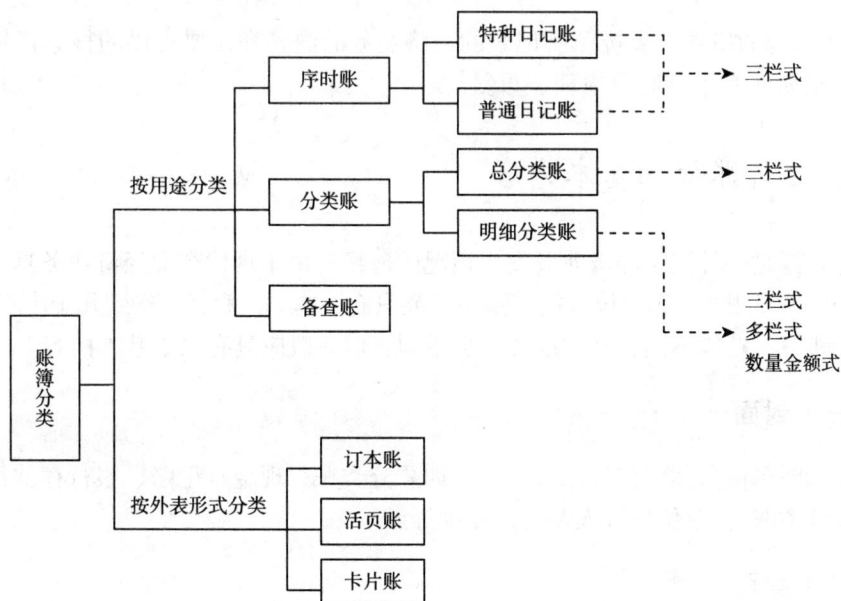

图 6-1　账簿分类

三、会计账簿与会计账户的关系

会计账簿与会计账户有着十分密切的联系。账户是根据会计科目开设的，它存在于账簿之中，账簿中的账页就是账户的存在形式和载体，没有账簿，账户也就无法存在。账簿是由一定格式、相互联系的账页所组成的簿籍，账簿只是一个外在形式，账户才是它的真实内容。没有账户，账簿也就成了简单的簿籍。因此可以说，账簿是由若干账页所组成的一个整体，而开设在账页上的账户则是这个整体中的个别部分。概括地来讲，会计账簿与会计账户的关系，是形式和内容的关系。

第二节　账簿的设置与登记

一、设置账簿的原则

任何单位都应当根据本单位经济业务的特点和经营管理的需要，设置一定种类和数量的账簿。一般说来，设置账簿应当遵循下列原则：

（1）账簿的设置要能保证全面、系统地反映和监督各单位的经济活动情况，为经营管理提供系统、分类的核算资料。

（2）设置账簿要在满足实际需要的前提下，考虑人力和物力的节约，力求避免重复设账。

（3）账簿的格式，要按照所记录的经济业务的内容和需要提供的核算指标进行设计，要力求简便实用，避免烦琐、重复。

二、会计账簿的基本内容

会计账簿是一种记录经济业务发生情况的簿籍。由于现代企业经济业务复杂，需要反映的经济信息很多，企业设置的账簿不可能只有一本（一般有几本到几十本不等）。不同的会计账簿，功能不同，其构成要素也不同，但一般应具有以下基本内容。

（一）封面

主要标明单位名称、会计账簿名称（如总分类账、现金日记账、银行存款日记账、各种明细分类账）、单位负责人及会计年度等。

（二）扉页

主要标明记载账簿的启用日期、截止日期、页数、册次、经管账簿人员一览表、会计主管人员签章、账户目录等内容。

其中账户目录见表6-4。

表6-4 账户目录（科目索引）

页数	科目	页数	科目	页数	科目

账户目录是由记账人员在账簿中开设账页户头后，按顺序将每个账户的名称和页数登记的，便于查阅账簿中登记的内容。如果是活页账簿，在账簿启用时无法确定页数，可先将账户名称填写好，待年终装订归档时，再填写页数。

（三）账页

账页是账簿的主体，是会计账簿中用来记录经济业务的载体。一本账簿一般由几十到几百个账页联结而成，每个账页都有比较统一、事先印制好的格式，用来记录各项有关的经济业务。账页是一种由许多横线和竖线交织而成的表格。横线把账簿分隔成许多"行"，记账时一般都是按行次顺序记录发生的每一笔经济业务；竖线把账簿分隔成许多"栏"，每一栏记录一笔业务的某个要点（如时间、摘要、数量、金额等）。

尽管不同的账簿格式有差异，但基本上都包括下列内容：①账户名称；②日期栏；③凭证种类和编号栏；④摘要栏；⑤金额栏；⑥总页次和分户页次栏。

三、会计账簿的设置与登记

根据《中华人民共和国会计法》第十五条的规定，各单位登记会计账簿，"必须以经过审核的会计凭证为依据，并符合有关法律、行政法规和国家统一的会计制度的规定。会计账簿包括总账、明细账、日记账和其他辅助性账簿"。以下就这几种会计账簿的格式和登记方法进行简要说明。

（一）日记账的设置与登记

日记账是根据经济业务发生时间的先后顺序，逐日逐笔进行登记的会计账簿，按其所核算和监督的经济业务的范围，分为特种日记账（主要为现金日记账、银行存款日记账）和普通日记账。这些日记账的设置和登记方法如下。

1. 现金日记账

（1）现金日记账的设置。现金日记账是用来核算和监督库存现金每天的收入、支出和结存情况的账簿。现金日记账的格式通常采用"收入""支出""结余"三个基本栏目的三栏式账簿。在"摘要"栏和"金额"栏之间一般还设有"对方科目"，以便记账时标明现金收入的来源科目和现金支出的用途科目。

（2）现金日记账的登记。现金日记账的登记方法，一般是由出纳人员根据审核后的现金收、付款凭证，按时间顺序逐日逐笔进行登记。登记时，首先要将原始凭证发生的日期、记账凭证的种类、编号、经济业务的主要内容、对方科目等逐项记入账内；其次要根据现金收款凭证登记"收入"栏，根据现金付款凭证登记"支出"栏。对于从银行提取现金的业务，由于已填制银行存款付款凭证，为避免重复记账，一般不再填制现金收款凭证，而是根据银行存款的付款凭证来登记现金收入。每日终了，应按照"上日余额+本日收入–本日支出=本日余额"的公式，逐日结出库存现金账面余额，并将账面余额与实有数额进行核对，以检查现金账实是否相符，保证库存现金的安全、完整。

【例6-1】东方公司2016年4月1日发生了下列经济业务：

（1）填制现金支票（25号）从银行提取现金5 000元以备用。财会根据现金支票存根填制了借"库存现金"，贷"银行存款"的付款凭证（第1号）。

（2）以现金支付采购员王辉差旅费4 500元。财会根据差旅费借款单填制了借"其他应收款"，贷"库存现金"的付款凭证（第1号）。

（3）出售废旧物资获得现金3 000元。财会根据收款收据填制了借"库存现金"，贷"营业外收入"的收款凭证（第1号）。

（4）以现金1 200元支付行政管理部门办公用房租金。财会根据发货票填制了借"管理费用"，贷"库存现金"的付款凭证（第2号）。

出纳人员根据上述经济业务的收、付款凭证登记的现金日记账见表6-5。其现金日记账4月1日末余额的计算式是

4月1日末余额=1 000+5 000+3 000–4 500–1 200=3 300（元）

表6-5　现金日记账示例（二）

现金日记账

第1页

2016年		凭证号数	摘要	对方科目	收入							支出							结余						
月	日				万	千	百	十	元	角	分	万	千	百	十	元	角	分	万	千	百	十	元	角	分
4	1		期初余额																	1	0	0	0	0	0
	1	银付1	提现	银行存款		5	0	0	0	0	0									6	0	0	0	0	0
	1	现付1	付差旅费	其他应收款									4	5	0	0	0	0		1	5	0	0	0	0
	1	现收1	收废款	营业外收入		3	0	0	0	0	0									4	5	0	0	0	0
	1	现付2	付租金	管理费用									1	2	0	0	0	0		3	3	0	0	0	0
			本日合计			8	0	0	0	0	0		5	7	0	0	0	0		3	3	0	0	0	0

2. 银行存款日记账

（1）银行存款日记账的设置。银行存款日记账是用来核算和监督银行存款每日的增加、减少和结存情况的账簿。银行存款日记账应按单位在银行开设的账户和币种分别设置，而且每个银行账户只能设置一本日记账。银行存款日记账的格式与现金日记账的格式基本相同，一般也采用设有"收入""支出""结余"三个基本栏目的三栏式账簿。另外，银行存款日记账在摘要栏和对方科目之间，还设有"结算凭证种类和号数栏"，用来填写办理银行存款收付业务时，所依据的结算凭证种类和号数，以便于和银行进行账目核对。

（2）银行存款日记账的登记。银行存款日记账的登记方法与现金日记账的登记方法基本相同，也是由出纳人员根据审核后的银行存款收、付款凭证，按时间顺序逐笔进行登记的。需要引起注意的是，对于将现金存入银行的业务，由于已填制现金付款凭证，所以不再填制银行存款收款凭证，此时的银行存款收入数，应根据有关现金付款凭证来进行登记。

【例 6-2】东方公司 2016 年 4 月 1 日发生了下列经济业务：

（1）填制现金支票（25 号）从银行提取现金 5 000 元以备用。根据现金支票存根填制借"库存现金"，贷"银行存款"的付款凭证（第 1 号）。

（2）开出转账支票（71 号）支付 DW-2 钢材的款项 60 000 元。根据转账支票存根等原始凭证填制借"原材料"，贷"银行存款"的付款凭证（第 2 号）。

（3）向南通公司销售 A 产品获得销售收入 58 000 元，货款存入银行。根据收款收据等填制借"银行存款"，贷"主营业务收入"的收款凭证（第 1 号）。

（4）将多余现金 7 000 元存入银行。根据现金缴款单填制借"银行存款"，贷"库存现金"的付款凭证（第 1 号）。

出纳人员根据上述经济业务的收、付款凭证登记的银行存款日记账见表 6-6。

表 6-6　银行存款日记账示例（二）

银行存款日记账

第 1 页

2016 年		凭证号数	摘要	结算凭证		对方科目	借方	贷方	余额
月	日			种类	号数				
4	1		期初余额						250 000.00
	1	银付 1	提现	现支	25	库存现金		5 000.00	245 000.00
	1	银付 2	付钢材款	转支	71	原材料		60 000.00	185 000.00
	1	银收 1	销售收入存银			主营业务收入	58 000.00		243 000.00
	1	现付 1	存现			库存现金	7 000.00		250 000.00
			本日合计				65 000.00	65 000.00	250 000.00

3. 多栏式日记账

（1）多栏式日记账的设置。现金和银行存款日记账，一般采用三栏式的账簿，但为了反映每一笔收支业务的来龙去脉，以便分析和汇总对应科目的发生额，也可采用多栏式日记账。这种账簿是把收入栏和支出栏分别按对方科目设专栏进行登记，把经济业务产生的原因或结果全部反映出来。

例如，例 6-1 可编制成现金多栏式日记账的格式，见表 6-7。

表 6-7　现金日记账（多栏式）示例

现金日记账（多栏式）

| 2016年 | | 凭证 | | 摘要 | 借方（收入） | | | 贷方（支出） | | | 余额 |
月	日	字	号		银行存款	营业外收入	合计	其他应收款	管理费用	合计	
4	1			期初余额							1 000
	1	银付	1	提现	5 000		5 000				6 000
	1	现付	1	付差旅费				4 500		4 500	1 500
	1	现收	1	收废款		3 000	3 000				4 500
	1	现付	2	付租金					1 200	1 200	3 300
				本日合计	5 000	3 000	8 000	4 500	1 200	5 700	3 300

例 6-2 也可编制成银行存款多栏式日记账的格式，如表 6-8 所示。

表 6-8　银行日记账（多栏式）示例

银行日记账（多栏式）

| 2016年 | | 凭证 | | 摘要 | 借方（收入） | | | 贷方（支出） | | | 余额 |
月	日	字	号		主营业务收入	库存现金	合计	库存现金	原材料	合计	
4	1			期初余额							250 000
	1	银付	1	提现				5 000		5 000	245 000
	1	银付	2	付钢材款					60 000	60 000	185 000
	1	银收	1	销售收入存银	58 000		58 000				243 000
	1	现付	1	存现		7 000	7 000				250 000
				本日合计	58 000	7 000	65 000	5 000	60 000	65 000	250 000

表 6-7 和表 6-8 所示的多栏式日记账，如果借、贷两方对应的科目太多会使账页过长，不便保管和记账。因此，实际工作中，一般将现金和银行存款多栏式日记账设置为收入日记账和支出日记账两本账。其格式和内容如表 6-9 和表 6-10 所示。

表 6-9 库存现金（银行存款）收入日记账（多栏式）示例

库存现金（银行存款）收入日记账（多栏式）

年		收款凭证编号	摘要	贷方科目					支出合计	结余
月	日			……	……	……	……	收入合计		

表 6-10 库存现金（银行存款）支出日记账（多栏式）示例

库存现金（银行存款）支出日记账（多栏式）

年		付款凭证编号	摘要	借方科目					结余
月	日			……	……	……	……	支出合计	

（2）多栏式日记账的登记。根据多栏式现金日记账和银行存款日记账登记总分类账的情况，账务处理可有两种做法：

一种是由出纳人员根据审核后的收付款凭证，逐日逐笔登记现金及银行存款收入日记账和支出日记账，每日应将支出日记账中当日支出合计数，转记收入日记账中支出合计栏内，以结算当日账面结余额。会计人员应对多栏式现金和银行存款日记账的记录加强检查、监督，并负责于月末根据多栏式现金和银行存款日记账各专栏的合计数，分别登记总分类账的有关账户。

另一种是设置现金和银行存款出纳登记簿，由出纳人员根据审核后的收付款凭证逐日逐笔登记，以便逐笔掌握库存现金收付情况和同银行核对收付款项。然后将收付款凭证交由会计人员据以逐日汇总登记多栏式现金和银行存款日记账，并于月末根据日记账登记总分类账。出纳登记簿与多栏式现金和银行存款日记账要相互核对。

上述第一种做法可以简化核算工作，第二种做法可以加强内部控制。总之，采用多栏式现金和银行存款日记账可以减少收、付款凭证的汇总编制手续，简化总分类账登记工作，而且可以清晰地反映账户的对应关系，了解现金和银行存款收付款项的来龙去脉。

（二）总分类账的设置和登记

总分类账是按照总分类账户分类登记全部经济业务的账簿。在总分类账中，应按照会计科目的编码顺序分别开设账户，由于总分类账一般都采用订本式账簿，所以事先应为每个账户预留若干账页。由于总分类账能够全面、总括地反映经济活动情况，并为编制会计报表提供资料，因而任何单位都要设置总分类账。

1. 总分类账的设置

总分类账中的账页是按照总账科目来开设的，其格式一般是采用"借方""贷方""余额"三个主要栏目的三栏式订本账。三栏式总分类账的具体格式，一般如表 6-11 所示。

表 6-11　总分类账示例（二）

总分类账

账户名称：库存现金　　　　　　　　　　　　　　　　　　　　　　　　第　页

2016年		凭证		摘要	对方科目	借方	贷方	借或贷	余额
月	日	字	号						
11	1			期初余额				借	500 000
	1	银收	1	收南通公司欠款	应收账款	72 000		借	
	7	银付	1	购 A 材料	原材料		60 000	借	
	8	银付	2	多余现金存银行	库存现金	5 000		借	
	9	银付	2	从银行提现	库存现金		10 000	借	
11	30			本月合计		77 000	70 000		507 000

2. 总分类账的登记

总分类账的登记方法，一般取决于单位采用的账务处理程序。它既可以按经济业务发生的先后顺序，直接根据各种记账凭证逐笔登记，也可以根据经过科目汇总表或汇总记账凭证等，分次或一次汇总登记。详见第十章会计核算组织程序。

（三）明细分类账的设置和登记

明细分类账是按照明细分类账户详细记录某一经济业务的账簿，明细分类账一般采用活页式账簿。各种明细分类账根据实际需要，分别按照二级科目或明细科目开设账户，用来分类、连续地记录有关资产、负债和所有者权益及收入、费用和利润（或亏损）的详细资料。明细分类账所提供的有关经济活动的详细资料，也是编制会计报表的依据。因此，各个经济单位在设置总分类账的基础上，还应该按照总账科目设置所属的若干必要的明细分类账。这样既能根据总分类账了解某一科目的总括情况，又能根据明细分类账进一步了解该科目的具体和详细情况。各个单位根据经营管理的需要，除现金、银行存款等账户外，应为各种材料物资、应收应付款项、费用、成本、收入、利润等总分类账户设置明细分类账，进行明细分类核算。

根据经济管理的要求和各明细分类账记录的内容的不同，明细分类账分别采用三栏式、数量金额式和多栏式三种格式。

1. 三栏式明细分类账的设置与登记

三栏式明细分类账账页，只设有借方、贷方和余额三个金额栏，不设数量栏。它适用于只需要反映金额的经济业务，如"应收账款""应付账款""短期借款"等不需要进行数量核算的债权、债务结算账户。三栏式明细分类账页的格式和内容见表6-12。

表6-12 应付账款明细分类账示例

应付账款明细分类账

明细分类账户名称：　　　　　　　　　　　　　　　　　　　　　　　　　　　　第　页

年		凭证号数	摘要	借方	贷方	借或贷	余额
月	日						

三栏式明细分类账是由会计人员根据审核无误的记账凭证或原始凭证，按经济业务发生的时间先后顺序逐笔登记的。

2. 数量金额式明细分类账的设置与登记

数量金额式明细分类账的账页，分别设有收入、发出和结存的数量、单价和金额栏。这种格式适用于既要进行金额核算，又要进行实物数量核算的各种财产物资账户，如"原材料""库存商品"等账户的明细分类核算。数量金额式明细分类账页的格式见表6-13。

表6-13 原材料明细分类账示例

原材料明细分类账

类别：　　　　　　　　　　　　　　　　　　　　　　　　　　编号：

品名或规格：　　　　　　　　　　　　　　　　　　　　　　储备定额：

存放地点：　　　　　　　　　　　　　　　　　　　　　　　计量单位：

年		凭证号数	摘要	借方			贷方			借或贷	余额		
月	日			数量	单价	金额	数量	单价	金额		数量	单价	金额

数量金额式明细分类账是由会计人员根据审核无误的记账凭证或原始凭证，按经济业务发生的时间先后顺序逐笔进行登记的。

3. 多栏式明细分类账的设置与登记

多栏式明细分类账，是根据经济业务的特点和经营管理的需要，在一张账页内按有关明细科目或明细项目分设若干专栏，用以在同一张账页上集中反映各有关明细科目或明细项目的核算资料。按明细分类账登记的经济业务不同，多栏式明细分类账又可以分为借方多栏、贷方多栏和借贷方均多栏三种格式。

（1）借方多栏式明细分类账的设置。借方多栏式明细分类账的账页格式适用于借方需要设多个明细科目或明细项目的账户，如"在途物资"、"生产成本"、"制造费用"、"管理费用"、"财务费用"和"营业外支出"等科目的明细分类核算。借方多栏式明细分类账页的格式与内容见表6-14。

表6-14　管理费用明细分类账（借方多栏式）示例

管理费用明细分类账（借方多栏式）

年		凭证		摘要	借方（项目）					贷方	余额
月	日	种类	编号		办公费	折旧费	工资	……	合计		

（2）贷方多栏式明细分类账的设置。贷方多栏式明细分类账的账页格式适用于贷方需要设多个明细科目或明细项目的账户，如"主营业务收入"和"营业外收入"等科目的明细分类核算。贷方多栏式明细分类账页的格式与内容见表6-15。

表6-15　主营业务收入明细分类账（贷方多栏式）示例

主营业务收入明细分类账（贷方多栏式）

年		凭证		摘要	贷方				借方	余额
月	日	种类	编号		甲商品	乙商品	……	合计		

（3）借方贷方多栏式明细分类账的设置。借方贷方多栏式明细分类账的账页格式适用于借方贷方均需要设多个明细科目或明细项目的账户，如"本年利润"科目的明细分类核算。借方贷方均设多栏式明细分类账页的格式与内容见表6-16。

表 6-16　本年利润明细分类账示例

本年利润明细分类账

年		凭证		摘要	借方（项目）				贷方（项目）				余额
月	日	种类	编号					合计				合计	

多栏式明细分类账是由会计人员根据审核无误的记账凭证或原始凭证进行登记的，可以逐笔登记，也可以定期汇总登记。

第三节　会计账簿的启用与记账规则

一、会计账簿的启用规则

会计账簿是重要的经济档案，登记账簿应由专人负责保管。为了保证账簿记录的合法性和账簿资料的真实性，明确记账责任，防止账簿资料的丢失和其他舞弊行为的发生，单位必须加强对账簿启用环节的管理。在每次启用新的账簿时，应遵守以下规定。

（1）填写"账簿使用表"，写明单位名称、账簿名称、账簿页次、启用日期、会计主管人员签章和账簿交接等。其一般格式见表 6-17。

表 6-17　会计账簿使用表

企业名称				粘贴印花
账簿名称		编号		
账簿册数	共　　　册第　　　册			
账簿页数	自　　页起至　　页止共　　页			
启用日期	年　月　日	停用日期	年　月　日	
会计主管		记账员		
交接记录				
移交日期	移交人	接管日期	接管人	监交人
备注				单位公章

（2）填写账簿扉页上的"经管账簿人员一览表"（活页账和卡片账一般在装订成册

后填列），填明记账人员姓名、职务、接管日期、移交日期等有关事项，并签名盖章，以示负责。其一般格式见表6-18。

表 6-18　经管账簿人员一览表示例

经管账簿人员一览表								
经管人员		盖章	接管			移交		附注
职别	姓名		年	月	日	年	月	日	

（3）订本账在启用时应写明页数和编号；活页账启用时，应编制账户目录，并注明每个账户的编号、名称和分页号。为了便于查阅，也可在每一个账户所在位置的第一页，贴上写明账户名称的纸卡。

新年度开始使用新账簿时，除按规定办理启用手续外，还应把上年度各账户的"年末余额"转记到新账簿中该账户第一页的第一行，并在摘要栏中注明"年初余额"字样。

二、会计账簿的记账规则

根据《会计基础工作规范》第六十条的规定：会计人员应当根据审核无误的会计凭证登记会计账簿。登记账簿的基本要求如下。

（1）登记会计账簿时，应当将会计凭证日期、编号、业务内容摘要、金额和其他有关资料逐项记入账内，做到数字准确、摘要清楚、登记及时、字迹工整。

（2）登记完毕后，要在记账凭证上签名或者盖章，并注明已经登账的符号，表示已经记账。

（3）账簿中的文字和数字要紧靠底线书写，并在上方留有适当空格，不要写满格，一般应占格距的1/2。为的是防止发生登账错误时还有更改的余地，同时也方便查账工作。

（4）为了保持账簿记录的持久性，防止涂改，登记账簿要用蓝黑墨水或碳素墨水书写，不得使用圆珠笔（银行的复写账簿除外）或者铅笔书写。

（5）下列情况，可以用红色墨水记账：①按照红字冲账的记账凭证，冲销错误记录；②在不设借方栏或贷方栏的多栏式账页中，登记减少数；③在三栏式账户的余额栏前，如未印明余额方向的，在余额栏内登记负数余额；④根据国家统一会计制度的规定可以用红字登记的其他会计记录，如结账、划线等。

（6）各种账簿必须逐行逐页按顺序连续登记，不得跳行、隔页。如果发生跳行、隔页的情况，应当在空行、空页处用红色墨水划对角线注销，或者注明"此行空白""此页空白"字样，并由记账人员签名或者盖章，以示证明。对订本式账簿，不得任意撕毁账页，对活页式账簿也不得任意抽换账页。

（7）凡需要结出余额的账户，结出余额后，应当在"借或贷"等栏内写明"借"或者"贷"等字样。没有余额的账户，应当在"借或贷"栏内写明"平"字，并在余额栏内用"0"表示。现金日记账和银行存款日记账必须逐日结出余额。

（8）每一账页登记完毕结转下页时，应当结出本页合计数及余额，写在本页最后一行和下页第一行有关栏内，并在摘要栏内注明"过次页"和"承前页"字样；也可以将本页合计数及金额写在下页第一行有关栏内，并在摘要栏内注明"承前页"字样。对需要结计本月发生额的账户，结计"过次页"的本页合计数应当为自本月初起至本页末止的发生额合计数；对需要结计本年累计发生额的账户，结计"过次页"的本页合计数应当为自年初起至本页末止的累计数；对既不需要结计本月发生额也不需要结计本年累计发生额的账户，可以只将每页末的余额结转次页。

第四节　对账

一、对账的定义

对账就是在会计期末对账簿记录的内容进行的核对工作。在日常的会计工作中，由于各种原因，难免会发生记账、计算方面的差错，从而会造成账实不符。为了保证账簿纪录的正确和完整，如实反映和监督经济活动情况，为编制会计报表提供真实可靠的数据，在有关经济业务登记入账之后，必须进行账簿记录的核对。

对账是为保证账证相符、账账相符和账实相符的一项检查性工作。

二、对账的分类

对账工作分为日常核对和定期核对两种。

（1）日常核对。日常核对是指会计人员在编制会计凭证时，对原始凭证和记账凭证的审核；在登记账簿时，对账簿记录与会计凭证的核对。

（2）定期核对。定期核对是指在期末结账前，对凭证、账簿记录等进行的核对。

三、对账的内容

（1）账证核对。账证核对是将各种账簿（总分类账、明细分类账以及库存现金和银行存款日记账等）记录与有关会计凭证（记账凭证及其所附的原始凭证）相核对。尽管账簿是根据审核之后的会计凭证登记的，但实际工作中仍然可能发生账证不符的情况，因此，记完账后，应将账簿内容与会计凭证进行核对。核对时，将凭证和账簿的记录内容、数量、金额和会计科目等相互对比，保证二者相符。这种核对主要是在日常编制凭证和记账过程中进行的。

（2）账账核对。账账核对是在账证核对的基础上，各种账簿之间有关指标的核对。主要包括：①总分类账簿各账户借方期末余额合计数与贷方期末余额合计数核对相符，一般是通过编制试算平衡表进行借贷合计数核对的。②总分类账与所属明细分类账的期末余额核对相符，一般是通过编制总分类账和明细分类账的试算平衡表完成核对的。③库存现金日记账、银行存款日记账期末余额与总分类账的各该账户余额核对相符。④会计部门各种财产、物资明细分类账期末余额与财产、物资保管和使用部门的有关财产、物资明细分类账期末余额核对相符。

（3）账实核对。账实核对是在账账核对的基础上，将各种财产、物资、债权债务等账面余额与实存数额相核对。主要包括：①库存现金日记账账面余额与库存现金实际库存数额相核对；②银行存款日记账账面余额与开户银行对账单的余额相核对；③各种财产、物资明细分类账账面余额与其实存数额相核对；④各种债权债务明细分类账账面余额与有关债务、债权单位的账面记录相核对。账实核对，一般要结合财产清查进行。有关财产清查的内容、方法等，在第八章中专门介绍。

四、总分类账与明细分类账的平行登记规则

（一）总分类账与明细分类账的关系

如前所述，所谓总分类账，是指按总账科目开设的账户，对总账科目的经济内容进行总括的核算，提供总括性指标；所谓明细分类账是指按照明细科目开设的账户，对总分类账的经济内容进行明细分类核算，提供具体而详细的核算资料。这就表明，总分类账和明细分类账是既有内在联系，又有区别的两类账户。

1. 总分类账户与明细分类账户的内在联系

总分类账户与明细分类账户的内在联系主要表现在以下两个方面：

（1）二者所反映的经济业务内容相同，如"原材料"总分类账户与其所属的"甲材料""乙材料"等明细分类账户都是用以反映材料的收发及结存业务的。

（2）登记账簿的原始凭证相同，登记总分类账户与登记其所属明细分类账户的记账凭证和原始凭证是相同的。

2. 总分类账户与明细分类账户的区别

总分类账户与明细分类账户的区别主要表现在以下两个方面：

（1）反映经济内容的详细程度不一样。总分类账反映资金增减变化的总括情况，提供总括资料；明细分类账反映资金运动的详细情况，提供某一方面的资料。有些明细分类账还可以提供实物数量指标和劳动量指标。

（2）作用不同。总分类账提供的经济指标，是明细分类账资料的综合，对所属明细分类账起着统驭作用；明细分类账是对有关总分类账的补充，起着详细说明的作用。由此可见，二者关系密切。在设置明细分类账时，一定要考虑二者这种既有联系又有区别的特征。

（二）总分类账与明细分类账的平行登记规则

为了使总分类账与其所属的明细分类账之间能起到统驭与补充的作用，便于账户核对，并确保核算资料的正确、完整，必须采用平行登记的方法，在总分类账及其所属的明细分类账中进行记录。所谓平行登记就是指经济业务发生后，根据会计凭证，一方面要登记有关的总分类账户，另一方面要登记该总分类账所属的各有关明细分类账户。

采用平行登记规则，应注意以下要点。

1. 依据相同

对于需要提供其详细指标的每一项经济业务，应根据审核无误后的记账凭证，一方面记入有关的总分类账户，另一方面要记入同期总分类账所属的有关各明细分类账户。

2. 期间相同

这里所指的同期是在同一会计期间，而并非同一时点，因为明细分类账一般根据记账凭证及其所附的原始凭证于平时登记，而总分类账因会计核算组织程序不同，可能在平时登记，也可能定期登记，但登记总分类账和明细分类账必须在同一会计期间内完成。

3. 方向一致

登记总分类账及其所属的明细分类账的方向应当一致。这里的方向，是指所体现的变动方向，而并非相同记账方向。一般情况下，总分类账及其所属的明细分类账都按借方、贷方和余额设专栏登记，存货账户和债权、债务结算账户即属于这种情况。但有些明细分类账户按组成项目设多栏记录，采用多栏式明细分类账格式。这种情况下，对于某项需要冲减有关组成项目额的事项，只能用红字记入其相反的记账方向，而与总分类账中的记账方向不同。例如，"财务费用"账户按其组成项目设置借方多栏式明细分类账，发生需冲减利息费用的存款利息收入时，总分类账中记入贷方，而其明细分类账中则以红字记入"财务费用"账户利息费用项目的借方，以其净发生额来反映利息净支出。这时，在总分类账及其所属的明细分类账中，就不可能按相同的记账方向（是指借贷方向）进行登记，而只能以相同的变动方向进行登记。

4. 金额相等

记入总分类账户的金额与记入其所属的各明细分类账户的金额相等。总分类账户提供总括指标，明细分类账户提供总分类账户所记内容的具体指标，所以，记入总分类账的金额与记入其所属各明细分类账户的金额相等。但这种金额相等只表明其数量关系，而不一定都是借方发生额相等和贷方发生额相等的关系。例如，"财务费用"账户的明细分类账，采用多栏式时，在本月既有存款利息收入，也有存款利息支出的情况下，"财务费用"总分类账户的贷方发生额与明细分类账户的贷方发生额就不一致，但作为抵减利息支出的利息收入数额是相等的。

综上所述，总分类账户及其所属的明细分类账户，按平行登记规则进行登记，一般可以概括为：依据相同，期间相同，方向一致，金额相等。但要注意对期间相同、方向一致、金额相等的正确理解。

在会计核算工作中，可以利用上述关系检查账簿记录的正确性。检查时，根据总分类账与明细分类账之间的数量关系，编制明细分类账户的本期发生额和余额明细表，同其相应的总分类账户本期发生额和余额相互核对，以检查总分类账与其所属明细分类账记录的正确性。明细分类账户本期发生额和余额明细表根据不同的业务内容，可以分别采用不同的格式。

现以材料核算为例，对总分类账和明细分类账的平行登记加以说明。

【例 6-3】东方公司 2016 年 8 月"原材料"总分类账及其明细分类账（甲、乙材料）的月初余额如表 6-19~表 6-21 所示。

表 6-19　原材料总分类账

总分类账

会计科目：原材料　　　　　　　　　　　　　　　　　　　　　　　　第 1 页

2016 年		凭证		摘要	借方	贷方	借或贷	余额
月	日	字	号					
8	1			月初余额			借	8 545
	3	转账	1	购进	8 000		借	16 545
	5	转账	2	生产领用		5 455	借	11 090
8	31			本月发生额及余额	8 000	5 455	借	11 090

表 6-20　原材料明细分类账（甲材料）

原材料明细分类账

材料名称：甲材料　　　　　　　　　　　　　　　　　　　　　　　计量单位：千克

2016 年		凭证号	摘要	收入			发出			结存		
月	日			数量	单价	金额	数量	单价	金额	数量	单价	金额
8	1		月初余额							25	97	2 425
	3	转 1	购进	50	100	5 000				25	97	2 425
										50	100	5 000
	5	转 2	生产领用				25	97	2 425	35	100	3 500
							15	100	1 500			
8	31		本月发生额及余额	50	100	5 000	40		3 925	35	100	3 500

表 6-21　原材料明细分类账（乙材料）

原材料明细分类账

材料名称：乙材料　　　　　　　　　　　　　　　　　　　　　　　计量单位：千克

2016 年		凭证号	摘要	收入			发出			结存		
月	日			数量	单价	金额	数量	单价	金额	数量	单价	金额
8	1		月初余额							40	153	6 120
	3	转 1	购进	20	150	3 000				40	153	6 120
										20	150	3 000
	5	转 2	生产领用				10	153	1 530	30	153	4 590
										20	150	3 000
8	31		本月发生额及余额	20	150	3 000	10	153	1 530	30	153	7 590
										20	150	

（1）本月购入甲材料 50 千克，每千克单价 100 元；购入乙材料 20 千克，每千克单价 150 元，货款已用银行存款支付，材料已验收入库。根据这一经济业务，其验收入库的会计分录为

借：原材料——甲材料 　　　　　　　　　　　　　　　　　　　　　5 000
　　　　　——乙材料 　　　　　　　　　　　　　　　　　　　　　3 000
　　贷：在途物资 　　　　　　　　　　　　　　　　　　　　　　　8 000

（2）本月生产产品领用：甲材料 40 千克，乙材料 10 千克。采用先进先出法发出材料，发出材料的会计分录为

借：生产成本 　　　　　　　　　　　　　　　　　　　　　　　　5 445
　　贷：原材料——甲材料 　　　　　　　　　　　　　　　　　　　3 925
　　　　　　　——乙材料 　　　　　　　　　　　　　　　　　　　1 530

根据上述资料及会计分录对"原材料"总分类账及甲、乙材料明细分类账进行平行登记如表 6-19~表 6-21 所示。从表中可看出，明细分类账期初余额之和、本期发生额之和以及期末结存额之和与总分类账相应的指标是相等的，即

期初余额：2 425+6 120=8 545（元）
本期购进：5 000+3 000=8 000（元）
本期发出：3 925+1 530=5 455（元）
期末结存：3 500+7 590=11 090（元）

由于总分类账和明细分类账是按平行登记的方法进行登记的，因此对总分类账和明细分类账登记的结果，应当进行相互核对，核对通常是通过编制"总分类账户与明细分类账户发生额及余额对照表"进行的。对照表的格式和内容见表 6-22。

表 6-22　总分类账户与明细分类账户发生额及余额对照表

账户名称	月初余额		发生额		月末余额	
	借方	贷方	借方	贷方	借方	贷方
甲材料明细分类账	2 425		5 000	3 925	3 500	
乙材料明细分类账	6 120		3 000	1 530	7 590	
材料总分类账户	8 545		8 000	5 455	11 090	

以上总分类账和明细分类账这种有机联系，是检查账簿记录是否正确的理论依据。一般在期末都要进行相互核对，以便发现错账并加以及时地更正，保证账簿记录准确无误。

第五节　错账的更正方法

会计人员应该尽量避免账簿记录中发生错误，但要完全避免发生错误是不可能的。账簿记录中发生的错误是多种多样的。有的凭证没有错，登账却错了；有的是凭证错误

而导致记账错误；有的是科目记错；有的是摘要或金额记错；有的是记账错误；有的是合计错误。账簿记录中的错误一经发现后，应立即更正。账簿记录错误的更正是一件非常严肃的事情。为了明确责任，也为了防止出现舞弊行为，必须按照严格的程序和规定的方法来进行更正。由于错误发生的具体情况不同，更正的方法也不一样。一般有以下几种更正方法。

一、划线更正法

划线更正法，就是把账簿记录中错误的文字或数字用单红线划去以表示注销，然后在上面用蓝字写上正确的文字或数字，再由记账人员和会计机构负责人（会计主管人员）在更正处盖章，以示明确责任。这种方法就称为划线更正法，也叫红线更正法。使用这一方法应该注意：第一，对于注销的数字，应全部一并划去，而不应只划去其中错误的部分；而对于文字错误，则可只划去其错误的部分。第二，划线后，原字迹应能够清晰可辨，以便事后查考，不得涂成模糊一片。

划线更正法适用于结账前发现的，记账凭证正确，但在过账过程中发生文字或数字错误的错账。例如，某单位会计人员，把 1 234.56 误写为 1 243.56，应把 1 243.56 用红线划去，然后在上面写上正确的 1 234.56，再在更正的地方盖上会计人员和会计机构负责人（会计主管人员）的印章。

注意，如果记账凭证是正确的，但结账之后才发现账簿记录错误的，不可以采用划线更正法，而要根据实际情况采用红字更正法或补充登记法。

二、红字更正法

所谓红字更正法，就是用红字编制一张记账凭证，以冲销原来错误的凭证记录，因而叫红字更正法，又叫赤字冲账法或红笔订正法。

这种方法适用于记账凭证有错误，且由于记账凭证有错误而导致账簿记录也有错误的情况。红字更正法一般可用于以下两种情况。

（1）记账后在当年内发现记账凭证中使用的会计科目发生错误，并已按错误凭证登记入账，且记账凭证和账簿记录相吻合。更正的方法是：用红字金额编制一张内容与原记账凭证完全一样的凭证，冲销原有错误记录。然后再用蓝字金额编制一张正确的记账凭证，重新登记入账。

【例 6-4】东方公司开出现金支票支付材料运输费 1 000 元，不考虑增值税。记账凭证误记为

借：在途物资　　　　　　　　　　　　　　　　　　　　　　　　　　1 000
　　贷：库存现金　　　　　　　　　　　　　　　　　　　　　　　　　　1 000

发现这个错误后，应用红字编制一张内容一样的记账凭证，在摘要栏内注明"冲销某年某月某日某号错误凭证"字样，据以入账，以冲销原错误记录。

借：在途物资　　　　　　　　　　　　　　　　　　　　　　　1 000

　　贷：库存现金　　　　　　　　　　　　　　　　　　　　　　1 000

然后再用蓝字编制一张正确的记账凭证，在摘要栏内注明"补记某年某月某日某号账"字样，据以入账。会计分录为

借：在途物资　　　　　　　　　　　　　　　　　　　　　　　1 000

　　贷：银行存款　　　　　　　　　　　　　　　　　　　　　　1 000

（2）记账凭证上所使用的会计科目正确，只是所记金额大于应记金额，并已登记入账，且记账凭证和账簿记录相吻合。这时，也可以与例 6-4 一样，用红字编制一张内容与原记账凭证完全一样的凭证，冲销原有错误记录。然后再用蓝字编制一张正确的记账凭证，重新登记入账。但这种情况由于科目完全正确，只是数字记大了。更正方法可以简化：按多记的金额编制一张与原记账凭证应借、应贷会计科目完全一样的记账凭证，并在摘要栏内注明"冲销某年某月某日某号记账凭证多记金额"字样，然后据以入账，这样就把错误的数字调整为正确的数字了。

【例 6-5】东方公司以银行存款归还购料欠款 10 000 元，误作下列分录：

借：应付账款　　　　　　　　　　　　　　　　　　　　　　100 000

　　贷：银行存款　　　　　　　　　　　　　　　　　　　　100 000

这张凭证已经入账。随后发现这笔分录会计科目完全正确，但金额应是 10 000 元，多记了 90 000 元。发现这个错误后，应红字编写一张差额冲销凭证，在摘要栏内注明"冲销某年某月某日某号记账凭证多记金额"字样，据以入账。会计分录为

借：应付账款　　　　　　　　　　　　　　　　　　　　　　90 000

　　贷：银行存款　　　　　　　　　　　　　　　　　　　　90 000

三、补充登记法

如果记账凭证中使用的会计科目正确，只是所记金额小于应记金额，并已登记入账，且记账凭证和账簿记录相吻合。这种情况，就可以采用补充登记法来更正（如所记金额大于应记金额，则应用红字更正法）。补充登记法的具体做法是：按少记的金额编制一张与原记账凭证应借、应贷会计科目完全一样的记账凭证，并在摘要栏内注明"补记某年某月某日某号凭证少记金额"字样，然后据以入账，这样就把错误的数字调整为正确的数字了。

【例 6-6】东方公司从外地购进一批原材料 1 000 元，货款未付，不考虑增值税。会计分录误记为

借：原材料　　　　　　　　　　　　　　　　　　　　　　　　100

　　贷：应付账款　　　　　　　　　　　　　　　　　　　　　　100

这笔分录所记的科目及方向都没有错，只是 1 000 元误记为 100 元。发现这个错误后，应用蓝字编制一张金额为 900 元的记账凭证，在摘要栏内应注明"补记某年某月某日某号凭证少记金额"字样：

借：原材料　　　　　　　　　　　　　　　　　　　　　　　　　　900
　　贷：应付账款　　　　　　　　　　　　　　　　　　　　　　　　900

然后据以入账，这样在账簿上补记了少记的金额，就把错误记录更正了过来。

以上三种错账的更正方法的适用范围总结如表 6-23 所示。

表 6-23　三种错账的更正方法的适用范围

记账凭证			会计账簿的错账更正方法
无错			划线更正法
记错	非金额错误		红字（全额）更正法
	金额错误	多记	红字（差额）更正法
		少记	补充登记法

第六节　结账

一、结账的定义和种类

会计主体为了总结某一会计期间的经营活动，考核经营成果，编制会计报表，在账务处理上就必须进行结账工作。所谓结账就是在会计期末结算出各账户的本期发生额和期末余额，并将其余额结转至下期或者转入新账。

将各会计期间所发生的经济业务全部登记入账并对账后，就可以通过账簿记录了解经济业务的发生和完成情况。但是为了满足信息使用者的需要，还需要将各会计期间的经济活动情况和结果通过编制财务报表的形式将有关信息传达给信息使用者。而根据会计凭证将经济业务记入账簿后，还不能直观地获得所需要的各项数据，必须通过结账的方式，把各种账簿记录结算清楚，提供所需要的各项信息资料。

由于会计分期一般实行日历制，月末进行计算，季末进行结算，年末进行决算。所以，结账工作也于各会计期末进行，分为月结、季结、半年结和年结。年度结账日为公历年度每年的 12 月 31 日；月度、季度、半年度结账日分别为公历年度每月、每季、每半年的最后一天。

二、结账的程序和内容

结账程序主要包括以下两个步骤。

（1）结账前，必须将本期内发生的各项经济业务全部登记入账。为了正确计算当期损益，还应根据权责发生制原则，在结账前进行期末账项调整，把应属于本期受益的收入、负担的费用全部登记入账。

（2）结账时，应结出每个账户的期末余额。

具体的方法如下。

（1）办理月结，应在各账户本月最后一笔记录下面划一通栏红线，表示本月结束；然后，在红线下结算出本月发生额和月末余额（无月末余额的，可在"余额"栏内注明"平"字或阿拉伯数字"0"），并在摘要栏内注明"×月发生额及余额"或"本月合计"字样；最后，在本摘要栏下面划一通栏红线，表示完成月结工作。

（2）办理季结，首先，应在各账户本季度最后一个月的月结下面（需按月结出累计发生额的，应在"本季累计"下面）划一通栏红线，表示本季结束；其次，在红线下结算出本季发生额和季末余额，并在摘要栏内注明"第×季度发生额及余额"或"本季合计"字样；最后，在本摘要栏下面划一通栏红线，表示完成季结工作。

（3）办理年结，首先，应在12月月结下面（需办理季结的，应在第4季度的季结下面，需结出本年累计发生额的，应在"本年累计"下面）划一通栏红线，表示年度终了。其次，在红线下面结算填列全年12个月的累计月结发生额或4个季度的累计季结发生额，并在摘要栏内注明"年度发生额及余额"或"本年合计"字样；在此基础上，将年初借（贷）方余额抄列于"年度发生额"或"本年合计"下一行的借（贷）方栏内，并在摘要栏内注明"年初余额"字样，同时将年末借（贷）方余额，列在下一行的贷（借）方栏内，并在摘要栏内注明"结转下年"字样。最后，加计借贷两方合计数相等，并在合计数下划通栏双红线，表示完成年结工作。需要更换新账的，应在进行年结的同时，在新账中有关账户的第一行"摘要"栏内注明"上年结转"或"年初余额"字样，并将上年的年末余额以同方向记入新账中的余额栏内。新、旧账有关账户余额的转记事项，不编制记账凭证。

结账的具体方法见表6-24。

表6-24　总分类账结账示例

总分类账

会计科目：原材料　　　　　　　　　　　　　　　　　　　　　　第　页

2016年		凭证		摘要	借方	贷方	借或贷	余额
月	日	月	日					
1	1	（略）	（略）	年初余额（略）			借	8 000
	31			1月发生额及余额	19 000	18 000	借	9 000
2	1　28			2月发生额及余额	12 000	13 000	借	8 000
12	31			12月发生额及余额	15 000	13 000	借	10 000
	31			年度发生额及余额	210 000	208 000	借	10 000
				年初余额	8 000			
				结转下年		10 000		
				合计	218 000	218 000		

注：表中虚线表示单红线，波浪线表示省略，双线表示双红线

若由于会计制度改变而需要在新账中改变原有账户名称及其核算内容，可将年末余额按新会计制度的要求编制余额调整分录，或编制余额调整工作底稿，将调整后的账户余额抄入新账的有关账户余额栏内。

第七节　会计账簿的更换与保管

年终结账后，在新的会计年度，总分类账、日记账和多数明细分类账应当更换新账。更换新账时，为了保证会计核算的连续性，应将上年度的"年末余额"结转到新账簿上，在新账簿的第一行摘要栏内填写"上年结转"，并在余额栏内填写年初余额数及余额方向。

注意，有些财产物资明细分类账和债权债务明细分类账，如固定资产明细分类账、原材料明细分类账等由于材料品种、规格和往来单位较多，更换新账的工作量较大，可以跨年度使用，不必每年更换一次。备查账簿也可以连续使用。

年终，会计人员应对更换下来的活页账、卡片账装订成册，顺序编号，加具封面封底，登记存档保管。采用电子计算机进行会计核算的单位，应当保存打印出的纸质会计档案。当年形成的会计档案，在会计年度终了后，可暂由会计机构保管一年，期满之后，应当由会计机构编制移交清册，移交本单位档案机构统一保管；未设立档案机构的，应当在会计机构内部指定专人保管。保管期满，一定要按规定的审批程序，报经批准后方可销毁。

会计账簿与会计凭证、财务会计报告等会计档案，是记录和反映单位经济业务的重要资料和证据。各单位必须按照《会计档案管理办法》和国家统一会计制度的要求，建立严格的会计档案管理规章制度，并严格执行安全和保密制度，认真保管好各种会计档案，做到会计档案保管妥善、存放有序、查找方便。

 本章习题

第七章

成 本 计 算

学习目标：通过本章学习，应该掌握工业企业主要经营环节的特点及其成本基本核算原理。

第一节 成本计算概述

一、成本计算的含义

成本计算是对应计入一定对象的全部费用进行归集、计算，并确定各该对象总成本和单位成本的会计方法。通过成本计算可以正确地对会计核算对象进行计价，考核经济活动过程中各项劳动耗费，为正确地核算损益提供资料。

从会计的发展来看，在会计核算的诸项方法中，成本计算法是形成较晚的一种方法。在 16~18 世纪以前，手工作坊一直是人类社会主要的生产方式，生产规模小、产品品种简单决定了成本计算方法的简单化。随着工业革命的发展，由于资本主义生产方式如风暴般席卷了欧洲大地，资本主义的大工业生产的工厂逐渐代替了手工作坊生产，生产规模日益扩大，带来了生产产品的多样化，相应提出成本核算问题。欧洲各国的会计先驱纷纷根据企业中价值的流向问题以及期末损益的计算问题，提出了直接费用、间接费用的概念以及间接费用的摊销问题，并将复式记账法引入成本计算，设置成本计算的账户体系，以货币和实物作为计量单位，对不同产品的形成价值进行成本计算。但那时的成本计算方法、核算体系还不成熟，直到进入 20 世纪以后，会计界的学者们才开始在成本计算的体系化和标准化上下功夫，形成了现在的成本会计体系。

二、成本计算的对象

工业企业的主要经营过程分为供应过程、生产过程和销售过程，在各阶段都有其不同的成本核算内容。

（一）供应过程的成本计算

供应过程是为生产过程购买和提供劳动资料的过程。随着材料物资的买进、装卸、搬运等采购耗费的发生及材料买价的支付，伴随着企业货币资金向储备资金的不断转化，就形成了材料物资的采购成本。购买价格和采购耗费的发生是供应过程成本会计核算的主要内容。

（二）生产过程的成本计算

生产过程是工业企业产品价值形成的过程，随着劳动对象、劳动手段和劳动力等耗费的不断发生，即货币资金、固定资金及储备资金等向生产资金至成品资金的不断转化，就形成了产品的生产成本（或制造成本）。上述制造过程中各种生产耗费的支出和成品生产成本的形成，便构成生产过程成本会计核算的主要内容。

（三）销售过程的成本计算

销售过程是工业企业产品价值实现的过程。随着应由企业负担的销售、发运产品的装卸搬运费、包装保险费、广告费及专设销售机构有关费用的不断发生，即成品资金向货币资金的不断转化，就形成了产品的销售成本，即主营业务成本。上述销售费用的归集及已销售产品生产成本的计算和结转，是该阶段成本会计核算的主要内容。

三、成本的作用

成本在经济管理工作中的作用可概括如下。

（一）成本是计量经营耗费和确定补偿尺度的重要工具

为了保证企业再生产的不断进行，必须对生产经营过程中的耗费进行补偿。补偿的标准是什么，补偿的金额是多少，需要通过成本计算来完成。通过成本计算，正确地计量耗费，不仅确定了补偿的标准，而且确定了企业的损益。如果成本计算不准确，就会直接影响损益计量的正确性。

（二）成本是产品定价的基础

产品价格是产品价值的货币表现，一般来说，产品价格应大体上符合其价值，符合价值规律的基本要求。但在实际操作时产品价值难以直接计算和确定，一般都是在考虑各种产品的比价关系、市场上的供求关系、产品在市场竞争的态势、所耗费资源的再生能力等因素的基础上，以该行业或该类产品的社会平均耗费成本加上利税来确定的。总之，无论国家进行宏观调控，还是企业进行产品定价，都要以成本为基础。

（三）成本是影响企业经营成果的关键因素

在市场经济条件下，每个企业的经营成果好坏一定意义上取决于其成本的高低，即在生产量或创造价值量不变的条件下，成本越低的企业，其经营成果越好。这是因为在市场竞争、供求关系等诸因素影响下，全社会自然构筑了每种商品产品的平均市场价格，也就派生出了社会平均成本。只有那些个别成本低于社会平均成本的企业，才会获得超额利润，才会在竞争中取胜。从宏观的角度来看更是如此，即全社会经济效益的提高，最终依靠对资源的科学、合理的开发以及资源的节约和有效使用。

（四）成本是衡量企业管理水平和各方面工作的重要指标

成本指标是一项涉及面广、综合性强的经济指标，成本的高低反映着企业各个职能部门的工作质量。例如，产品设计阶段的设计成本（产品的功能、体积大小、耗费哪些材料、各品名材料分别耗费多少、工序工时的设计等），产品生产阶段的制造成本（生产工艺的合理程度、固定资产的利用情况、直接材料的节约与浪费和劳动效率的高低等），产品销售阶段的销售成本（新产品广告费、产品的发运费和推销费等），以及售后服务费等无不直接或间接地反映到成本这个综合指标中来。另外，企业资金结构配置的筹资费用、厂部各个职能部门的各项管理性的费用等，都直接影响着企业的经营成果，这就要求企业实行全过程和全员的成本管理，以确保经营目标的实现。

四、成本计算的原理

某种经营活动的经营成果是该种经营活动中的支付费用的受益对象，如为某种产品生产而耗用的原材料费用的受益对象就是该种产品。企业在计算不同经营阶段的各种成本时应共同遵守的原理，包括以下几个方面。

（一）直接受益直接分配原理

可以直接确定某种费用是为某项经营活动产生时，这种费用在成本计算中确认为直接费用。直接受益直接分配原理是指，将直接费用直接计入受益的计算对象中，作为相应受益计算对象的成本，由相应的受益计算对象承担。

（二）共同受益间接分配原理

有的费用是为了若干受益计算对象而共同发生的，应由相应的若干个受益计算对象来共同承担。共同受益间接分配原理是指，先确定可供分配的共同性费用总额和分配标准，然后按一定的方法在可供分配的共同性费用对象之间合理分配。

（三）重要性原理

有的个别费用发生后并不会对受益对象造成多少影响，根据重要性原理，发生该种费用可以不计入受益对象成本，而直接记入当期费用。

第二节 企业经营过程的成本计算

一、材料采购成本的计算

（一）采购成本的构成

（1）买价。买价是材料的供应单位所开发票上填列的价款。

（2）其他采购费用。采购费用包括材料的运输费、装卸费、保险费、包装费、仓储费、运输途中的合理损耗以及入库前的整理挑选费用等。根据重要性原理，实际工作中对某些本应计入材料采购成本的采购费用，如采购人员的差旅费、市内采购材料的运杂费、专设采购机构的经费等，不计入材料采购成本，而是列作管理费用支出。

（二）材料采购成本的计算

材料采购成本的计算，就是将企业采购材料所支付的买价和其他采购费用，按照购入材料的品种、类别加以归集，计算其总成本和单位成本的过程。计算时，上述费用中，凡能分得清是为采购哪种材料所支付的费用，应直接计入该种材料的采购成本；凡分不清的，如为运输多种材料所支付的运输费，应采用合理的分配标准，如按各种材料的重量比例，分配计入各种材料的采购成本。

材料采购成本计算的基本程序是：首先按照材料的品种或类别确定成本计算对象，其次设置"在途物资"账户归集采购过程发生的支出，最后编制"在途物资成本计算表"确定材料采购的总成本和单位成本。

1. 直接计入法

能直接分清受益对象的采购支出直接计入其采购成本。

【例 7-1】本月，东方公司用银行存款购买甲材料 2 845 千克，买价 50 000 元，支付运输费 2 100 元。（不考虑增值税）

按照直接受益直接计入原理，甲材料的采购成本应为 52 100 元。编制会计分录如下：

借：在途物资——甲材料　　　　　　　　　　　　　　　52 100
　　贷：银行存款　　　　　　　　　　　　　　　　　　　　52 100

2. 间接（分配）计入法

不能直接分清受益对象的采购支出应分配后再计入相关受益对象的采购成本。

【例 7-2】本月，东方公司购买甲、乙两种材料，买价分别为 63 000 元、72 000 元；重量分别为 3 000 千克、5 000 千克，用银行存款支付货款 135 000 元，支付材料共担运费 4 800 元。（不考虑增值税）

根据共同受益间接分配原理，本例假定按两种材料的重量为基础分配共担的运费。分配率为 0.6（4 800÷8 000=0.6）元/千克，甲材料分配 1 800（3 000×0.6=1 800）元，乙材料分配 3 000（5 000×0.6=3 000）元。编制会计分录为

借：在途物资——甲材料 64 800
　　　　　　——乙材料 75 000
　贷：银行存款 139 800

月末，根据甲材料和乙材料的"采购材料明细分类账"编制"采购材料成本计算表"（表 7-1），以计算确定材料的总成本和单位成本。

表 7-1　采购材料成本计算表　　　　　　单位：元

成本项目	甲材料（5 845 千克）		乙材料（5 000 千克）		成本合计
	总成本	单位成本	总成本	单位成本	
买价	113 000	19.33	72 000	14.40	185 000
运输费用	3 900	0.67	3 000	0.60	6 900
采购成本	116 900	20.00	75 000	15.00	191 900

二、产品生产成本的计算

（一）产品成本项目的确定

工业企业的产品成本项目是指计入产品成本的资金耗费按其经济用途所作的分类项目。成本项目的设置应根据管理上的要求确定，一般最少要设置直接材料、直接人工和制造费用等三个成本项目。必要时，再调整增设相应的成本项目。

（1）直接材料。直接材料是指产品生产直接耗费的材料费，包括构成产品实体的各种主要材料费，以及有助于产品形成的各种辅助材料、燃料（如炼钢用焦炭）、动力费（如电费）等。

（2）直接人工。直接人工是指企业在生产产品和提供劳务过程中为获取直接从事产品生产人员提供的服务而给予各种形式的报酬以及其他相关支出。

（3）制造费用。制造费用是指企业各生产车间（或分厂）为组织和管理生产而发生的各项间接费用，包括车间管理人员的工资及提取的福利费、车间房屋建筑物和机器设备的折旧费、租赁费、修理费、水电费、办公费等。

（二）产品生产成本计算

产品生产成本的计算可在"生产成本"明细分类账中进行。"生产成本"明细分类账应按成本计算对象及其成本项目设置，分别归集所发生的费用。并将归集的费用分别在各种产品之间、各产品的完工产品和在产品之间进行分配。

计算产品生产成本时，对于直接材料费和直接人工费等直接费用，根据有关凭证直接记入有关"生产成本"明细分类账。对于制造费用，通过"制造费用"账户进行归集，

月末按一定标准在有关产品之间进行分配，记入有关"生产成本"明细分类账。制造费用的分配标准有生产工人工资、生产工时、机器工时、直接材料成本等。

月末，根据"生产成本"明细分类账的资料，编制"产品生产成本计算表"，以计算确定并结转完工入库产品的总成本和单位成本。

【例 7-3】假定本月，东方公司生产 A、B 两种产品领用甲材料 4 400 千克，每千克 20 元。本月投产的 A 产品为 200 件，B 产品为 250 件。A 产品的材料单位消耗定额为 15 千克/件，B 产品的材料单位消耗定额为 10 千克/件。A、B 产品各自应分配的直接材料费用计算如下：

A 产品的材料定额消耗量=200×15=3 000（千克）

B 产品的材料定额消耗量=250×10=2 500（千克）

材料消耗量分配率=4 400÷（3 000+2 500）=0.8（元/千克）

A 产品分配的直接材料费用=3 000×0.8×20=48 000（元）

B 产品分配的直接材料费用=2 500×0.8×20=40 000（元）

A、B 产品材料费用合计=48 000+40 000=88 000（元）

产品的直接材料账务处理如下：

借：生产成本——A 产品	48 000
——B 产品	40 000
贷：原材料——甲材料	88 000

【例 7-4】假定本月，东方公司生产 A、B 两种产品，共支付生产工人职工工资 17 000 元和福利费 2 380 元。工人薪酬按生产工时比例分配，A 产品的生产工时为 500 小时，B 产品的生产工时为 300 小时。A、B 产品各自应分配的直接人工计算如下：

工资分配率=17 000÷（500+300）=21.25（元/小时）

福利费分配率=2 380÷（500+300）=2.975（元/小时）

A 产品分配的工资及福利费=500×21.25+500×2.975=12 112.5（元）

B 产品分配的工资及福利费=300×21.25+300×2.975=7 267.5（元）

产品的直接人工账务处理如下：

借：生产成本——A 产品	12 112.5
——B 产品	7 267.5
贷：应付职工薪酬——工资	17 000
——福利费	2 380

【例 7-5】假设 A、B 产品同属于东方公司一车间，该车间当月管理人员工资为 12 000 元，福利费 1 680 元；车间生产设备折旧费共计 35 000 元；办公费 800 元；水电费 300 元。假设车间制造费用按照例 7-4 中产品生产工时分配，则 A、B 产品各自应分配的制造费用计算如下：

制造费用总额=12 000+1 680+35 000+800+300=49 780（元）

制造费用分配率=49 780÷（500+300）=62.225（元/小时）

A 产品分配的制造费用=500×62.225=31 112.5（元）

B 产品分配的制造费用=300×62.225=18 667.5（元）

一车间制造费用分配后的账务处理如下：

借：生产成本——A 产品　　　　　　　　　　　　　　　　　31 112.5

　　　　　——B 产品　　　　　　　　　　　　　　　　　18 667.5

　贷：制造费用　　　　　　　　　　　　　　　　　　　　　　　49 780

月末，根据有关凭证作产品"生产成本"明细分类账如表 7-2、表 7-3 所示。假设本月 A 产品全部完工（完工数量 210 件），B 产品完工 70 885 元（完工数量 280 件），完成产品制造成本计算表如表 7-4 所示。

表 7-2　A 产品生产成本明细分类账

生产成本明细分类账

产品名称：A 产品

2016 年		凭证号数	摘要	借方			合计
月	日			直接材料	直接人工	制造费用	
×	1		期初在产品成本	2 000	500	1 400	3 900
	17		材料费用	48 000			48 000
	25		生产工人工资		10 625		10 625
	28		生产工人福利费		1 487.5		1 487.5
	30		分配制造费用			31 112.5	31 112.5
	30		本期发生费用额	48 000	12 112.5	31 112.5	91 225
	30		本月月末合计	50 000	12 612.5	32 512.5	95 125
	30		结转完工产品成本	（50 000）	（12 612.5）	（32 512.5）	（95 125）

表 7-3　B 产品生产成本明细分类账

生产成本明细分类账

产品名称：B 产品

2016 年		凭证号数	摘要	借方			合计
月	日			直接材料	直接人工	制造费用	
×	1		期初在产品成本	11 000	1 600	5 000	17 600
	17		材料费用	40 000			40 000
	25		生产工人工资		6 375		6 375
	28		生产工人福利费		892.5		892.5
	30		分配制造费用			18 667.5	18 667.5
	30		本期发生费用额	40 000	7 267.5	18 667.5	65 935
	30		结转完工产品成本	（45 000）	（7 017.5）	（18 867.5）	（70 885）
			期末在产品成本	6 000	1 850	4 800	12 650

表 7-4　完工产品制造成本计算表　　　　单位：元

成本项目	A产品（210件）		B产品（280件）	
	总成本	单位成本	总成本	单位成本
直接材料	50 000	238.09	45 000	160.71
直接人工	12 612.5	60.06	7 017.5	25.06
制造费用	32 512.5	154.82	18 867.5	67.38
产品制造成本	95 125	452.97	70 885	253.15

三、产品销售成本的计算

工业企业的产品销售成本即主营业务成本，是指已售产品的制造成本。根据会计核算的配比原则，企业的收入与其相关的成本、费用应当相互配比，同一会计期间的各项收入和与其相关的成本、费用，应当在该会计期间内确认。这里所讲的产品销售成本以及主营业务税金及附加就是与主营业务收入相配比的成本、费用。

产品销售成本计算的对象是每一种已销售的产品。由于产品销售成本是已售产品的生产成本，因而，产品销售成本的计算，实质上是已售产品生产成本的结转。在通常情况下，各批完工产品的生产成本是不相同的，因而，计算结转产品销售成本的关键是如何确定已售产品的单位生产成本。结转已售产品生产成本的方法有先进先出法、后进先出法、加权平均法及个别计价法等（具体方法详见第四章）。通常可采用加权平均法计算已售产品的单位生产成本。在计算出已售产品的单位成本之后，就可据以计算出当期的产品销售成本，其计算公式如下：

产品销售成本=销售产品加权平均单位成本×销售数量

下面举例说明产品销售成本的计算方法。

【例 7-6】假设东方公司本月销售 A 产品 120 件，B 产品 200 件。本月初库存产品的情况如下：A 产品 60 件，单位成本 410.82 元；B 产品 100 件，单位成本 230.50 元。本月 A、B 产品完工数量及成本见表 7-4。采用加权平均法计算 A 产品销售成本如表 7-5 所示。

表 7-5　A 产品库存商品明细分类账

库存商品明细分类账

产品名称：A 产品　　　　　　　　　　　　　　　　　　　　单位：件

2016年		凭证号数	摘要	收入			发出			结存		
月	日			数量	单价	金额	数量	单价	金额	数量	单价	金额
×	1		期初金额							60	410.82	24 649.20
			本月完工入库	210	452.97	95 123.70						
			本月销售				120	443.60	53 232			
			期末余额							150	443.60	66 540.90

A 产品的加权平均成本＝（24 649.20+95 123.70）÷（60+210）=443.60（元/件）

A 产品的销售成本=120×443.60=53 232（元）

采用加权平均法计算 B 产品销售成本如表 7-6 所示。

表 7-6　B 产品库存商品明细分类账

库存商品明细分类账

产品名称：B 产品　　　　　　　　　　　　　　　　　　　　　　　　　　单位：件

| 2016 年 | | 凭证号数 | 摘要 | 收入 | | | 发出 | | | 结存 | | |
月	日			数量	单价	金额	数量	单价	金额	数量	单价	金额
×	1		期初金额							100	230.50	23 050
			本月完工入库	280	253.15	70 882						
			本月销售				200	247.19	49 438			
			期末余额							180	247.19	44 494

B 产品的加权平均成本＝（23 050+70 882）÷（100+280）=247.19（元/件）

B 产品的销售成本=200×247.19=49 438（元）

主营业务成本计算表如表 7-7 所示。

表 7-7　主营业务成本计算表

产品名称	本月销售数量/件	单位生产成本/元	主营业务成本合计/元
A 产品	120	443.60	53 232
B 产品	200	247.19	49 438
合计	—	—	102 670

编制结转主营业务成本的分录：

借：主营业务成本——A 产品　　　　　　　　　　　　　　　　　　53 232

　　　　　　　　——B 产品　　　　　　　　　　　　　　　　　　49 438

　　贷：库存商品——A 商品　　　　　　　　　　　　　　　　　　53 232

　　　　　　　　——B 商品　　　　　　　　　　　　　　　　　　49 438

 本章习题

第八章

财 产 清 查

学习目标：通过本章的学习，了解财产清查的意义和种类，掌握财产物资、货币资金及往来款项的清查方法，重点掌握银行存款余额调节表的编制和财产清查结果的账务处理。

■ 第一节　财产清查概述

一、财产清查的意义

财产清查是通过实地盘点、核对查询并确定各项财产、物资的实际结存数，并与账存数逐项核对，以保证账实相符的一种会计核算的专门方法。

会计作为一项促使人们比较得失、权衡利弊、注重经济效益的一种管理活动。需要为管理者提供大量有用的信息，在对会计信息系统质量的要求中，财务信息的真实性与可靠性是最重要的，为了进一步验证日常核算信息是否如实反映情况、是否可靠，以提高最后输出财务报表信息的可靠性，在编制财务报表前还要进行财产清查。

但是由于种种主观、客观因素，常常会出现账实不符的现象。客观因素包括财产、物资的自然损耗，如一些保质期较短的存货等；计算机或其他计量设备不能正常工作；不可抗力的发生，如自然灾害导致的非常损失等。主观因素是指会计人员的个人素质导致的收发错误，会计凭证和会计账簿的漏记、重记、错记，非法分子的营私舞弊、贪污盗窃等。

尽管复式簿记系统本身有一定的内部牵制机制，但由于以上因素的存在，为了进一步核实日常核算信息是否真实可靠，必须进行财产清查，在账实相符的基础上编制财务报表。

财产清查具有以下重要意义：

（1）可以确保财务信息的真实性、可靠性。

这是进行财产清查的最基本目标。通过财产清查，可以确定各项财产、物资的实存数，与其账存数相核对，查明各项财产、物资的账实是否相符，如果不符，应按照会计核算的规定手续及时进行账面调整，并查找原因及其责任归属，以确保财务信息真实可靠。会计账簿信息的可靠性关系到财务报表的真实性，因此，财产清查为正确编制财务报表打下基础。

（2）健全财产、物资的管理制度，促使财产、物资的安全完整和有效使用。

尽管造成账实不符的因素很多，但最主要的是企业或单位自身的原因。一个企业或单位常常出现账实不符，这很可能是管理不善的一个重要信号。财产清查可以及时发现管理上存在的问题，从而促使企业或单位不断发现问题，解决问题。除此之外，在财产清查中，还要查明各种财产、物资的储存和使用情况。储备不足要补足，产品积压要处理。通过对债权、债务的清查，可以及时发现不良资产并及时处理，促进企业合理使用资金，加速资金周转。

（3）维护财经纪律、结算制度等。

通过财产清查，可以检查企业行为是否遵守和维护了财经纪律，是否遵守了结算制度，有利于查明各种往来结算款项的结算情况，发现长期拖欠等不合理的债权、债务，从而促使单位及时清查债权、债务，避免坏账损失，并自觉遵守财经纪律和结算制度。

二、财产清查的种类

财产清查可以按照不同的方式进行分类，主要的分类方式有如下两种。

1. 按清查对象的范围分类

财产清查按照清查对象的范围分为全面清查和局部清查。

（1）全面清查。全面清查就是对所有权属于本单位的所有财产、物资、债权债务进行全面盘点和核对。全面清查的对象一般包括如下内容：①库存现金、银行存款、银行借款等货币资金；②所有的固定资产、各种存货，其他物资以及未完工程；③各种往来结算款项、预算缴拨款项等。

由于全面清查的内容多、范围广、费用高、参与人员多、耗时长，一般在以下几种情况下才需要进行全面清查：①年终决算之前，为了确保年终决算的会计资料的真实性，要进行一次全面清查；②单位撤销、倒闭、合并或改变隶属关系时，要进行全面检查，以明确经济单位的责任；③开展资产评估、清理核算资产等活动，需要进行全面清查，以便按需要组织资金的供应。

（2）局部清查。局部清查就是根据管理的需要或有关规定对企事业单位的某一部分财产物资、货币资金和债权债务进行盘点和核对。相对于全面清查而言，局部清查具有范围小、针对性较强的特点，所需的人力、物力，花费的时间也不多。一般适用于对流动性较大的财产物资和货币资金的清查，如材料、在产品、库存商品等，除了年度清查外，年内应轮流进行盘点或重点抽查；对于贵重物资，每月都应盘点清查一次；对于库存现金，应由出纳人员每日清点核对；对于银行存款和银行借款要每月同银行至少核对一次；对于各种应收款和应付款，每年至少要同对方核对一次到两次等。

2. 按清查的时间分类

财产清查按照清查的时间分为定期清查和不定期清查（临时清查）。

（1）定期清查。定期清查是指在预先安排的时间，根据会计核算的具体要求，对各项财产、物资及债权债务进行的清查核对。这种清查一般在月末、季末、年末结账之前进行。定期清查的对象和范围，根据实际情况和需要，可以是全面清查，也可以是局部清查，一般是年末进行全面清查，季末、月末进行局部清查。

（2）不定期清查。不定期清查是根据企业的特定需要所进行的临时性清查，事先并无计划安排。这种清查一般在如下情况下进行：①更换保管、出纳人员时，要对其保管的财产、物资进行清查，以分清经济责任；②发生非常灾害和意外损失时，要对受损财产进行清查，以查明受损情况及责任；③企业破产、倒闭、合并、兼并或改变隶属关系时，应对企业各项财产、物资、债权债务进行清查；④上级主管、财政审计和银行等部门，对本单位进行会计检查时，应按照检查要求和范围对财产进行清查，以验证会计资料的可靠性。

第二节　财产清查的程序和方法

一、财产清查的一般程序

财产清查是一项涉及面广、工作量大、政策性强的工作，为了保证财产清查工作有条不紊地进行，应遵守一定的程序。

（1）成立清查组织。因为财产清查工作涉及工作面广、工作量大，所以必须由专门人员具体负责财产清查工作，成立清查小组。清查小组一般由会计部门、保管部门、管理部门及使用部门等人员组成。

（2）做好清查前的准备工作。在清查组织的领导下，为做好财产清查工作，会计部门和有关部门应做好如下准备工作：

第一，在财产清查之前，会计部门应将发生的经济业务在相关账簿中全部登记完毕，结出余额，为账实核对提供正确的账簿资料。

第二，财产、物资保管部门和使用部门应登记好其负责的各种财产、物资明细分类账，并结出余额。将所保管和使用的财产、物资整理好，挂上标签，标明品种、规格和结存数量，以便盘点核对。

第三，准备好各种计量器具和有关清查登记的表册，如盘存表、实存账存对比表、未达账项登记表等。

（3）实施财产清查。在做好上述准备工作后，各有关部门可按照财产清查小组事先设置好的计划进行财产清查工作。在进行盘点时相关人员必须到场。例如，盘点财产、物资时，其保管人员必须到场；盘点库存现金时，出纳人员必须到场等。盘点时要由盘点人员做好盘点记录；盘点结束，盘点人员应根据财产、物资的盘点记录，编制盘存表，并由盘点人员、财产、物资的保管人员及有关责任人签名盖章。同时，应根据有关账簿资料和盘点资料填制实存账存对比表，据以检查账实是否相符，并根据对比结果调整账簿记录，分析差异原因，做出相应的处理。财产、物资盘存表和实存账存对比表的一般格式，如表8-1和表8-2所示。

表8-1 盘存表

单位名称　　　　　　　　　　　盘点时间　　　　　　　　　　　编号
财产类别　　　　　　　　　　　存放地点

编号	名称	计量单位	数量	单价	金额	备注

盘点人签章_____　　　　　　　　　　　　　　　　　保管人签章_____

表8-2 实存账存对比表

单位名称　　　　　　　　　　　年　月　日

编号	类别及名称	计价单位	单价	实存		账存		对比结果				备注
				数量	金额	数量	金额	盘盈		盘亏		
								数量	金额	数量	金额	

单位负责人签章_____　　　　　　　　　　　　　　　填表人签章_____

在库存现金盘点结束后，直接填制库存现金盘点报告表，由盘点人员及有关负责人签章，并据以调整账簿记录。库存现金盘点报告表的一般格式见表8-3。

表8-3 库存现金盘点报告表

单位名称　　　　　　　　　　　年　月　日

实存金额	账存金额	对比结果		备注
		盘盈	盘亏	

负责人签章_____　　　　　　盘点人员签章_____　　　　　　出纳人员签章_____

在清查银行存款时，应将银行存款日记账同银行对账单逐日核对，将一方已经入账而另一方未入账的收、付款事项填制未达账项登记表。对于开户行实行计算机自动查询的企业单位，应及时登记该表，并随时注销已经入账的未达账项。未达账项登记表的一般格式见表8-4。

表 8-4　未达账项登记表

单位名称　　　　　　　　　　　年　月　日

未达账项种类	摘要	结算凭证 种类、号数	记账凭证 种类、号数	金额	备注
银行已收，单位未收 1. 2.					
合计					
银行已付，单位未付 1. 2.					
合计					
单位已收，银行未收 1. 2.					
合计					
单位已付，银行未付 1. 2.					
合计					

核对人签章＿＿＿＿＿＿　　　　　　　　　　　　　　　　　　出纳员签章＿＿＿＿＿＿

在清查各项债权债务时，应通过电函、信函或查询等方式，查询核对各种应收、应付款项，并根据查询结果，填制结算款项核对登记表，经过分析研究后，据以做出处理。结算款项核对登记表的一般格式见表8-5。

表 8-5　结算款项核对登记表

单位名称　　　　　　　　　　　年　月　日

结算性质	对方单位	应结算金额	核对金额	备注
应收账款				
应付账款				

负责人签章＿＿＿＿＿＿　　　　　　　　　　　　　　　　　　　制表＿＿＿＿＿＿

二、财产清查的一般方法

财产清查因其清查对象、清查目的不同，应采用不同的方法进行清查。

1. 财产、物资实存数的清查方法

对于各项财产、物资实存数的清查一般有如下两种方法：

（1）实地盘点法。实地盘点法是指对各项实物通过逐一清点或用计量器具确定其实存数量的方法。这种方法计量准确、直观，适用范围较广，对大部分财产、物资均可采用这种方法，如对存货、库存现金的清查等。

（2）技术推算法。技术推算法是通过量方、计尺等技术方法来推算确定财产、物资实存数量的方法。这种方法计量的结果不是十分准确，允许有一定的误差存在，适用于一些价值低、数量大或难以逐一清点的财产、物资，可以在抽样盘点的基础上进行技术推算，从而确定其实存数。

2. 财产、物资金额的清查方法

在确定了清查对象的实存数后，另一个重要的步骤是确定财产、物资的金额。当然，对于有些财产、物资没有实存数，只有金额时，可直接确定其金额。确定金额的一般方法有账面价值法、评估确认法、协商议价法和查询核实法等。

（1）账面价值法。账面价值法是根据财产、物资的账面价值来确定实存金额的方法。即根据各项财产、物资的实存数量乘以账面单位价值，计算出各项财产、物资的实存金额。

（2）评估确认法。评估确认法是根据资产评估的价值确定财产、物资实存金额的方法。采用这种方法，应根据资产的特点，由专门的评估机构依据资产评估方法对有关的财产、物资进行评估，以评估确认的价值作为财产、物资实存金额。

（3）协商议价法。协商议价法是根据涉及资产利益的有关各方，按照互惠互利原则，参考目前市场价格，协商确定财产、物资的实存金额的方法。企业联营投资，或以资产对外投资时，一般采用这种方法。

（4）查询核实法。查询核实法是根据账簿记录，以一定的查询方式，清查财产、物资、货币资金、债权债务数量及其价值的方法。这种方法根据查询结果进行分析，来确定有关财产、物资、货币资金、债权债务的实物数量和价值量，是用于债权债务、出租出借的财产、物资以及外埠存款的查询核实。

第三节 财产清查结果的处理

财产清查后会出现两种情况：一是实存数与账存数一致；二是实存数与账存数存在差异。对于前者亦即账实相符，自然不必进行账务处理。但是，实存数与账存数存在差异时则会出现如下情况：盘亏，即实存数小于账存数；盘盈，即实存数大于账存数；毁损，即虽然实存数等于账存数，但是实存的财产、物资，由于某种原因（如质量问题等），不能达到标准、不能正常使用等。通过财产清查发现的有关财产管理和会计核算上的问题，要针对具体情况进行相应的处理。

一、财产清查结果处理的基本内容

财产清查结果处理的基本内容，主要包括以下几个方面。

（1）查明差异，分析原因。分析查明清查所发现的盘盈、盘亏的原因，确定处理方法。对于财产清查所发现的实存数与账存数的差异，应查明差异的原因，明确经济责任，并提出相应的处理意见，依据有关法令、制度规定，予以处理。

（2）总结经验，健全财产管理制度。通过财产清查，应认真总结财产管理和会计核算等方面的经验，同时应结合财产清查中发现的问题，认真总结教训。在此基础上，提出改进工作的具体措施，建立健全必要、合理的规章制度，以加强财产管理的责任制，做好会计工作，提高经营管理水平。

（3）积极处理积压物资和长期不清的债权债务。对于财产清查中发现的积压多余物资，应分别不同情况处理，以加速资金的流转，提高资金的使用效率。债权债务方面，应指定专人负责清查，按照结算制度的要求进行处理。

（4）调整账目，做到账实相符。对于财产清查中所发现的各种差异以及对这些差异的处理，都应当及时进行账务处理，以保证账实相符。由于对财产清查中发现的盘盈、盘亏和毁损等，必须按规定的程序经批准后才能处理，所以，财产清查结果的账务处理应分两步进行：

第一，根据已查明属实的财产盘盈、盘亏和毁损的数字编制的实存账存对比表，填制记账凭证，据以登记有关账簿，调整账簿记录，使各种财产、物资的账存数与实存数一致；第二，待查明原因明确责任后，再根据审批后的处理决定文件，填制记账凭证，分别记入有关账户。

二、财产清查结果的账务处理

对于财产清查的结果，只要存在差异，不论是盘盈、盘亏还是毁损，都要进行账务处理，调整实存数与账存数，以使二者相等。盘盈时，调增账存数，使其与实存数一致；盘亏或毁损时，调减账存数，使其与实存数一致。

（一）账户设置

为了便于对财产清查进行账务处理，需要设置"待处理财产损溢"账户。该账户属于资产类账户，借方用来登记发生的待处理财产盘亏和毁损的金额，待盘亏、毁损的原因查明并经审批后，再从该账户的贷方转入有关账户的借方；该账户的贷方用来登记发生的待处理盘盈的金额，待查明盘盈的原因并经审批后，再从该账户的借方转入有关账户的贷方。"待处理财产损溢"账户的结构见图8-1。

待处理财产损溢

发生额：发生的待处理财产盘亏或毁损	发生额：发生的待处理财产盘盈数
批准转销的待处理财产盘盈数	批准转销的待处理财产盘亏数
结余数：尚未批准处理的盘亏和毁损数与盘盈数的差异	结余数：尚未批准处理的盘盈数与盘亏和毁损数的差异

图 8-1　待处理财产损溢账户

"待处理财产损溢"账户一般下设"待处理流动资产损溢"和"待处理固定资产损溢"两个明细分类账，分别对流动资产和固定资产核算。

（二）财产清查结果的账务处理

由于财产清查的对象不同，清查结果的账务处理也不一样。下面我们重点介绍一下，存货清查结果的账务处理、固定资产清查的账务处理、货币资金清查结果的账务处理等。

1. 存货清查结果的账务处理

对于存货的账实不符，应根据不同的情况做出不同的处理。通常的处理方法是：定额内的盘亏应增加管理费用；责任事故造成的损失，应由过失人负责赔偿；非常事故，如自然灾害等不可抗力因素导致的非常损失，在扣除保险公司赔款和残料价值后，经批准作为营业外支出等。如果发生盘盈，则一般冲减管理费用。

【例 8-1】根据实存账存对比表，东方公司盘亏甲材料 5 687 元，编制记账凭证，调整原材料账存数，其会计分录如下：

借：待处理财产损溢——待处理流动资产损溢　　　　　　　5 687
　　贷：原材料——甲材料　　　　　　　　　　　　　　　　　　5 687

经查明，原因如下：

（1）定额内损耗为 500 元；

（2）保管员过失造成的损失 235 元；

（3）非常事故造成的损失为 4 952，其中保险公司同意赔款 2 000 元，残料作价 450 元入库，其余 2 502 元为非常损失。在有关部门核准后，根据编制的记账凭证，结转"待处理财产损溢"，其会计分录如下：

借：管理费用　　　　　　　　　　　　　　　　　　　　　500
　　其他应收款——某保管员　　　　　　　　　　　　　　　235
　　　　　　　　——保险公司　　　　　　　　　　　　　2 000
　　原材料——甲材料　　　　　　　　　　　　　　　　　　450
　　营业外支出　　　　　　　　　　　　　　　　　　　　2 502
　　贷：待处理财产损溢——待处理流动资产损溢　　　　　　5 687

【例 8-2】根据实存账存对比表，东方公司盘盈乙材料 728 元，编制记账凭证，调整原材料账存数，会计分录如下：

借：原材料——乙材料　　　　　　　　　　　　　　　　　728

　　　　贷：待处理财产损溢——待处理流动资产损溢　　　　　　　　728

经查明盘盈的原因是计量差错所导致的。在有关部门核实后，批准计入管理费用。会计分录如下：

　　　　借：待处理财产损溢——待处理流动资产损溢　　　　　　　　728
　　　　　　贷：管理费用　　　　　　　　　　　　　　　　　　　　　　728

2. 固定资产清查结果的账务处理

对于固定资产应根据不同的情况做出不同的处理，一般的处理方法是：自然灾害所导致的固定资产损失净额，在扣除保险公司赔偿款和残值收入后，经批准应作为营业外支出；责任人事故所导致的固定资产毁损，应由责任人赔偿；对于盘盈的固定资产，一般作为营业外收入处理。

【例 8-3】根据东方公司的固定资产盘盈、盘亏报告表所列盘亏设备一台，原价 50 000 元，已提折旧 30 000 元，净值 20 000 元。编制记账凭证，调整固定资产账存数，其会计分录如下：

　　　　借：待处理财产损溢——待处理固定资产损溢　　　　　　　20 000
　　　　　　累计折旧　　　　　　　　　　　　　　　　　　　　　30 000
　　　　　　贷：固定资产　　　　　　　　　　　　　　　　　　　　　50 000

经查明盘亏原因是自然灾害所导致的。损失经批准后作为营业外支出。据此编制记账凭证，结转待处理财产损溢。其会计分录如下：

　　　　借：营业外支出　　　　　　　　　　　　　　　　　　　　20 000
　　　　　　贷：待处理财产损溢——待处理固定资产损溢　　　　　　　20 000

【例 8-4】根据东方公司固定资产盘盈、盘亏报告表，盘盈机器设备一台，市价为 200 000 元，按其新旧程度估计已计提折旧 72 000 元，净值为 128 000 元。编制记账凭证，调整固定资产账存数，分录如下：

　　　　借：固定资产　　　　　　　　　　　　　　　　　　　　128 000
　　　　　　贷：待处理财产损溢——待处理固定资产损溢　　　　　　128 000

经查明，盘盈原因是自制设备未及时入账所致，经有关部门核准后编制记账凭证，结转“待处理财产损溢”，会计分录如下：

　　　　借：待处理财产损溢——待处理固定资产损溢　　　　　　　128 000
　　　　　　贷：营业外收入　　　　　　　　　　　　　　　　　　　128 000

3. 货币资金清查结果的账务处理

货币资金一般包括库存现金、银行存款和其他货币资金。这里主要介绍库存现金和银行存款的清查。库存现金和银行存款具有很大的流动性，在日常的会计核算体系中对其有严格的内部控制制度，因此对货币资金的清查方法与一般的实物资产的清查方法有所不同。

（1）库存现金的清查。库存现金的清查通过实地盘点的方法确定库存现金的实存数，再与库存现金日记账的账面金额核对，以便确定盈亏情况。库存现金的盘点应由清查人员会同库存现金出纳人员共同负责。在盘点前，出纳人员应将库存现金收、付款凭证全部登记入账，结转余额；盘点时出纳人员必须在场，库存现金应逐一点清。盘点时，除查明账实是否相符外，还要查明有无违反库存现金管理制度的规定，如以白条抵库存现金，库存现金有无超出银行规定的金额，有无坐支行为等。盘点结束后应根据盘点结果，填制库存现金盘点报告表，并由清查人员和出纳人员签名盖章。

【例8-5】根据东方公司库存现金盘点报告表，发现现金长款500元，账务处理如下：

借：库存现金　　　　　　　　　　　　　　　　　　　　　500
　　贷：待处理财产损溢——待处理流动资产损溢　　　　　　　　　　500

经上报审批，长款作为营业外收入处理：

借：待处理财产损溢——待处理流动资产损溢　　　　　　　500
　　贷：营业外收入　　　　　　　　　　　　　　　　　　　　　　500

【例8-6】根据东方公司库存现金盘点报告表，发现现金短款1 800元，经查明原因，应由出纳李某负责赔偿600元，公司应承担管理责任1 200元。经批准，同意1 200元作管理费用列支。

借：待处理财产损溢——待处理流动资产损溢　　　　　　1 800
　　贷：库存现金　　　　　　　　　　　　　　　　　　　　　　1 800

经批准，作如下会计处理：

借：其他应收款——李某　　　　　　　　　　　　　　　　600
　　管理费用　　　　　　　　　　　　　　　　　　　　　1 200
　　贷：待处理财产损溢——待处理流动资产损溢　　　　　　　　1 800

（2）银行存款的清查。银行存款的清查是采用与其开户行核对账目的方法进行的。首先，企业应检查本单位银行存款日记账的准确性和完整性。其次，与其开户行再逐一核对。尽管银行对账单与企业对账单所记录的内容完全相同，但是，银行对账单上的存款金额和企业银行存款日记账上的存款金额仍有可能出现差异。除该企业和银行中的一方或双方记账的错误外，还有一个重要的因素，即未达账项。所谓未达账项，是指在开户行和企业之间，对于同一经济业务由于凭证传递的时间和记账时间不同，发生一方已经入账而另一方未入账的会计事项。未达账项有如下四种情况：

第一，企业送存银行的款项，企业已记账，作为银行存款的增加，但银行尚未入账。

第二，企业已开出支票从银行存款中付出款项，企业已经记账，作为银行存款的减项，但银行尚未入账。

第三，银行代企业收进的款项，银行已经记账，作为企业存款的增加，但企业尚未收到通知，所以尚未入账。

第四，银行代企业支付的款项，银行已经记账，作为企业存款的减少，但企业尚未收到通知，所以尚未入账。

无论发生上述哪种情况都会出现未达账项，都有可能导致开户行和企业账面金额不同。故在核对双方账面账目时，必须注意有无未达账项。把双方账目上都有的记录排除掉，挑出有可能是未达账项的记录，并根据未达账项编制银行存款余额调节表，以检查银行存款日记账的正确性。

下面简要介绍银行存款余额调节表的编制方法。银行存款余额调节表编制方法主要是指补记式余额调节法，它是实际工作中常用的方法。补记式余额调节法是指编制余额调节表时，在开户行和企业现有银行存款余额基础上，各自补记对方已入账而自己未入账的款项，然后检查经过调节后的账面价值是否相等。用公式表示如下：

企业银行存款日记账余额+银行已收入账企业未收入账账项

–银行已付入账企业未付入账账项

=银行对账单余额+企业已收入账银行未收入账账项–企业已付入账银行未付入账账项

【例 8-7】东方公司接到其开户行银行对账单，银行对账单余额为 945 125 元，公司银行存款日记账余额为 758 210 元。经核对找出如下未达账项。

（1）企业已收入账，银行尚未入账：企业将销售收入的银行支票送开户行，金额为 210 000 元。

（2）企业已付入账，银行尚未入账：企业因购买原材料、支付工资、办公费用签发银行支票，其金额分别为 50 400 元、24 540 元、3 500 元

（3）银行已收入账，企业尚未入账：银行代企业收到一笔应收款 680 000 元。

（4）银行已付入账，企业尚未入账：银行收取企业办理一项支付的结算为 361 525 元。

根据上述资料采用余额调节法编制调节表，如表 8-6 所示。

表 8-6　银行存款余额调节表

账号　　　　　　　　　　　年　月　日　　　　　　　　　　　单位：元

项目	金额	项目	金额
企业银行存款日记账余额	758 210	银行对账单余额	945 125
加：银行已收入账企业尚未入账	680 000	加：企业已收入账银行尚未入账	210 000
减：银行已付入账企业尚未入账	361 525	减：企业已付入账银行尚未入账	50 400
			24 540
			3 500
调节后余额	1 076 685	调节后余额	1 076 685

需要注意的是，编制银行存款余额调节表的目的，只是检查账簿记录的正确性，并不是要更改账簿记录，对于银行已经入账而本单位尚未入账的业务和本单位已经入账而银行尚未入账的业务，均不作账务处理，待以后业务凭证到达后，再作账务处理。对于长期搁置的未达账项，应及时查阅凭证和有关资料，及时和银行联系，查明原因，予以解决。

4. 应收应付款项清查结果的账务处理

在财产清查中发现的长期不清的往来款项，应该及时清理。对于经查明确实无法支付的应付款项可按规定程序报经批准后，转作营业外收入。

对于无法收回的应收款项则作为坏账损失冲减坏账准备。坏账是指企业无法收回或收回的可能性极小的应收账款。由于发生坏账而产生的损失，称为坏账损失。

一般来讲，企业的应收款项符合下列条件之一的，应确认为坏账。

（1）债务人死亡，以其遗产清偿后仍然无法收回。

（2）债务人破产，以其破产财产清偿后仍然无法收回。

（3）债务人较长时期内未履行其偿债义务，并有足够的证据表明无法收回或者收回的可能性极小。

企业对有确凿证据表明确实无法收回的应收账款，经批准后作为坏账损失。应当指出，对已经确认为坏账的应收款项，并不意味着企业放弃了追索权，一旦重新收回，应及时入账。

对于坏账的会计处理，理论上讲有两种核算方法：其一为直接转销法，即在实际发生坏账时将其计入当期损益；其二为备抵法，即在每个会计期末事先估计可能发生的坏账损失，计提坏账准备，实际发生坏账损失时冲减坏账准备。我国企业会计准则规定，企业只能采用备抵法。

【例 8-8】东方公司在财产清查中发现一笔长期无法应付的货款 16 000 元，据查该债权单位已撤销。企业报经批准后，予以转销。企业编制会计分录如下：

借：应付账款——某债权单位　　　　　　　　　　　　　　　16 000
　　贷：营业外收入　　　　　　　　　　　　　　　　　　　　　　16 000

【例 8-9】东方公司在财产清查中，查明应收某债务单位的货款 30 000 元，过期已久，经再三催收只收回 24 000 元，转存开户银行，其余 6 000 元作为坏账损失。

回收的 24 000 元，转入银行：

借：银行存款　　　　　　　　　　　　　　　　　　　　　　　24 000
　　贷：应收账款——某债务单位　　　　　　　　　　　　　　　24 000

不能收回的 6 000 元，作为坏账损失冲减"坏账准备"账户：

借：坏账准备　　　　　　　　　　　　　　　　　　　　　　　　6 000
　　贷：应收账款——某债务单位　　　　　　　　　　　　　　　　6 000

 本章习题

第九章

财务会计报告

学习目标：通过本章学习，了解财务报告的构成、明确财务报告体系；掌握资产负债表、利润表和现金流量表的编制原理。

■ 第一节 财务报告概述

一、财务报告的概念和作用

财务报告是企业对外提供的某一特定日期的财务状况和某一会计期间的经营成果及现金流量情况的书面文件。财务报告是会计核算工作的结果，也是会计核算工作的总结。

在日常的会计核算中，企业通过记账、算账工作，把各项经济业务分类地登记在会计账簿中，通过日常会计记录反映企业的经营业绩。在账簿中记录的会计信息，虽然比会计凭证反映的信息更加条理化、系统化，但就某一会计期间的经济活动的整体情况而言，其所能提供的仍然是分散的、部分的会计信息，因而不能集中地揭示和反映该会计期间经营活动和财务收支的全貌。为了进一步地发挥会计的职能作用，必须对日常核算的资料进行整理、分类、计算和汇总，编制成相应的财务报告，为有关方面提供总括性的信息资料。

编制财务报告的目的是向报告的使用者提供其在经济决策中有用的信息。财务报告的不同使用者对企业提供的信息有不同的要求：投资者主要了解经营前景和获利方面的信息；债权人主要了解资金的运用情况和偿债能力的信息；企业的管理当局主要了解企业的财务状况、经营成果和财务计划完成情况信息；财税部门主要了解企业税利的完成情况及上缴情况信息。财务报告显然不能面面俱到，只能是为大多数使用者提供其所能理解的、满足其共同需要的通用财务信息。

二、财务报告的构成

企业财务会计报告包括对外报送的财务会计报表、报表附注和其他需要披露的相关资料。

对外报送的财务报表至少包括"四表一注"，即资产负债表、利润表、现金流量表、所有者权益变动表和附注。

资产负债表反映企业在某一特定日期所拥有的资产、需要偿还的负债，以及投资者（股东）拥有净资产等财务状况。利润表反映企业在一定会计期间的经营成果，即利润或亏损的情况。现金流量表反映企业在一定期间现金和现金等价物流入和流出情况。所有者权益变动表反映所有者权益的各个组成部分当期的增减变动情况。企业净利润及其分配情况也是所有者权益变动表的组成部分。

附注是对在资产负债表、利润表、现金流量表、所有者权益变动表中列示项目的文字描述或明细资料，以及对未能在这些报表中列示项目的说明等。附注应当披露财务报表的编制基础，相关信息应当与资产负债表、利润表、现金流量表、所有者权益变动表等报表中列示的项目相互参照。

除此之外，企业还应针对会计信息使用者的需要披露一些相关信息，如企业注册地、组织形式和总部地址、企业业务性质和主要经营活动、母公司以及集团最终母公司的名称等。

三、财务报告的种类

会计主体由于性质的不同，所选用的会计报表种类也不尽相同。按照不同的标准，可将财务报告作如下分类。

（一）按照所反映的经济内容分类

按照财务会计报表所反映的经济内容不同，可分为静态报表和动态报表。静态报表，是指综合反映企业某一特定日期资产、负债和所有者权益状况的报表，如资产负债表。动态报表，是指综合反映企业一定时期的经营情况或现金流动情况的报表，如利润表或现金流量表。

（二）按照所包括的会计主体的范围分类

按照会计主体的范围，可分为个别会计报表和合并会计报表。个别会计报表仅反映企业本身的财务数据。合并会计报表是由母公司编制的，一般包括所有控股子公司的财务数据，它反映的是母子公司作为一个整体的经营成果、财务状况等。

（三）按照编报的时间分类

按照编报的时间，可分为中期会计报表和年度会计报表。中期会计报表是指以短于一个完整的会计年度的报告期间为基础编制的财务报表，包括月报、季报和半年报。年度会计报表是以一个完整的会计年度为报告期总括反映企业年终财务状况和经营成果的报表。年度会计报表应当是完整的财务报表，包括资产负债表、利润表、现金流量表、所有者权益变动表和附注。

（四）按照报送的对象分类

按照所服务对象，可分为外部财务会计报表和内部财务会计报表。外部财务会计报表是指向企业以外的报表信息使用者提供的报表，如资产负债表、利润表、现金流量表和所有者权益变动表。内部财务会计报表是指为了适应企业内部经营管理者的需要而编制、不对外公开，它一般不需要统一规定的格式，也没有统一的指标体系，如有关成本、费用的报表。

（五）按照编制单位分类

按照财务会计报表编制的基础，可分为单位报表和汇总报表。单位报表由独立核算的基层单位根据账簿记录和其他有关资料编制而成。汇总报表是由上级主管部门根据所属单位上报的会计报表，连同本单位会计报表汇总编制成的综合性财务报表。它通常按照隶属关系逐级汇总编制，用来反映一个部门或一个地区的经济情况。

四、财务报告的编制要求

为了使报表阅读者能够清楚地了解到企业的财务状况、经营成果和现金流量的变动情况，企业编制的财务报告应当符合下列要求：

（1）编制财务报告时，在会计计量和填报方法上应当保持前后一致性，不能随意变动，以便增强各会计期间报表的可比性。

例如，固定资产折旧方法、存货计价方法、成本费用的归集分配方法等必须前后期保持一致。当情况发生变化使得会计方法变更成为合理和必要时，可以变更会计方法，但应该在报表附注中说明变更的原因和变动后对相关项目的影响程度。

（2）编制财务报告时，要求编制及时、客观，以保证会计信息的相关性和可靠性，以便准确有效地满足使用者获得有用信息以进行决策的需要。

在社会主义市场经济体制下，信息瞬息万变，会计信息也不能滞后于市场变化的速度，会计信息能否对决策有用，取决于会计信息的两种质量，即相关性和可靠性。相关性包含及时性，可靠性包含如实反映和内容完整。相关性越大、可靠性越高，对决策越有用。会计信息的报告如果不适当地拖延，就会失去其效用。所以财务报告必须按照规定的期限、程序及时编制、及时报送。为此，会计部门应当合理地组织日常的会计核算工作；同时，应该注意加强会计部门与企业内部其他相关部门的协作，使日常核算工作均衡有序地进行，以保证财务报告及时报送。

（3）编制财务报告时，要求能够将企业的财务状况和经营成果全面反映，使报表使用者不致产生误解和偏见。

　　企业应该按照规定的报表种类、格式和项目来编报，不得漏编和漏报报表，按照制度规定要求填报的指标和项目，也不得漏填、漏列，更不能任意取舍。对企业的某些重要资料，如果报表的规定项目内容容纳不下，可以在相关项目中用括号注明，或利用附表、附注或其他形式加以说明，如企业采用的主要会计处理方法、非经常性项目的说明、财务报告中有关重要项目的明细资料等，以便于报表使用者的理解和利用。

第二节　资产负债表的编制

一、资产负债表的概念

　　资产负债表是总括反映企业某一特定日期（月末、季末、半年末、年末）财务状况的报表，即反映企业的特定日期全部资产、负债和所有者权益的财务报表。

　　资产负债表是财务报表分析的主要信息来源，是进行各项经济活动分析的基础，它对于一切会计信息使用者都具有十分重要的意义。通过报表分析，会计信息使用者可以了解企业拥有和控制的经济资源以及这些资源的分布和结构，评价企业的偿债能力和筹资能力，分析企业财务结构的好坏和负债经营的合理性，预测企业未来财务状况的变化情况和变动趋势。

二、资产负债表的结构

　　资产负债表由表头和表体组成。表头部分列示报表的名称、编制单位、编制日期和货币计量单位等内容。资产负债表的表体根据"资产=负债+所有者权益"的基本公式，按照一定的标准和次序，把企业某一时日的资产、负债和所有者权益各要素按流动性进行项目分类。其格式有账户式和报告式两种，我国企业会计制度规定的资产负债表格式是采用账户式的资产负债表，如表9-1所示。

表9-1　资产负债表（一）

会企01表

编制单位：　　　　　　　　　　年　月　日　　　　　　　　　　单位：元

资产	期末余额	期初余额	负债和所有者权益（或股东权益）	期末余额	期初余额
流动资产：			流动负债：		
货币资金			短期借款		
以公允价值计量且其变动计入当期损益的金融资产			以公允价值计量且其变动计入当期损益的金融负债		
应收票据			应付票据		
应收账款			应付账款		

续表

资产	期末余额	期初余额	负债和所有者权益（或股东权益）	期末余额	期初余额
预付款项			预收款项		
应收利息			应付职工薪酬		
应收股利			应交税费		
其他应收款			应付利息		
存货			应付股利		
一年内到期的非流动资产			其他应付款		
其他流动资产			一年内到期的非流动负债		
流动资产合计			其他流动负债		
非流动资产：			流动负债合计		
可供出售金融资产			非流动负债：		
持有至到期投资			长期借款		
长期应收款			应付债券		
长期股权投资			长期应付款		
投资性房地产			专项应付款		
固定资产			预计负债		
在建工程			递延所得税负债		
工程物资			其他非流动负债		
固定资产清理			非流动负债合计		
生产性生物资产			负债合计		
油气资产			所有者权益（或股东权益）：		
无形资产			实收资本（股本）		
开发支出			资本公积		
商誉			减：库存股		
长期待摊费用			其他综合收益		
递延所得税资产			盈余公积		
其他非流动资产			未分配利润		
非流动资产合计			所有者权益（或股东权益）合计		
资产总计			负债和所有者权益（或股东权益）总计		

账户式资产负债表采用左右对称结构，左方为资产，是企业从事生产经营活动的经济资源；右方为权益，代表企业经济资源的所有权归属，包括债权人权益（负债）和所有者权益。由于全部资产的所有权总是属于投资人和债权人的，所以资产负债表左方的总计和右方的总计始终保持平衡关系，即"资产总额=负债总额+所有者权益总额"。

资产负债表项目一般按照资产负债流动性由大到小的次序排列。左方资产内部各个项目按照各项资产的流动性的大小或变现能力的强弱来排列。流动性越大、变现能力越强的资产项目越往前排；流动性越小、变现能力越弱的资产项目越往后排。流动性强的资产变现能力越强，从而面临的市场风险越小；反之，流动性越弱的资产变现能力越弱，面临的市场风险也越大。

右方的权益项目包括负债和所有者权益两项，它们是按照权益的顺序排列的。由于企业的资产首先要用来偿还债务，所以负债是第一顺序的权益，具有优先清偿的特征，列于所有者权益之前；而所有者权益属于剩余权益，列于负债之后。负债内部各个项目依其偿还顺序，即按照偿还期由近至远的顺序排列，偿还期越近的流动负债项目越往前排，偿还期越远的长期负债项目越往后排，偿还时间越短，面临的偿债风险越大。所有者权益内部各个项目按照各项目的稳定性程度或永久性程度排列。稳定性程度好、永久性程度高的实收资本和资本公积排在前面，稳定性程度差、永久性程度低的盈余公积和未分配利润排在后面。

左方资产项目按照变现能力顺序从大到小的顺序排列，右方负债项目按偿债期限由近到远的顺序排列，将左右双方对比，会计信息使用者就能分析企业偿债能力的强弱。

三、资产负债表的编制方法

资产负债表中"期初数"栏内的各项数字，应根据上年末资产负债表"期末数"栏内所列数字填列。如果本年度资产负债表规定的各个项目的名称和内容同上年度不一致，应对上年末资产负债表各个项目的名称和数字按照本年度的规定进行调整，填入本表"期初数"栏内。

资产负债表"期末数"栏内的各项数字，应根据会计账簿记录填列。大多数报表项目可以直接根据账户余额填列，少数报表项目则要根据总分类账或明细分类账的账户余额分析计算填列。具体的填列规则和方法可归纳为以下几种。

（一）根据某一总分类账户的期末余额填列

（1）报表项目名称与总分类账户名称相同。例如，报表中资产类的"应收票据"、"应收股利"、"应收利息"、"在建工程"、"工程物资"、"固定资产清理"、"交易性金融资产"、"可供出售金融资产"、"开发支出"、"商誉"和"递延所得税资产"等项目。负债类的"短期借款"、"交易性金融负债"、"应付职工薪酬"、"应交税费"、"应付利息"、"应付股利"、"预计负债"、"专项应付款"和"递延所得税负债"等项目。所有者权益类的"实收资本"、"资本公积"和"盈余公积"等项目，均可根据相应总分类账户期末余额直接填列。

（2）报表项目名称与总分类账户名称不同。例如，"以公允价值计量且其变动计入当期损益的金融资产"项目，可根据"交易性金融资产"账户期末余额直接填列。

（二）根据若干个总分类账户的期末余额汇总填列

根据外部报表使用者的需要，对于某些属性相同的要素可提供汇总资料，核算上设置了调整账户的要素也要以净值的形式填报。因而，一些报表项目需要根据若干个总分类账户的期末余额汇总填列。若这些账户的余额方向相同，填报时只要将这几个账户的期末余额相加即可，若这些账户的余额方向不同，则填报时应将这些账户的期末余额相抵后填列。属于这种类型的报表项目主要有：

（1）"货币资金"项目，应根据"库存现金"、"银行存款"和"其他货币资金"等账户的期末余额合计填列。

（2）"存货"项目，应根据"材料采购"、"在途物资"、"原材料"、"周转材料"、"材料成本差异"、"库存商品"、"发出商品"、"商品进销差价"、"委托加工物资"和"生产成本"等账户的期末余额合计数，减去"存货跌价准备"账户期末余额后的差额填列。"代理业务资产"减去"代理业务负债"后的余额也在"存货"项目反映。

（3）"未分配利润"项目，应根据"本年利润"和"利润分配"账户的期末余额计算填列。

（4）各项资产减值准备均应在相关资产项目中抵减。例如，"应收票据"、"应收账款"、"预付账款"、"应收账款"、"其他应收款"、"长期应收款"和"坏账准备"；"存货"和"存货跌价准备"；"持有至到期投资"和"持有至到期投资减值准备"；"长期股权投资"和"长期股权投资减值准备"；"固定资产"和"固定资产减值准备"；"无形资产"和"无形资产减值准备"等。

（三）根据有关明细分类账户的期末余额分析填列

（1）以准确划分"流动"和"非流动"为目的。资产负债表中的资产项目分为流动资产和非流动资产两大类，负债项目分为流动负债和非流动负债两大类，随着时间的推移，原先属于长期资产的经济资源会转变为流动资产，而原先的长期负债也因为偿还期小于一年而转化为流动负债。需要分析填列的报表项目有：

第一，"长期应收款"中将于一年内到期的部分，在"一年内到期的非流动资产"项目填列；

第二，长期应付款中将于一年内到期的部分，在"一年内到期的非流动负债"项目填列；

第三，"长期待摊费用"账户中将于一年内到期的部分，应填列到流动资产项目"一年内到期的非流动资产"。

（2）以准确地计量资产和负债为目的。借贷记账法允许设置双重性质账户，"应收账款""应付账款"等账户的真正属性要根据各明细分类账户的余额方向来确定。往来明细分类账户中，凡是期末余额在借方的为资产，凡是期末余额在贷方的为负债。为了准确反映企业在会计期末资产和负债的真实情况，下列报表项目应根据有关明细分类账户的期末余额分析填列：

第一，"应收账款"项目和"预收账款"项目。"应收账款"和"预收账款"明细分类账户中期末余额在借方应填列"应收账款"项目，期末余额在贷方的在"预收账款"填列。

第二，"应付账款"项目和"预付账款"项目。"应付账款"和"预付账款"明细分类账户中期末余额在借方应填列"预付账款"项目，期末余额在贷方的在"应付账款"填列。

第三，"衍生工具"、"套期工具"和"被套期项目"等账户期末余额如在借方，应在

"其他流动资产"项目填列，期末余额如在贷方，则在"其他流动负债"项目填列。

（四）根据表内项目钩稽关系计算填列

在上述三类项目填列完毕后，其余项目只要根据表中相关项目的钩稽关系计算填列即可。例如，"流动资产合计"、"非流动资产合计"、"流动负债合计"和"非流动负债合计"等各合计数根据类内各项目汇总填列。"资产总计"和"负债和所有者权益总计"分别根据左方和右方各合计数汇总填列。

另外，资产负债表中资产项目的金额大多是根据资产类账户的借方余额填列的，如果出现贷方余额，则以"－"号表示，如固定资产清理发生的净损失，以"－"号填列。负债项目的金额大多是根据负债类账户的贷方余额填列的，如果出现借方余额，也以"－"号表示，如"应付职工薪酬""应交税费"等期末转为债权的，以"－"号填列；期末累计未分配利润、资本公积为负数的，以"－"号填列。

四、资产负债表的编制实例

东方公司 2016 年 3 月 31 日总分类账户期末余额资料如表 9-2 所示。

表 9-2　总分类账户期末余额表　　　　　　　　单位：元

账户名称	借方金额	账户名称	贷方金额
库存现金	4 000	累计折旧	1 588 500
银行存款	1 251 000	累计摊销	12 000
其他货币资金	500 000	坏账准备	24 700
交易性金融资产	150 000	短期借款	1 360 000
应收票据	295 800	应付票据	100 000
应收账款	546 700	应付账款	328 000
预付账款	68 200	预收账款	153 000
其他应收款	231 800	应付职工薪酬	36 500
在途物资	85 000	应交税费	59 700
周转材料	70 000	存货跌价准备	29 000
原材料	302 000	其他应付款	62 600
委托加工物资	15 000	预计负债	88 000
库存商品	1 420 000	长期借款	200 000
长期待摊费用	58 000	实收资本	3 000 000
持有至到期投资	30 000	资本公积	1 260 000
长期股权投资	750 000	盈余公积	740 000
无形资产	116 000	本年利润	128 000
固定资产	3 634 500	利润分配	350 000
		长期股权投资减值准备	8 000
合计	9 528 000	合计	9 528 000

有关明细资料如下：

（1）"应收账款"明细分类账中，甲公司的期末余额为贷方 70 000 元。

（2）"预付账款"明细分类账中，乙公司的期末余额为贷方 80 000 元。

（3）"长期待摊费用"账户中，将于 12 个月内摊销的费用有 24 500 元。

（4）"应付账款"明细分类账户中，丙公司的期末余额为借方 85 000 元。

（5）"预收账款"明细分类账中，丁公司的期末余额为借方 15 000 元。

根据东方公司 2016 年 3 月 31 日总分类账及有关明细分类账资料，分析归纳如下：

（1）将"库存现金"、"银行存款"和"其他货币资金"账户余额相加得 1 755 000（4 000+1 251 000+500 000）元。

（2）将"坏账准备" 24 700 元从"应收账款"减去，将"应收账款"贷方余额 70 000 元转入"预收账款"贷方，将"预收账款"借方余额 15 000 元转入"应收账款"借方，则资产负债表的"应收账款"为 607 000（546 700–24 700+70 000+15 000）元，"预收款项"为 238 000（153 000+70 000+15 000）元。

（3）将"预付账款"贷方余额 80 000 元从借方转入"应付账款"，"应付账款"借方余额 85 000 元从贷方转入"预付账款"，则资产负债表的"预付账款"为 233 200（68 200+85 000+80 000）元，"应付账款"为 493 000（328 000+85 000+80 000）元。

（4）将"在途物资"、"原材料"、"生产成本"、"周转材料"、"委托加工物资"和"库存商品"账户余额之和减"存货跌价准备"填入"存货"为 1 863 000（85 000+302 000+70 000+15 000+1 420 000–29 000）元。

（5）将"长期待摊费用"减去 12 个月内摊销数得"长期待摊费用"为 33 500（58 000–24 500）元。

（6）"未分配利润"根据"本年利润"账户和"利润分配"账户相加减后的余额填制。如果"本年利润"账户与"利润分配"账户余额方向一致，则将其合计数填入报表；如果"本年利润"账户与"利润分配"账户余额相反，则将其差额填入报表。期末，本年利润已经结转，可直接根据"利润分配"账户的年末余额填列。"正数"表示未分配利润，"负数"表示未弥补亏损。

根据表 9-2 资料和以上资料及分析归纳，编制东方公司资产负债表，如表 9-3 所示。

表 9-3　资产负债表（二）

会企 01 表

编制单位：东方公司　　　　　　2016 年 3 月 31 日　　　　　　单位：元

资产	期末余额	期初余额	负债和所有者权益（或股东权益）	期末余额	期初余额
流动资产：		（略）	流动负债：		（略）
货币资金	1 755 000		短期借款	1 360 000	
以公允价值计量其变动计入当期损益的金融资产	150 000		以公允价值计量其变动计入当期损益的金融负债		
应收票据	295 800		应付票据	100 000	
应收账款	607 000		应付账款	493 000	
预付账款	233 200		预收账款	238 000	
应收利息			应付职工薪酬	36 500	

续表

资产	期末余额	期初余额	负债和所有者权益（或股东权益）	期末余额	期初余额
应收股利			应交税费	59 700	
其他应收款	231 800		应付利息		
存货	1 863 000		应付股利		
一年内到期的非流动资产	24 500		其他应付款	62 600	
其他流动资产			一年内到期的非流动负债		
流动资产合计	5 160 300		其他流动负债		
非流动资产：			流动负债合计	2 349 800	
可供出售金融资产			非流动负债：		
持有至到期投资	30 000		长期借款	200 000	
长期应收款			应付债券		
长期股权投资	742 000		长期应付款		
投资性房地产			专项应付款		
固定资产	2 046 000		预计负债	88 000	
在建工程			递延所得税负债		
工程物资			其他非流动负债		
固定资产清理			非流动负债合计	288 000	
生产性生物资产			负债合计	2 637 800	
油气资产			所有者权益（或股东权益）：		
无形资产	104 000		实收资本（股本）	3 000 000	
开发支出			资本公积	1 260 000	
商誉			减：库存股		
长期待摊费用	33 500		盈余公积	740 000	
递延所得税资产			未分配利润	478 000	
其他非流动资产			所有者权益（或股东权益）合计	5 478 000	
非流动资产合计	2 955 500				
资产总计	8 115 800		负债和所有者权益（或股东权益）总计	8 115 800	

第三节 利润表的编制

一、利润表的概念

利润表是反映企业在一定会计期间（月度、季度、半年、年度）经营成果的会计报表。它根据"收入−费用=利润"这一平衡公式设计，按照一定的格式，把企业在一定会计期间内的各项收入、费用和利润项目予以适当排列编制而成，是一种动态的会计报表。

通过阅读分析利润表，会计报表使用者可以全面了解企业的经营业绩，衡量企业的营利能力。其作用主要有以下几方面：

（1）通过利润表提供的反映企业经营成果的数据，并与不同时期利润表数据进行比较，可以分析企业的获利能力和偿债能力，预测未来的收益水平，分析企业今后利润的发展趋势，便于投资者、债权人进行投资决策和信贷决策。

（2）利润表提供的信息是考核和评价企业经营管理人员经营业绩和经营管理水平的一个重要依据。

（3）利润表提供的利润数据是税收部门课征所得税的依据。

（4）利润表常被用做计算国民收入的主要资料来源。

二、利润表的结构

利润表的结构有单步式和多步式两种。单步式利润表是将本期所有收入及相关费用分别加总，然后根据收入总额减费用总额直接计算，求出利润总额。如表 9-4 所示，以东方公司 2016 年 3 月的数据资料为例。

表 9-4　利润表（一）

会企 02 表

编制单位：东方公司	2016 年 3 月	单位：元
项目	本期金额	上期金额
一、收入		
营业收入	720 000	
投资收益	0	
营业外收入	1 390	
收入合计	721 390	
二、费用		
营业成本	448 200	
税金及附加	1 190	
销售费用	5 400	
管理费用	8 200	
财务费用	1 450	
营业外支出	1 000	
所得税费用	63 987.5	
费用合计	529 427.5	
三、净利润	191 962.5	

我国企业会计的利润表结构采用多步式。多步式也称逐步报告式利润表，这种格式的利润表按照企业利润的构成内容，分层次、分步骤地逐步逐项计算编制，按构成要素，将利润计算分为三个步骤：

第一步，从主营业务收入出发，减去主营业务成本、营业税金及附加、销售费用、管理费用、财务费用，加上公允价值变动收益、投资收益，计算得出主营业务利润；

第二步，以营业利润为基础，加上营业外收入，减去营业外支出，计算得出利润总额；

第三步，以利润总额为基础，减去所得税，计算得出净利润。

多步式利润表便于了解企业利润构成及各项目营利能力，评价企业各部门的业绩。格式如表 9-5 所示，以东方公司 2016 年 3 月的数据资料为例。

表 9-5　利润表（二）

会企 02 表

编制单位：东方公司　　　　2016 年 3 月　　　　单位：元

项目	本期金额	上期金额
一、营业收入	720 000	
减：营业成本	448 200	
税金及附加	1 190	
销售费用	5 400	
管理费用	8 200	
财务费用	1 450	
资产减值损失	0	
加：公允价值变动收益（损失以"-"号填列）	0	
投资收益（损失以"-"号填列）	0	
其中：对联营企业和合营企业的投资收益	0	
二、营业利润（亏损以"-"号填列）	255 560	
加：营业外收入	1 390	
减：营业外支出	1 000	
其中：非流动资产处置损失	0	
三、利润总额（亏损总额以"-"号填列）	255 950	
减：所得税费用	63 987.5	
四、净利润（净亏损以"-"号填列）	191 962.5	
五、每股收益：		
（一）基本每股收益		
（二）稀释每股收益		

三、利润表的编制原理

利润表中"上期金额"栏内各项数字，应根据上期利润表"本期金额"栏内所列数字填列。利润表中的"本期金额"栏反映各项目的本期实际发生数，主要根据损益类账户的发生额分析填列，采用"账结法"计算利润的情况下，各损益类账户结转到"本年利润"账户的数额就是当期利润表上相应项目应填报的数额，也就是结转利润前的净发生额，如"营业收入"、"营业成本"、"税金及附加"、"销售费用"、"管理费用"、"财务费用"、"投资收益"、"营业外收入"、"营业外支出"和"所得税费用"等项目。"基本每股收益"和"稀释每股收益"项目，应当根据按照每股收益准则的规定计算的金额填列。

上述项目填列完毕后，其余项目可根据表内各项目的衔接关系计算填列。利润表实质上是利润计算公式表格化，表内各项目之间的关系可用下列公式表示：

营业利润=营业收入-营业成本-税金及附加-销售费用-管理费用-财务费用
　　　　-资产减值损失±公允价值变动收益（公允价值变动损失）
　　　　±投资收益（投资损失）

利润总额=营业利润+营业外收入-营业外支出

净利润=利润总额-所得税费用

在编制年度报表时，应将"上期余额"栏改为"上年金额"栏，填列上年全年累计实际发生额。如果上年度利润表规定的各个项目的名称和内容同本年度不相一致，应对上年度利润表各项目的名称和数字按本年度的规定进行调整，填入"上年金额"栏内。

第四节　现金流量表的编制

一、现金流量表的概念

现金流量表是反映企业在一定会计期间现金及现金等价物流入和流出的会计报表。现金，是指企业库存现金、银行存款、其他货币资金。现金等价物，是指企业持有的期限短、流动性强、易于转换为已知金额现金、价值变动风险很小的投资。编制现金流量表的目的，是为会计报表使用者提供企业一定会计期间内现金和现金等价物流入与流出的信息，以便于报表使用者了解和评价企业获取现金与现金等价物的能力，并据以预测企业未来现金流量。

二、现金流量表的结构

现金流量表基本内容包括三个方面：一是经营活动所产生的现金流量；二是投资活动产生的现金流量；三是筹资活动产生的现金流量。

（一）经营活动产生的现金流量

经营活动是指企业投资活动和筹资活动以外的所有交易和事项。经营活动流入的现金包括：①销售商品、提供劳务收到的现金；②收到的税费返还；③收到其他与经营有关的现金。经营活动流出的现金主要包括：①购买商品、接受劳务支付的现金；②支付给职工以及为职工支付的现金；③支付的各项税费；④支付其他与经营活动有关的现金。

（二）投资活动产生的现金流量

投资活动是指企业长期资产的购建和不包括在现金等价物范围内的投资及其处置活动。投资活动流入的现金包括：①收回投资所收到的现金；②取得投资收益收到的现金；

③处置固定资产、无形资产和其他长期资产所收回的现金净额；④处置子公司及其他营业单位收到的现金净额；⑤收到其他与投资活动有关的现金。投资活动流出的现金主要包括：①购建固定资产、无形资产和其他长期资产支付的现金；②投资支付的现金；③取得子公司及其他营业单位支付的现金净额；④支付其他与投资活动有关的现金。

（三）筹资活动产生的现金流量

筹资活动是指导致企业资本及债务规模和构成发生变化的活动。筹资活动流入现金主要包括：①吸收投资收到的现金；②取得借款收到的现金；③收到其他与筹资活动有关的现金。筹资活动流出的现金主要包括：①偿还债务支付的现金；②分配股利、利润或偿付利息支付的现金；③支付其他与筹资活动有关的现金。

三、现金流量表表格式

现金流量表格式分别一般企业、商业银行、保险公司、证券公司等企业类型予以规定。企业应当根据其经营活动的性质，确定本企业使用的现金流量表格式。一般企业现金流量表格式如表 9-6 所示。

表 9-6　现金流量表

会企 03 表

编制单位：　　　　　　　　　　年　月　　　　　　　　　　单位：元

项目	本期金额	上期金额
一、经营活动产生的现金流量：		
销售商品、提供劳务收到的现金		
收到的税费返还		
收到其他与经营活动有关的现金		
经营活动现金流入小计		
购买商品、接受劳务支付的现金		
支付给职工以及为职工支付的现金		
支付的各项税费		
支付其他与经营活动有关的现金		
经营活动现金流出小计		
经营活动产生的现金流量净额		
二、投资活动产生的现金流量：		
收回投资收到的现金		
取得投资收益收到的现金		
处置固定资产、无形资产和其他长期资产收回的现金净额		
处置子公司及其他营业单位收到的现金净额		
收到其他与投资活动有关的现金		
投资活动现金流入小计		

续表

项目	本期金额	上期金额
购建成固定资产、无形资产和其他长期资产支付的现金		
投资支付的现金		
取得子公司及其他营业单位支付的现金净额		
支付其他与投资活动有关的现金		
投资活动现金流出小计		
投资活动产生的现金流量净额		
三、筹资活动产生的现金流量：		
吸收投资收到的现金		
取得借款收到的现金		
收到其他与筹资活动有关的现金		
筹资活动现金流入小计		
偿还债务支付的现金		
分配股利、利润或偿付利息支付的现金		
支付其他与筹资活动有关的现金		
筹资活动现金流出小计		
筹资活动产生的现金流量净额		
四、汇率变动对现金等价物的影响		
五、现金及现金等价物净增加额		
加：期初现金及现金等价物余额		
六、期末现金及现金等价物余额		

四、现金流量表的编制原理

现金流量表的编制基础是收付实现制。编制现金流量表时，经营活动产生的现金流量的列报方法有两种，即直接法和间接法。

（1）直接法通过现金流入和流出的主要类别直接反映企业经营活动产生的现金流量。一般是以利润表中"营业收入""营业成本"等的数据为基础，将收入调整为实际收现数，将费用也按权责发生制调整为实际付现数，计算出经营活动产生的现金流量。

（2）间接法以利润表上的净利润为起点，以是否影响现金流动为标准进行调整，将减少净收益但不减少现金的项目重新加入净收益中，将增加净收益但不增加现金的项目从净收益中扣除，据此计算出经营活动的现金流量。《企业会计准则第 31 号——现金流量表》规定企业应采用直接法报告经营活动的现金流量。现金流量表各个项目的具体填列方法将在"中级财务会计"课程中介绍。

第五节　财务报表分析

一、财务报表分析的意义

财务报表分析，是以财务报表为主要依据，对经济活动与财务收支情况进行全面、系统的分析。它属于会计分析的重要组成部分。会计分析一般包括事前的预测分析、事中的控制分析、事后的总结分析。财务报表分析属于定期进行的事后总结分析。

资产负债表、利润表等财务报表能为国家经济管理部门、投资者、债权人和本单位内部提供财务状况和经营成果的概括性资料。但是，要进一步了解该单位经济活动中所取得的成绩和存在的问题，还需要对财务报表所提供的数据进一步加工，进行分析、比较得到经营管理和经营决策所需要的经济信息。例如，资产负债表是反映企业某一特定日期资产、负债和所有者权益及其构成情况的财务报表。但对债权人来说，最关心的是了解企业的偿债能力。在资产负债表中没有直接列示说明偿债能力的数据，但将资产负债表中的资产项目和负债项目的金额进行比较，则可计算出流动比率、速动比率和资产负债率等评价企业偿债能力的财务指标，从而清楚地了解企业的偿债能力。所以，通过类似这种具体的分析比较，可以全面、深刻地认识一个单位的经济活动和财务收支情况，正确评价经营成果，明确问题和原因所在，促使该单位制定出有效的改进措施，提高管理水平，促进生产经营正常发展。

各种财务报表能集中反映企业、事业、行政机关等单位的资金状况、财务收支和财务成果等重要的会计信息。但是，为了综合考虑其经济效益，还需要将投入与产出、所耗与所得进行相互比较，以便判断经济效益的好坏。例如，利润表是反映企业在一定会计期间的经营成果及其分配情况的财务报表，但对于投资者来说，最关心的是了解企业的营利能力。而企业实现的利润总额的大小，并不能直接说明企业营利能力的高低。对资产负债表和利润表等有关报表项目的金额进行分析和比较，便可计算出销售利润率、净资产报酬率和成本利润率等评价企业营利能力的财务指标，从而清楚地了解企业的营利能力。所以，通过经济效益指标的计算和分析，能较正确地评价企业的经营成果，并为进一步增产节约、增收节支、促进经济效益提高提供科学依据。

二、财务报表分析的目的和内容

（一）财务报表分析的目的

财务报表分析，主要是利用资产负债表和利润表等财务报告对企业财务状况、经营成果和现金流量进行的分析研究。

财务报表使用者利用财务报表具有各自不同的目的，但均希望从财务报表中获得对其经济决策有用的信息。例如，企业主管部门、母公司和财政部门重点分析检查企业有关资源的配置，有关财经政策、财经纪律和财经制度的遵守情况以及资本保全和增值情况；投资者重点分析检查企业营利能力、营运能力和资金使用的效益，了解投资报酬和投资风险；债权人重点分析企业偿债能力，评价企业财务安全（风险）程度，等等。从国家有关经济管理部门、投资者、债权人以及企业内部管理的不同要求考虑，财务报表分析的内容十分广泛，既要帮助报表使用者总结、评价企业财务状况和经营成果，又要为报表使用者进行经济预测和决策提供可靠的依据。

（二）财务报表分析的内容

根据上述不同使用者的要求，财务报表分析的内容主要包括：

（1）分析企业资产、负债的分布和构成的变动情况，以及企业负债经营的情况，评价企业的偿债能力。

（2）分析企业计划的完成情况和盈利水平的变动趋势，评价和预测企业的营利能力。

（3）分析企业的现金流量增减变动的原因，评价企业的现金流动状况及付现能力。

（4）分析企业资金保全和增值情况，评价企业的财务状况等。

财务报表分析，是以财务报表为主要依据，同时利用一些财务计划、会计凭证和会计账簿等资料所进行的综合性分析。单位内部进行财务报表分析时，更有条件利用单位内部的各种计划资料和会计核算资料进行深入、具体的分析。

三、财务报表分析的方法

财务报表主要由报表项目构成，报表项目都是一些经济指标。因此，财务报表首先要对各项报表项目的数字变动和各报表项目之间的数量关系进行分析。在进行数量分析时，经常应用的分析方法主要有比较法、比率法和因素替换法。比较法是通过经济指标不同数量的比较，来揭示经济指标数量差异的一种分析方法。比率法是通过计算、比较经济指标的比率，来确定相对数差异的一种分析方法。因素替换法，又称连环替代法，是用来计算几个相互联系的因素对经济指标影响程度的一种分析方法。在这里主要介绍比率法。

（一）评价企业偿债能力的财务指标

1. 流动比率

流动比率是指企业流动资产与流动负债的比率。它用来衡量企业流动资产在短期债务到期以前可以变为现金用于偿还流动负债的能力。计算公式为

$$流动比率 = \frac{流动资产}{流动负债} \times 100\%$$

2. 速动比率

速动比率是指企业速动资产与流动负债的比率。它用来衡量企业速动资产中可以立即用于偿付流动负债的能力。计算公式为

$$速动比率 = \frac{速动资产}{流动负债} \times 100\%$$

其中,

速动资产=流动资产-存货

3. 资产负债率

资产负债率是指企业负债总额与企业资产总额的比率。它用来衡量企业利用债权人提供的资金进行经营活动的能力,同时反映债权人债务的安全程度。计算公式为

$$资产负债率 = \frac{负债总额}{资产总额} \times 100\%$$

对债权人来说,企业资产负债率越低,流动比率和速动比率越高,偿债能力就越强。但对于企业来说,适当的负债经营不仅是维持和扩大企业生产经营的一项重要的筹资政策,同时,也是影响企业盈利水平的一项重要经营决策。因此,上述各项偿债能力指标应有一个适度的范围。一般说来,流动资产不仅要满足偿还流动负债的需要,而且还要维持生产经营活动正常进行的需要。考虑到存货一般应占流动资产的一半左右,所以,一般认为流动资产超过流动负债的一倍,即流动比率为 2,速动比率为 1,流动负债的偿还比较有保证,企业经营较为安全。

(二)评价企业营利能力的财务指标

1. 销售利润率

销售利润率是指利润总额与销售收入净额的比率。它用来衡量企业营业收入的收益水平。计算公式为

$$销售利润率 = \frac{利润总额}{销售收入净额} \times 100\%$$

2. 净资产报酬率

净资产报酬率有时也称股东权益报酬率或所有者权益报酬率,它是净利润与所有者权益平均余额的比率。它用来衡量投资者投入企业资本金的获利能力。计算公式为

$$净资产报酬率 = \frac{净利润}{所有者权益平均余额} \times 100\%$$

3. 成本利润率

成本利润率是指利润总额与营业成本之间的比率。它用来衡量企业营业成本获利的水平。工业企业的营业成本主要是产品销售成本,因此,工业企业可用产品销售成本代替营业成本计算出销售成本利润率。计算公式为

$$成本利润率=\frac{利润总额}{营业成本}\times100\%$$

上述评价企业营利能力的各项财务比率数值越大，说明企业营利能力越强。一般说来，企业的净资产报酬率应大于借款利率，否则，资本就有损失的可能。只有在净资产报酬率大于借款利率的情况下，负债经营对企业才是有利的。

（三）评价企业营运能力的财务指标

1. 应收账款周转率

应收账款周转率是指企业赊销收入与平均应收账款余额的比率。它反映企业应收账款的流动程度。计算公式为

$$应收账款周转率=\frac{赊销收入}{平均应收账款余额}\times100\%$$

赊销收入=销售收入-现销收入

$$平均应收账款余额=\frac{期初应收账款+期末应收账款}{2}$$

2. 存货周转率

存货周转率是指销货成本与平均存货的比率。它是用来衡量企业销售能力和存货是否适当的比率。计算公式为

$$存货周转率=\frac{销货成本}{平均存货}$$

$$平均存货=\frac{期初存货+期末存货}{2}$$

上述评价企业经营效率的比率的数值越大，说明企业的营运能力越强，资源的利用效率越高。应收账款和存货均属流动资产，而且是影响流动资产周转速度的重要部分。应收账款周转率越高，说明企业应收账款变现的速度越快。所以，它们是衡量企业流动资产流动性强弱，判断企业营运与管理资产效率的高低的重要财务指标体系。

上述指标分别从不同的方面反映了企业的财务状况和经营成果。下面举例说明。

【例 9-1】东方公司年末资产负债、利润的有关资料如表 9-7 所示。

表 9-7　东方公司的有关资料　　　　　单位：万元

项目	金额	项目	金额
流动资产	1 940	流动负债	1 900
货币资金	20	非流动负债	2 000
应收账款	800	所有者权益	680
存货	1 120	负债及所有者权益总额	4 580
非流动资产	2 640	营业收入	6 000
资产总额	4 580	营业成本	3 600
		利润总额	1 800

注：应收账款、存货、所有者权益的年末数和年初数相等。现销收入为 2 000 万元

根据上述资料，各指标的计算如下。

（1）反映偿债能力的指标：

$$流动比率=\frac{1\,940}{1\,900}=1.02$$

$$速动比率=\frac{1\,940-1\,120}{1\,900}=0.43$$

$$资产负债率=\frac{1\,900+2\,000}{4\,580}=0.85$$

通过上述计算结果可见，该企业流动比率过低，速动比率也有问题。该企业的短期偿债能力较差，并且资产负债率也过高，面临着较高的偿债风险。

（2）反映营利能力的指标：

$$销售利润率=\frac{1\,800}{6\,000}\times100\%=30\%$$

$$净资产报酬率=\frac{1\,800}{680}\times100\%=264.7\%$$

$$成本利润率=\frac{1\,800}{3\,600}\times100\%=50\%$$

上述计算结果表明该企业的销售利润率、净资产报酬率、成本利润率均较高。对于这些结果所说明的问题，还需要通过比较法进一步深入分析。

（3）反映营运能力的指标：

赊销收入=6 000–2 000=4 000（万元）

$$应收账款周转率=\frac{4\,000}{800}=5（次）$$

$$存货周转率=\frac{3\,600}{1\,120}=3.21（次）$$

上述计算结果表明，该企业的应收账款周转率为每年 5 次，存货周转率为每年 3.21 次。同样，这些结果只有通过比较，才能说明企业应收账款、存货周转速度的快慢。

 **本章习题**

第十章

会计核算组织程序

学习目标：通过本章学习，重点掌握会计核算组织程序的种类、特点及适用范围。

第一节　会计核算组织程序概述

一、会计核算组织程序的概念

在会计核算工作中，会计凭证、会计账簿、会计报表等会计核算方法并不是彼此孤立、互不联系的。任何单位在开展会计核算工作之前都应根据国家统一要求，结合本单位实际情况和具体条件确定各种会计凭证、会计账簿、会计报表之间的关系，并把它们有机地结合起来，形成一个全面、综合、连续、系统的会计核算和监督的信息系统。

会计核算组织程序就是规定凭证、账簿的种类、格式和登记方法及各种凭证之间、账簿之间和各种报表之间以及各种凭证与账簿之间、各种账簿与报表之间的相互联系及编制的程序。

在经济业务发生以后，通过设置会计科目、复式记账、填制会计凭证、登记账簿、成本计算等一系列会计核算的专门方法取得了日常核算资料，特别是经过填制会计凭证、登记账簿，对经济业务进行不断的归类、加工整理、汇总综合，最后在账簿中形成比较系统的核算资料，再将这些分散在账簿中的日常核算资料，按照预先规定的指标体系进一步归类、综合、汇总，并通过编制财务报表将其排列成系统的指标体系。在对经济业务的逐层加工、汇总、综合的过程中，填制会计凭证是核算资料的收集和初步分类，登记账簿是核算资料的分类整理，编制财务报表是核算资料的再加工。会计核算组织程序可如图 10-1 所示。

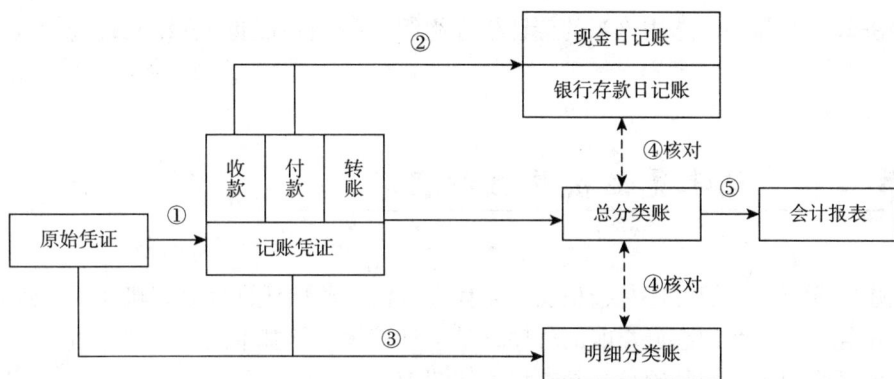

图 10-1　会计核算组织程序图

　　首先，在资料的收集阶段，要求会计凭证的填制整理，而最终编制财务报表是核算资料的再加工。为实现这一目的，各企业、事业单位应根据经济业务的具体内容，根据登记账簿的需要，设计会计凭证的种类、格式。通常根据需要设计各种格式的原始凭证及收、付款凭证和转账凭证等记账凭证。其次，在核算资料的分类整理阶段，要求账簿的登记系统地、连续地分类反映各项经济业务的内容，为此设置不同的账簿种类及格式，如序时账、分类账和明细分类账等，每一种账簿又有不同格式，如明细分类账又分为三栏式、多栏式和数量金额式等。最后，编制财务报表，要求其具有综合性、可比性、通用性、及时性等，要求统一设计财务报表的种类、格式和内容。账簿记录提供的资料只能反映企业某一方面的经济业务，不能全面地反映经济业务。为了反映经济业务的全貌，需要对账簿资料进行综合，所以要编制财务报表，即对信息的进一步加工处理。

　　上述三个阶段涉及填制会计凭证、登记账簿和编制财务报表三个重要的会计核算方法。尽管它们有各自特定的目的和方法，但是，它们又不是孤立的，而是相互联系的：编制财务报表的资料主要来源于账簿，财务报表的内容对账簿的格式种类、内容又有制约作用；会计凭证是账簿登记的依据，账簿的种类、格式和内容，又决定了会计凭证的格式、种类。

二、会计核算组织程序的意义

　　由于会计凭证、账簿、财务报表的种类、格式、程序不同，尤其是登记总分类账的程序不同，会计核算组织程序也不同。在我国，主要有如下几种核算组织程序，即记账凭证核算组织程序、科目汇总表核算组织程序、汇总记账凭证核算组织程序和日记总账核算组织程序等。选用适当的会计核算组织程序对于科学地组织本单位的会计核算具有重要意义：

　　（1）保证会计记录正确、及时、完整。

　　（2）保证会计工作有条不紊的进行，提高工作效率，迅速提供财务信息。

　　（3）保证会计核算资料的质量，为企业的经营管理提供准确、可靠的会计信息。

　　在实践中，企业应根据其自身的特点、规模和业务的特点并结合本单位经营管理和提高经济效率的需要，选用恰当的会计核算组织程序。下面重点介绍几种会计核算组织程序。

第二节 记账凭证核算组织程序

记账凭证核算组织程序是指根据原始凭证或汇总原始凭证编制记账凭证，然后直接根据记账凭证逐笔登记总分类账的程序，是会计核算中最基本的一种核算组织程序，也是其他核算组织程序的基础。其基本程序如图 10-2 所示。

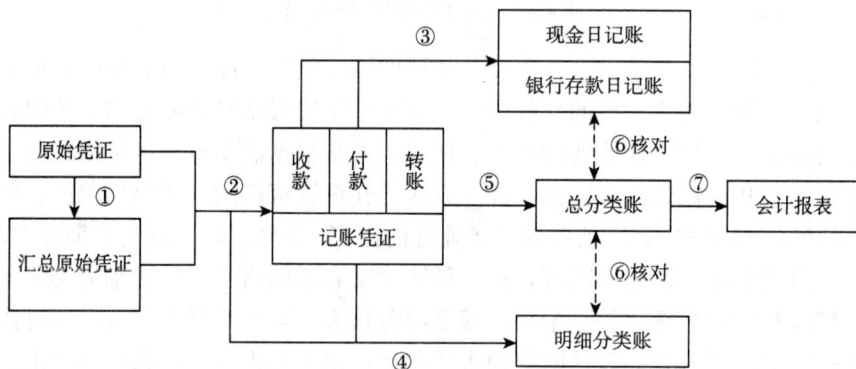

图 10-2 记账凭证核算组织程序图

程序说明如下：

（1）根据原始凭证定期编制汇总原始凭证，汇总原始凭证的类型和格式要结合企业经济业务的特点确定。

（2）根据原始凭证及汇总原始凭证登记记账凭证，记账凭证通常采用收款凭证、付款凭证和转账凭证的格式。

（3）根据收款凭证和付款凭证逐笔登记现金日记账和银行存款日记账，现金日记账和银行存款日记账一般采用收、付、余三栏式的日记账簿。

（4）根据原始凭证及汇总原始凭证和记账凭证登记各种明细分类账，明细分类账的格式可采用三栏式、多栏式和数量金额式的账簿格式。

（5）根据各种记账凭证逐笔登记总分类账，总分类账一般采用借、贷、余三栏式。

（6）月末，将现金日记账、银行存款日记账和明细分类账的余额与总分类账的余额核对，并将总分类账和明细分类账的余额填制工作底稿，在工作底稿中编制有关的调整分录，并进行试算平衡，作为编制报表的依据。当然，企业也可以直接编制报表。

（7）月末，根据总分类账和明细分类账编制会计报表。财会部门定期将日常核算资料进行再加工整理和归类汇总，形成一整套反映企业财务状况和经营成果的财务报表体系。

记账凭证核算组织程序的特点是根据记账凭证直接登记总分类账。所以，这种记账程序容易理解，便于掌握；总分类账详细地反映了经济业务的发生情况，便于对经济业务的分析和检查；账户之间的对应关系清晰明了，便于核对和检查账目。但是，在企事业单位的业务量较大时，这种方法会增加登记总分类账的工作量，也不便于分工记账。因此，这种核算程序适用于一些规模小、业务量少、记账凭证不多的单位。

第三节 科目汇总表核算组织程序

科目汇总表核算组织程序是定期将所有记账凭证汇总编制成科目汇总表，再根据科目汇总表登记总分类账的核算组织程序。其基本程序可用图 10-3 表示。

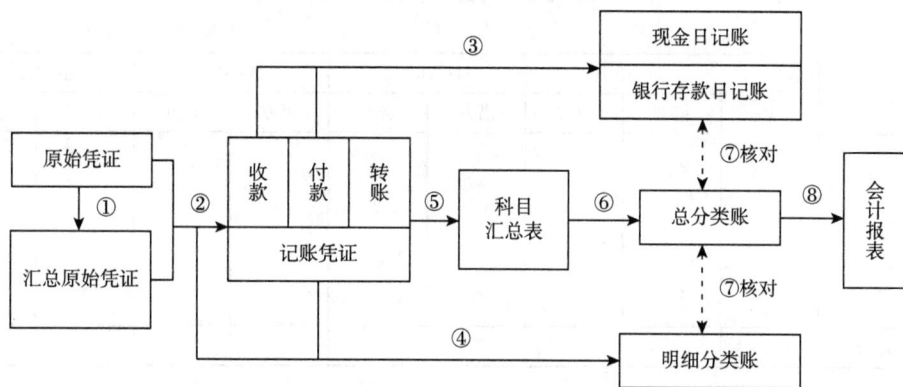

图 10-3 科目汇总表核算组织程序图

程序说明如下。

（1）根据原始凭证定期编制汇总原始凭证，汇总原始凭证的类型和格式要结合企业经济业务的特点确定。

（2）根据原始凭证或汇总原始凭证填制记账凭证，记账凭证一般采用收款凭证、付款凭证和转账凭证和格式。为了按科目归类汇总编制科目汇总表，所有记账凭证中的科目对应关系，最好按一个借方科目和一个贷方科目相对应。转账凭证最好一式两份，以分别归类汇总借方科目和贷方科目的本期发生额。

（3）根据收款凭证、付款凭证登记现金日记账和银行存款日记账。

（4）根据原始凭证、汇总原始凭证和各种记账凭证登记各种明细分类账。明细分类账的格式可以由各单位根据其各自的特点设置，一般有多栏式、三栏式和数量金额式等。

（5）根据各种记账凭证定期汇总编制科目汇总表。将一定期间的全部记账凭证按相同科目的借方和贷方归类，定期汇总每一会计科目的借方和贷方本期发生额，填制在科目汇总表的相关栏内。科目汇总表的编制时间根据企业经济业务量的多少来确定，可以按每 1 天、5 天、7 天、10 天、15 天等编制汇总一次。科目汇总表一般有以下两种形式，如表 10-1、表 10-2 所示。

表 10-1　科目汇总表（一）

年　月　日　至　日　　　　　　　　　　　　　　第　号

| 会计科目 | 账页 | 本期发生额 | | 记账凭证起讫号数 |
		借方	贷方	
合计				

表 10-2　科目汇总表（二）

年　月

| 会计科目 | 账页 | 1~10 日 | | 11~20 日 | | 21~30 日 | | 本月合计 | |
		借方	贷方	借方	贷方	借方	贷方	借方	贷方
合计									

表 10-2 的科目汇总表示用于按旬汇总的企业，对记账凭证按旬汇总，每月编制一张科目汇总表；其他时间编制科目汇总表大多采用表 10-1 的格式，定期汇总，每月编制若干张科目汇总表。编制科目汇总表时，将每一科目的所有借方发生额相加，其合计数填入科目汇总表的借方栏内；将所有贷方发生额相加，其合计数填入科目汇总表的贷方栏内。在归类汇总每一科目的借方发生额后，加计本期发生额合计数。如果借方发生额与贷方合计数相等，说明记账凭证和科目汇总表编制基本正确，可以根据科目汇总表登记分类账。

（6）根据科目汇总表登记总分类账。总分类账一般采用三栏式，其登记日期以科目汇总表的编制时间而定，汇总编制科目汇总表后，即可根据科目汇总表登记一次总分类账。如果按月分旬汇总科目表示，可汇总一次，登记一次总分类账，或者按整月合计数于月末一次登记总分类账。

（7）月末，将现金日记账、银行存款日记账和各明细分类账的余额与总分类账的有关账户余额进行核对。

（8）月末，根据总分类账和明细分类账编制会计报表。

科目汇总表核算组织程序根据记账凭证汇总编制科目汇总表，根据科目汇总表登记总分类账，它可以减少登记总分类账的工作，手续比较简单，且科目汇总表还起着试算平衡的作用。但是，以相同科目在一定时期归类编制科目汇总表只能反映各科目的借方本期发生额和贷方本期发生额，不能详细反映各项经济业务之间的来龙去脉，不便于核查账目。这种核算组织程序一般适用于业务量较大，记账凭证较多的企业单位。

第四节　汇总记账凭证核算组织程序

汇总记账凭证核算组织程序是定期将所有记账凭证汇总编制成汇总记账凭证，然后再根据汇总记账凭证登记总分类账的核算组织程序。其组织程序与科目汇总表核算组织程序基本相同，其基本程序可用图 10-4 表示。

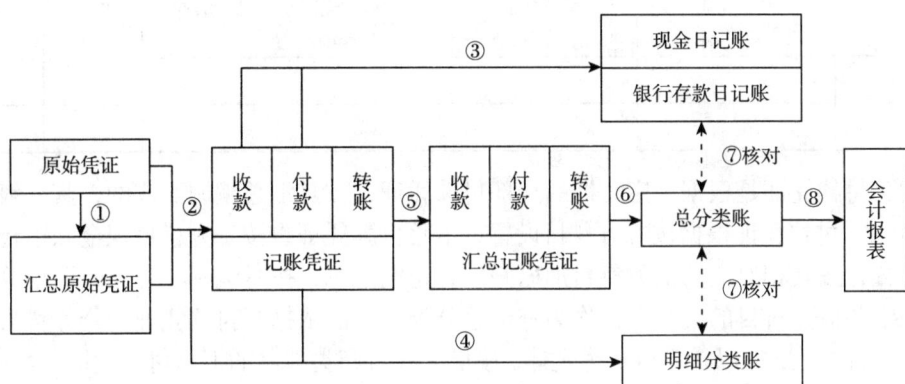

图 10-4　汇总记账凭证核算组织程序图

程序说明如下。

（1）根据原始凭证定期编制汇总原始凭证，汇总原始凭证的类型和格式要结合企业经济业务的特点确定。

（2）根据原始凭证或汇总原始凭证填制各种记账凭证。为便于编制汇总记账凭证，要求收款凭证按一个借方科目与一个或几个贷方科目相对应填制，付款凭证按一个贷方科目与一个或几个借方科目相对应填制，转账凭证按一贷一借或一贷多借的科目相对应填制。

（3）根据收、付款凭证登记现金日记账和银行存款日记账。现金和银行存款日记账一般采用收、付、余三栏式的日记账簿。

（4）根据原始凭证、汇总原始凭证和各种记账凭证登记各种明细分类账。明细分类账的格式根据各单位的实际情况及管理的要求，分别采用三栏式、数量金额式和多栏式等账簿格式。

（5）根据各种记账凭证汇总编制各种汇总记账凭证。汇总记账凭证分为汇总收款凭证、汇总付款凭证和汇总转账凭证。

汇总收款凭证是根据一定时期的全部收款凭证，按月编制而成的，其一般格式见表 10-3。收款凭证按借方科目设置，汇总收款凭证也按借方科目"库存现金"和"银行存款"科目设置，按其相对应的贷方科目加以归类，定期汇总，按月编制。月末时，结算出汇总收款凭证中各贷方科目的合计数，作为登记总分类账户的依据。收款凭证的借方科目只有现金和银行存款，如以借方为主体，按贷方科目归类编制汇总收款凭证的张数就减少了。按月编制汇总收款凭证时只需编制一张现金汇总收款凭证和一张银行存款汇总收款凭证就囊括全部收款凭证。

表 10-3　汇总收款凭证示例（一）

汇总收款凭证

借方科目：库存现金　　　　　　　　　　　年　月　　　　　　　　　　汇收第　号

贷方科目	金额				总账页数	
	1~10 日 收款凭证 第　号至第　号	11~20 日 收款凭证 第　号至第　号	21~30 日 收款凭证 第　号至第　号	合计	借方	贷方

　　汇总付款凭证是根据一定时期的全部付款凭证，按月汇总编制而成的，其一般格式见表 10-4。付款凭证根据按贷方科目设置，汇总付款凭证也按贷方科目现金和银行存款科目设置，按其相对应的借方科目加以归类，定期汇总，按月编制。月末时，结算出汇总凭证中各借方科目的合计数，作为登记总分类账户的依据。付款凭证的贷方科目只有现金和银行存款，如以贷方科目为主体，按借方科目归类编制的汇总付款凭证张数减少。按月编制汇总付款凭证时，只需编制一张现金汇总付款凭证和一张银行存款汇总付款凭证就可囊括所有的付款凭证。

表 10-4　汇总付款凭证示例（一）

汇总付款凭证

贷方科目：银行存款　　　　　　　　　　　年　月　　　　　　　　　　汇付第　号

借方科目	金额				总账页数	
	1~10 日 付款凭证 第　号至第　号	11~20 日 付款凭证 第　号至第　号	21~30 日 付款凭证 第　号至第　号	合计	借方	贷方

　　汇总转账凭证是根据一定时期的转账凭证，按月汇总编制而成的，其一般格式见表 10-5。转账凭证的借、贷方科目均无规律性，为避免混乱，规定汇总转账凭证一律按转账凭证的贷方科目分别设置，按与设置科目相对应的借方科目加以归类，定期汇总，按月编制。月末时，结算出各汇总转账凭证中各借方科目的合计数，作为登记总分类账户的依据。如果某一贷方科目的转账凭证数量不多，如"累计折旧"账户通常每月只有一张转账凭证，或汇总原始凭证、自制原始凭证以按贷方科目设置，也可以不编制汇总转账凭证，直接根据转账凭证登记总分类账。

表 10-5　汇总转账凭证示例

汇总转账凭证

贷方科目：　　　　　　　　　　　　　　　年　月　　　　　　　　　汇转第　　号

借方科目	金额				总账页数	
	1~10 日 转账凭证 第　号至第　号	11~20 日 转账凭证 第　号至第　号	21~30 日 转账凭证 第　号至第　号	合计	借方	贷方

（6）根据各种汇总记账凭证登记总分类账户。为了使总分类账的内容与各种汇总记账凭证一致，总分类账所采用的借、贷、余三栏式中的借、贷两栏应设有"对方科目"专栏。月末时，根据汇总收款凭证的合计数，登记在"库存现金""银行存款"等总分类账户的借方，以及有关账户的贷方；根据汇总付款凭证的合计数，登记在"库存现金""银行存款"等总分类账户的贷方，以及有关总分类账的借方；根据汇总转账凭证的合计数，记入有关总分类账的借方和设证账户的贷方。

（7）月末，将现金日记账、银行存款日记账、各明细分类账的余额与有关总分类账户的余额进行核对。

（8）月末，根据总分类账和明细分类账的资料编制会计报表。

汇总记账凭证核算组织程序的主要特点是根据记账凭证编制汇总记账凭证，并以此作为登记总分类账的依据。这种核算组织程序可以将日常发生的大量记账凭证分散在平时整理，同时汇总归类，月末时一次登入总分类账，减轻登记总分类账的工作量，为及时地编制会计报表提供方便；汇总记账凭证是按照科目对应关系归类、汇总编制的，能够明确地反映账户之间的对应关系，便于经常分析检查经济活动的发生情况。但是，汇总记账凭证按每一个贷方科目归类汇总，不考虑经济业务的性质，不利于会计核算工作的分工，而且编制汇总记账凭证的工作量也较大。这种核算组织程序适用于规模较大、业务量较多的企业。

第五节　日记总账核算组织程序

日记总账核算组织程序是设置日记账，并以所有经济业务编制的记账凭证为依据直接登记日记总账的核算组织程序。其基本程序可通过图 10-5 表示。

程序说明如下。

（1）根据原始凭证编制汇总原始凭证。

（2）根据原始凭证或汇总原始凭证编制各种记账凭证。记账凭证大多采用收款凭证、付款凭证、转账凭证的格式，也可以采用通用格式。

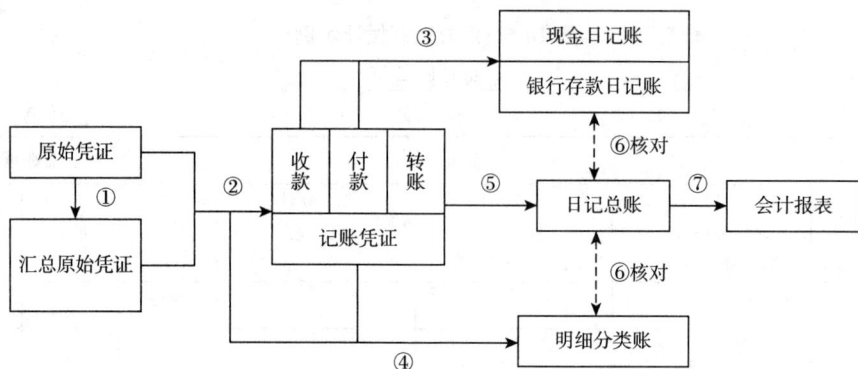

图 10-5　日记总账核算组织程序图

（3）根据收、付款登记现金日记账和银行存款日记账。现金、银行存款日记账可以采用收、付、余三栏式的日记账，也可以采用收、付栏设有"对方科目"的多栏式日记账簿。

（4）根据原始凭证、汇总原始凭证和各种记账凭证登记各种明细分类账。明细分类账的格式可根据各单位的实际情况及管理的要求，分别采用三栏式、多栏式和数量金额式等。

（5）根据各种记账凭证及现金日记账、银行存款日记账登记日记总账。日记总账的格式见表 10-6。

表 10-6　日记总账示例

日记总账

年		凭证		摘要	发生额	库存现金		银行存款		应收账款		其他应收款		原材料		……
月	日	字	号			借方	贷方	借方	贷方	借方	贷方	借方	贷方	借方	贷方	

在采用三栏式现金日记账和银行存款日记账的情况下，根据收、付款凭证及转账凭证逐日逐笔登记日记总账；在采用多栏式现金日记账和银行存款日记账的情况下，平时根据收、付款凭证登记日记账，根据转账凭证逐笔登记日记总账。月末，将多栏式现金日记账和银行存款日记账各科目汇总的合计数一次登入日记总账。登记日记总账时，将每一笔经济业务的发生额分别登记在同一行有关科目的借方栏和贷方栏内，将其发生额登记在"发生额"栏内。月末结出各栏的合计数，计算各账户的余额。

（6）月末，将现金日记账、银行存款日记账和各明细分类账的余额与总分类账的有关账户余额核对。核对的内容包括：在采用三栏式日记账的情况下，日记账月末的合计数与日记总账核对，日记总账有关账户余额与其所属明细分类账余额的合计数核对，日记总账"发生额"栏的本月合计数与全部科目的借、贷方发生额合计数核对，日记总账中各账户的借方余额合计数与贷方余额合计数核对。在采用多栏式日记账的情况下，日记账月末的合计数过入日记总账，不必将日记账与日记总账进行核对。

（7）根据日记总账和各种明细分类账编制会计报表。

由于根据记账凭证直接登记日记总账，日记账与分类账结合在一起，所以简化了记账手续，并且便于检查记账的正确性；日记总账把全部会计科目都集中在一张账页上，可以反映每一经济业务所记录的账户对应关系，为检查分析经济业务提供了方便，而且根据日记总账编制会计报表可以简化编表工作。但是，如果企事业单位的业务量较大，运用的会计科目较多，账页过长，记账容易串行，也不便于会计人员分工。这种核算组织程序适用于规模小、业务简单、使用会计科目较少的单位。

第六节　会计核算组织程序的应用

一、记账凭证核算组织程序的应用

以东方公司 2016 年 3 月的部分资料为例（以下业务按时间发生先后顺序排序）。

第一步，根据发生的经济业务作记账凭证。

（1）东方公司是由实达集团在 2016 年 1 月直接投资建立的，注册资本为 2 000 000 元。2016 年 3 月 1 日收到某公司追加投资 1 500 000 元，所得款项已存入银行（表 10-7）。

表 10-7　收款凭证示例（一）

收款凭证

借方科目：银行存款　　　　　　　2016 年 3 月 1 日　　　　　　　银收字第 1 号

摘要	贷方科目	明细科目	金额										记账符号
			千	百	十	万	千	百	十	元	角	分	
收到某公司追加投资	实收资本			1	5	0	0	0	0	0	0	0	
		合计金额		1	5	0	0	0	0	0	0	0	

会计主管人员（签章）　　记账（签章）　　出纳（签章）　　审核（签章）　　制单（签章）

附单据　张

（2）东方公司于 3 月 3 日从银行取得短期借款 90 000 元，期限为 6 个月，利息为 6%。银行通知款项已经划入银行存款账户（表 10-8）。

表 10-8　收款凭证示例（二）

收款凭证

借方科目：银行存款　　　　　2016 年 3 月 3 日　　　　　银收字第 2 号

摘要	贷方科目	明细科目	金额										记账符号
			千	百	十	万	千	百	十	元	角	分	
从银行取得短期借款	短期借款				9	0	0	0	0	0	0	0	
		合计金额			9	0	0	0	0	0	0	0	

会计主管人员（签章）　　记账（签章）　　出纳（签章）　　审核（签章）　　制单（签章）

附单据　　张

（3）3 月 3 日，东方公司购入不需要安装的生产用设备一台，取得的增值税专用发票上注明的设备价款为 50 000 元，增值税税额为 8 500 元，款项全部付清（表 10-9）。

表 10-9　付款凭证示例（一）

付款凭证

贷方科目：银行存款　　　　　2016 年 3 月 3 日　　　　　银付字第 1 号

摘要	借方科目	明细科目	金额										记账符号
			千	百	十	万	千	百	十	元	角	分	
银行存款支付设备款	固定资产					5	0	0	0	0	0	0	
	应交税费	应交增值税（进项税额）					8	5	0	0	0	0	
		合计金额				5	8	5	0	0	0	0	

会计主管人员（签章）　　记账（签章）　　出纳（签章）　　审核（签章）　　制单（签章）

附单据　　张

（4）3 月 6 日，东方公司向红阳公司购进甲材料 17 000 千克，每千克单价 30 元，共计 510 000 元；增值税专用发票上注明的材料价款 510 000 元，增值税税额 86 700 元，并开出转账支票，尚未支付甲材料款，材料尚未到达企业验收入库（表 10-10）。

表 10-10　转账凭证示例（一）

转账凭证

2016 年 3 月 6 日　　　　　转字第 1 号

摘要	总账科目	明细科目	√	借方金额										√	贷方金额									
				千	百	十	万	千	百	十	元	角	分		千	百	十	万	千	百	十	元	角	分
购置甲材料	在途物资	甲材料			5	1	0	0	0	0	0	0												
	应交税费	应交增值税（进项税额）				8	6	7	0	0	0	0												
	应付账款															5	9	6	7	0	0	0	0
合计					5	9	6	7	0	0	0	0				5	9	6	7	0	0	0	0

会计主管人员（签章）　　记账（签章）　　出纳（签章）　　审核（签章）　　制单（签章）

附单据　　张

（5）3月7日，东方公司以银行存款支付甲材料的运输费7 800元（表10-11）。

表10-11　付款凭证示例（二）

付款凭证

贷方科目：银行存款　　　　　　2016年3月7日　　　　　　银付字第2号

摘要	借方科目	明细科目	金额										记账符号
			千	百	十	万	千	百	十	元	角	分	
银行存款支付甲材料运输费	在途物资	甲材料					7	8	0	0	0	0	
		合计金额					7	8	0	0	0	0	

会计主管人员（签章）　　记账（签章）　　出纳（签章）　　审核（签章）　　制单（签章）

附单据张

（6）3月8日，东方公司以现金支付甲材料的搬运费500元（表10-12）。

表10-12　付款凭证示例（三）

付款凭证

贷方科目：库存现金　　　　　　2016年3月8日　　　　　　现付字第1号

摘要	借方科目	明细科目	金额										记账符号
			千	百	十	万	千	百	十	元	角	分	
现金支付甲材料搬运费	在途物资	甲材料						5	0	0	0	0	
		合计金额						5	0	0	0	0	

会计主管人员（签章）　　记账（签章）　　出纳（签章）　　审核（签章）　　制单（签章）

附单据张

（7）3月9日，甲材料到达企业并验收入库（表10-13）。

表10-13　转账凭证示例（二）

转账凭证

2016年3月9日　　　　　　转字第2号

摘要	总账科目	明细科目	√	借方金额										√	贷方金额									
				千	百	十	万	千	百	十	元	角	分		千	百	十	万	千	百	十	元	角	分
材料验收入库	原材料	甲材料			5	1	8	3	0	0	0	0	0											
	在途物资	甲材料														5	1	8	3	0	0	0	0	0
合计					5	1	8	3	0	0	0	0	0			5	1	8	3	0	0	0	0	0

附单据张

（8）3月10日，东方公司以10 000元的银行存款预付给本市的华光公司，用于购买材料（表10-14）。

表 10-14　付款凭证示例（四）

付款凭证

贷方科目：银行存款　　　　　2016 年 3 月 10 日　　　　　银付字第 3 号

摘要	借方科目	明细科目	金额 千	百	十	万	千	百	十	元	角	分	记账符号
银行存款预付材料款	预付账款	华光公司				1	0	0	0	0	0	0	
		合计金额				1	0	0	0	0	0	0	

会计主管人员（签章）　　记账（签章）　　出纳（签章）　　审核（签章）　　制单（签章）

附单据张

（9）3 月 10 日，东方公司仓库发出下列材料用于生产 A、B 两种产品和其他的一般耗用（表 10-15）。

表 10-15　转账凭证示例（三）

转账凭证

2016 年 3 月 10 日　　　　　转字第 3 号

摘要	总账科目	明细科目	√	借方金额 千	百	十	万	千	百	十	元	角	分	√	贷方金额 千	百	十	万	千	百	十	元	角	分
材料耗用	生产成本	A 产品				4	6	0	0	0	0	0	0											
	生产成本	B 产品				2	7	0	0	0	0	0	0											
	制造费用					2	0	0	0	0	0	0												
	原材料																7	5	0	0	0	0	0	0
合计						7	5	0	0	0	0	0	0				7	5	0	0	0	0	0	0

会计主管人员（签章）　　记账（签章）　　出纳（签章）　　审核（签章）　　制单（签章）

附单据张

（10）3 月 10 日，东方公司用银行存款支付生产车间办公费 800 元，水电费 2 000 元（表 10-16）。

表 10-16　付款凭证示例（五）

付款凭证

贷方科目：银行存款　　　　　2016 年 3 月 10 日　　　　　银付字第 4 号

摘要	借方科目	明细科目	金额 千	百	十	万	千	百	十	元	角	分	记账符号
支付办公费、水电费	制造费用						2	8	0	0	0	0	
		合计金额					2	8	0	0	0	0	

会计主管人员（签章）　　记账（签章）　　出纳（签章）　　审核（签章）　　制单（签章）

附单据张

（11）3 月 11 日，东方公司开出现金支票从银行提取现金 40 000 元，以备发放工资（表 10-17）。

表 10-17　付款凭证示例（六）

付款凭证

贷方科目：银行存款　　　　　　　2016 年 3 月 11 日　　　　　　　　银付字第 5 号

摘要	借方科目	明细科目	金额										记账符号
			千	百	十	万	千	百	十	元	角	分	
提取现金	库存现金					4	0	0	0	0	0	0	
		合计金额				4	0	0	0	0	0	0	

会计主管人员（签章）　　　记账（签章）　　　出纳（签章）　　　审核（签章）　　　制单（签章）　　附单据张

（12）3 月 11 日，东方公司以现金 40 000 元支付企业职工的工资（表 10-18）。

表 10-18　付款凭证示例（七）

付款凭证

贷方科目：库存现金　　　　　　　2016 年 3 月 11 日　　　　　　　　现付字第 2 号

摘要	借方科目	明细科目	金额										记账符号
			千	百	十	万	千	百	十	元	角	分	
支付职工工资	应付职工薪酬	工资				4	0	0	0	0	0	0	
		合计金额				4	0	0	0	0	0	0	

会计主管人员（签章）　　　记账（签章）　　　出纳（签章）　　　审核（签章）　　　制单（签章）　　附单据张

（13）3 月 16 日，东方公司按合同规定预收实德集团货款 70 000 元存入银行（表 10-19）。

表 10-19　收款凭证示例（三）

收款凭证

借方科目：银行存款　　　　　　　2016 年 3 月 16 日　　　　　　　　银收字第 3 号

摘要	贷方科目	明细科目	金额										记账符号
			千	百	十	万	千	百	十	元	角	分	
预收实德集团货款	预收账款					7	0	0	0	0	0	0	
		合计金额				7	0	0	0	0	0	0	

会计主管人员（签章）　　　记账（签章）　　　出纳（签章）　　　审核（签章）　　　制单（签章）　　附单据张

（14）3 月 20 日，东方公司按合同向红光工厂发出 A 产品 100 件，单位售价 800 元，共计 80 000 元。开出的增值税专用发票上注明售价 80 000 元，增值税税额 13 600 元，货款未收到（表 10-20）。

表 10-20 转账凭证示例（四）

转账凭证

2016 年 3 月 20 日 转字第 4 号

摘要	总账科目	明细科目	√	借方金额										√	贷方金额										
				千	百	十	万	千	百	十	元	角	分		千	百	十	万	千	百	十	元	角	分
产品已售，款未收	应收账款					9	3	6	0	0	0	0													
	主营业务收入																	8	0	0	0	0	0	0
	应交税费	应交增值税（销项税额）																1	3	6	0	0	0	0
合计						9	3	6	0	0	0	0					9	3	6	0	0	0	0	

会计主管人员（签章） 记账（签章） 出纳（签章） 审核（签章） 制单（签章）

附单据张

（15）3 月 26 日，东方公司按合同规定向实德集团销售 A 产品 800 件，单位售价 800 元，共计 640 000 元。开出的增值税专用发票上注明售价 640 000 元，增值税税额 108 800 元，共计 748 800 元。其中 70 000 元为预收货款，其余款项收到存入银行（表 10-21、表 10-22）。

表 10-21 收款凭证示例（四）

收款凭证

借方科目：银行存款 2016 年 3 月 26 日 银收字第 4 号

摘要	贷方科目	明细科目	金额										记账符号
			千	百	十	万	千	百	十	元	角	分	
收到 A 产品销售款	主营业务收入				5	7	0	0	0	0	0	0	
	应交税费	应交增值税（销项税额）			1	0	8	8	0	0	0	0	
		合计金额			6	7	8	8	0	0	0	0	

会计主管人员（签章） 记账（签章） 出纳（签章） 审核（签章） 制单（签章）

附单据张

表 10-22 转账凭证示例（五）

转账凭证

2016 年 3 月 26 日 转字第 5 号

摘要	总账科目	明细科目	√	借方金额										√	贷方金额										
				千	百	十	万	千	百	十	元	角	分		千	百	十	万	千	百	十	元	角	分
结转预收账款	预收账款						7	0	0	0	0	0	0												
	主营业务收入																	7	0	0	0	0	0	0
合计							7	0	0	0	0	0	0					7	0	0	0	0	0	0

会计主管人员（签章） 记账（签章） 出纳（签章） 审核（签章） 制单（签章）

附单据张

（16）3月27日，东方公司用银行存款支付行政管理部门的业务招待费900元（表10-23）。

表10-23　付款凭证示例（八）

付款凭证

贷方科目：银行存款　　　　　　　2016年3月27日　　　　　　　银付字第6号

摘要	借方科目	明细科目	金额										记账符号	附单据
			千	百	十	万	千	百	十	元	角	分		
支付行政管理部门招待费	管理费用							9	0	0	0	0		张
		合计金额						9	0	0	0	0		

会计主管人员（签章）　　记账（签章）　　出纳（签章）　　审核（签章）　　制单（签章）

（17）3月28日，东方公司以银行存款5 400元支付销售A产品的销售费用（表10-24）。

表10-24　付款凭证示例（九）

付款凭证

贷方科目：银行存款　　　　　　　2016年3月28日　　　　　　　银付字第7号

摘要	借方科目	明细科目	金额										记账符号	附单据
			千	百	十	万	千	百	十	元	角	分		
支付产品销售费用	销售费用						5	4	0	0	0	0		张
		合计金额					5	4	0	0	0	0		

会计主管人员（签章）　　记账（签章）　　出纳（签章）　　审核（签章）　　制单（签章）

（18）3月28日，东方公司对违纪职工决定罚款1 390元，款项于当日送存银行（表10-25）。

表10-25　收款凭证示例（五）

收款凭证

借方科目：银行存款　　　　　　　2016年3月28日　　　　　　　银收字第5号

摘要	贷方科目	明细科目	金额										记账符号	附单据
			千	百	十	万	千	百	十	元	角	分		
收到违纪款	营业外收入						1	3	9	0	0	0		张
		合计金额					1	3	9	0	0	0		

会计主管人员（签章）　　记账（签章）　　出纳（签章）　　审核（签章）　　制单（签章）

（19）3月30日，经研究决定对贫困地区某小学捐赠文教费1 000元。款项已从银行转账付讫（表10-26）。

表 10-26　付款凭证示例（十）

付款凭证

贷方科目：<u>银行存款</u>　　　　　　2016 年 3 月 30 日　　　　　　银付字第 8 号

摘要	借方科目	明细科目	金额										记账符号	附单据
			千	百	十	万	千	百	十	元	角	分		
支付文教费	营业外支出						1	0	0	0	0	0		张
		合计金额					1	0	0	0	0	0		

会计主管人员（签章）　　　记账（签章）　　　出纳（签章）　　　审核（签章）　　　制单（签章）

（20）3 月 30 日，东方公司收到预付货款的材料，并验收入库。该批材料的实际买价为 20 000 元。增值税专用发票上注明的材料价款 20 000 元，增值税税额 3 400 元，除冲销原预付货款的 10 000 元外，以银行存款支付其余款项。同时以库存现金支付采购费用 200 元（表 10-27~表 10-29）。

表 10-27　付款凭证示例（十一）

付款凭证

贷方科目：<u>银行存款</u>　　　　　　2016 年 3 月 30 日　　　　　　银付字第 9 号

摘要	借方科目	明细科目	金额										记账符号	附单据
			千	百	十	万	千	百	十	元	角	分		
银行存款预付材料款及增值税额	原材料					1	0	0	0	0	0	0		张
	应交税费	应交增值税（进行税额）					3	4	0	0	0	0		
		合计金额				1	3	4	0	0	0	0		

会计主管人员（签章）　　　记账（签章）　　　出纳（签章）　　　审核（签章）　　　制单（签章）

表 10-28　转账凭证示例（六）

转账凭证

2016 年 3 月 30 日　　　　　　转字第 6 号

摘要	总账科目	明细科目	√	借方金额										√	贷方金额										附单据
				千	百	十	万	千	百	十	元	角	分		千	百	十	万	千	百	十	元	角	分	
冲销原预付货款	原材料						1	0	0	0	0	0	0												张
	预付账款																	1	0	0	0	0	0	0	
合计							1	0	0	0	0	0	0					1	0	0	0	0	0	0	

会计主管人员（签章）　　　记账（签章）　　　出纳（签章）　　　审核（签章）　　　制单（签章）

表 10-29　付款凭证示例（十二）

付款凭证

| 贷方科目：库存现金 | | 2016 年 3 月 30 日 | | | | | | | | | | | 现付字第 3 号 | |

摘要	借方科目	明细科目	金额									记账符号	附单据张
			千	百	十	万	千	百	十	元	角	分	
支付材料采购费用	原材料							2	0	0	0	0	
		合计金额						2	0	0	0	0	

会计主管人员（签章）　　记账（签章）　　出纳（签章）　　审核（签章）　　制单（签章）

（21）月末，计提每个月利息（表 10-30）。

表 10-30　转账凭证示例（七）

转账凭证

2016 年 3 月 31 日　　　　　　转字第 7 号

摘要	总账科目	明细科目	√	借方金额										√	贷方金额										附单据张
				千	百	十	万	千	百	十	元	角	分		千	百	十	万	千	百	十	元	角	分	
计提贷款月利息	财务费用							4	5	0	0	0													
	应付利息																		4	5	0	0	0	
合计								4	5	0	0	0							4	5	0	0	0	

会计主管人员（签章）　　记账（签章）　　出纳（签章）　　审核（签章）　　制单（签章）

（22）3 月 31 日，东方公司结算本月职工工资，其中制造 A 产品的职工工资 18 000 元，制造 B 产品职工工资 12 000 元，车间管理人员工资 5 000 元，厂部管理人员工资 5 000 元（表 10-31）。

表 10-31　转账凭证示例（八）

转账凭证

2016 年 3 月 31 日　　　　　　转字第 8 号

摘要	总账科目	明细科目	√	借方金额										√	贷方金额										附单据张
				千	百	十	万	千	百	十	元	角	分		千	百	十	万	千	百	十	元	角	分	
结算工资	生产成本	A 产品				1	8	0	0	0	0	0													
	生产成本	B 产品				1	2	0	0	0	0	0													
	制造费用						5	0	0	0	0	0													
	管理费用						5	0	0	0	0	0													
	应付职工薪酬	工资															4	0	0	0	0	0	0	
合计						4	0	0	0	0	0	0						4	0	0	0	0	0	0	

会计主管人员（签章）　　记账（签章）　　出纳（签章）　　审核（签章）　　制单（签章）

（23）东方公司按本月工资总额的一定比例提取职工福利费 5 600 元，其中：产品生产工人的福利费 4 200 元（A 产品生产工人的福利费 2 520 元，B 产品工人的福利费 1 680 元）；车间管理人员的福利费 700 元，厂部管理人员的福利费 700 元（表 10-32）。

表 10-32　转账凭证示例（九）

转账凭证

2016 年 3 月 31 日　　　　　　　　　　　　　　转字第 9 号

摘要	总账科目	明细科目	√	借方金额										√	贷方金额										
				千	百	十	万	千	百	十	元	角	分		千	百	十	万	千	百	十	元	角	分
结算福利费	生产成本	A 产品						2	5	2	0	0	0											
	生产成本	B 产品						1	6	8	0	0	0											
	制造费用								7	0	0	0	0											
	管理费用								7	0	0	0	0											
	应付职工薪酬	职工福利																		5	6	0	0	0	0
合计								5	6	0	0	0	0						5	6	0	0	0	0

会计主管人员（签章）　　　记账（签章）　　　出纳（签章）　　　审核（签章）　　　制单（签章）

附单据张

（24）3 月 31 日，东方公司计提本月折旧费用 10 000 元，其中生产车间厂房及机器设备的折旧费 8 400 元，行政管理部门折旧费 1 600 元（表 10-33）。

表 10-33　转账凭证示例（十）

转账凭证

2016 年 3 月 31 日　　　　　　　　　　　　　　转字第 10 号

摘要	总账科目	明细科目	√	借方金额										√	贷方金额										
				千	百	十	万	千	百	十	元	角	分		千	百	十	万	千	百	十	元	角	分
计提折旧费用	制造费用								8	4	0	0	0	0											
	管理费用								1	6	0	0	0	0											
	累计折旧																		1	0	0	0	0	0	0
合计								1	0	0	0	0	0	0					1	0	0	0	0	0	0

会计主管人员（签章）　　　记账（签章）　　　出纳（签章）　　　审核（签章）　　　制单（签章）

附单据张

（25）3 月 31 日，东方公司以银行存款支付生产车间固定资产修理费 800 元（表 10-34）。

表 10-34　付款凭证示例（十三）

付款凭证

贷方科目：银行存款　　　　　　2016 年 3 月 31 日　　　　　　　银付字第 10 号

摘要	借方科目	明细科目	金额										记账符号
			千	百	十	万	千	百	十	元	角	分	
支付固定资产修理费	制造费用								8	0	0	0	0	
合计金额									8	0	0	0	0	

会计主管人员（签章）　　　记账（签章）　　　出纳（签章）　　　审核（签章）　　　制单（签章）

附单据张

（26）月份终了，东方公司将本月发生的制造费用 38 000 元，按 A、B 两种产品生产工时的比例分配计入各种产品的生产成本。A 产品应负担制造费用为 22 800 元，B 产品应负担制造费用为 15 200 元（表 10-35）。

表 10-35　转账凭证示例（十一）

转账凭证

2016 年 3 月 31 日　　　　　　　　转字第 11 号

摘要	总账科目	明细科目	√	借方金额										√	贷方金额										附单据张
				千	百	十	万	千	百	十	元	角	分		千	百	十	万	千	百	十	元	角	分	
分配制造费用	生产成本	A产品				2	2	8	0	0	0	0													
	生产成本	B产品				1	5	2	0	0	0	0													
	制造费用															3	8	0	0	0	0	0		
合计						3	8	0	0	0	0	0				3	8	0	0	0	0	0		

会计主管人员（签章）　　记账（签章）　　出纳（签章）　　审核（签章）　　制单（签章）

（27）3 月 31 日，东方公司本月生产的有 1 000 件 A 产品全部完工并验收入库，该批产品的实际成本为 498 000 元（表 10-36）。

表 10-36　转账凭证示例（十二）

转账凭证

2016 年 3 月 31 日　　　　　　　　转字第 12 号

摘要	总账科目	明细科目	√	借方金额										√	贷方金额										附单据张
				千	百	十	万	千	百	十	元	角	分		千	百	十	万	千	百	十	元	角	分	
结转完工产品成本	库存商品	A产品				4	9	8	0	0	0	0	0												
	生产成本	A产品														4	9	8	0	0	0	0	0		
合计						4	9	8	0	0	0	0	0			4	9	8	0	0	0	0	0		

会计主管人员（签章）　　记账（签章）　　出纳（签章）　　审核（签章）　　制单（签章）

（28）3 月 31 日，结转上述已售 A 产品 900 件的成本 448 200 元（表 10-37）。

表 10-37　转账凭证示例（十三）

转账凭证

2016 年 3 月 31 日　　　　　　　　转字第 13 号

摘要	总账科目	明细科目	√	借方金额										√	贷方金额										附单据张
				千	百	十	万	千	百	十	元	角	分		千	百	十	万	千	百	十	元	角	分	
结转已售产品成本	主营业务成本					4	4	8	2	0	0	0	0												
	库存商品	A产品														4	4	8	2	0	0	0	0		
合计						4	4	8	2	0	0	0	0			4	4	8	2	0	0	0	0		

会计主管人员（签章）　　记账（签章）　　出纳（签章）　　审核（签章）　　制单（签章）

（29）月末，东方公司按税法规定计算出本月应交城市维护建设税 1 190 元（表 10-38）。

表 10-38 转账凭证示例（十四）

转账凭证

2016 年 3 月 31 日 转字第 14 号

摘要	总账科目	明细科目	√	借方金额										√	贷方金额										附单据
				千	百	十	万	千	百	十	元	角	分		千	百	十	万	千	百	十	元	角	分	
计提城市维护建设税	税金及附加							1	1	9	0	0	0												张
	应交税费	应交城市维护建设税																	1	1	9	0	0	0	
合计								1	1	9	0	0	0						1	1	9	0	0	0	

会计主管人员（签章） 记账（签章） 出纳（签章） 审核（签章） 制单（签章）

（30）东方公司于 3 月 31 日用银行存款支付该月的短期借款利息 1 000 元（表 10-39）。

表 10-39 付款凭证示例（十四）

付款凭证

贷方科目：银行存款 2016 年 3 月 31 日 银付字第 11 号

摘要	借方科目	明细科目	金额									记账符号	附单据
			千	百	十	万	千	百	十	元	角	分		
支付借款利息	财务费用						1	0	0	0	0	0		
		合计金额					1	0	0	0	0	0		张

会计主管人员（签章） 记账（签章） 出纳（签章） 审核（签章） 制单（签章）

（31）3 月 31 日按规定税率 25% 计算东方公司本月应缴纳所得税为 63 987.5 元（表 10-40）。

表 10-40 转账凭证示例（十五）

转账凭证

2016 年 3 月 31 日 转字第 15 号

摘要	总账科目	明细科目	√	借方金额										√	贷方金额										附单据
				千	百	十	万	千	百	十	元	角	分		千	百	十	万	千	百	十	元	角	分	
计提所得税费用	所得税费用						6	3	9	8	7	5	0												张
	应交税费	应交所得税																6	3	9	8	7	5	0	
合计							6	3	9	8	7	5	0					6	3	9	8	7	5	0	

会计主管人员（签章） 记账（签章） 出纳（签章） 审核（签章） 制单（签章）

（32）3 月 31 日将本月实现的主营业务收入 720 000 元，营业外收入 1 390 元，结转入 "本年利润" 账户（表 10-41）。

表 10-41 转账凭证示例（十六）

转账凭证

2016 年 3 月 31 日　　　　　　　　　　转字第 16 号

摘要	总账科目	明细科目	√	借方金额										√	贷方金额									
				千	百	十	万	千	百	十	元	角	分		千	百	十	万	千	百	十	元	角	分
结转收入类账户	主营业务收入				7	2	0	0	0	0	0	0	0											
	营业外收入						1	3	9	0	0	0	0											
	本年利润															7	2	1	3	9	0	0	0	0
合计					7	2	1	3	9	0	0	0	0		7	2	1	3	9	0	0	0	0

会计主管人员（签章）　　记账（签章）　　出纳（签章）　　审核（签章）　　制单（签章）

附单据　张

（33）3 月 31 日将本月发生的主营业务成本 448 200 元，税金及附加 1 190 元，销售费用 5 400 元，管理费用 8 200 元，财务费用 1 000 元，营业外支出 1 000 元，以及所得税费用 63 987.5 元，结转到"本年利润"账户（表 10-42）。

表 10-42 转账凭证示例（十七）

转账凭证

2016 年 3 月 31 日　　　　　　　　　　转字第 17 号

摘要	总账科目	明细科目	√	借方金额										√	贷方金额									
				千	百	十	万	千	百	十	元	角	分		千	百	十	万	千	百	十	元	角	分
结转费用类账户	本年利润					5	2	9	4	2	7	5	0											
	主营业务成本																4	4	8	2	0	0	0	0
	税金及附加																		1	1	9	0	0	0
	销售费用																		5	4	0	0	0	0
	管理费用																		8	2	0	0	0	0
	财务费用																		1	0	0	0	0	0
	营业外支出																		1	0	0	0	0	0
	所得税费用																	6	3	9	8	7	5	0
合计						5	2	9	4	2	7	5	0				5	2	9	4	2	7	5	0

会计主管人员（签章）　　记账（签章）　　出纳（签章）　　审核（签章）　　制单（签章）

附单据　张

（34）东方公司企业按税后利润的 10% 提取盈余公积 19 196.25（191 962.5×10%）元（表 10-43）。

表 10-43　转账凭证示例（十八）

转账凭证

2016 年 3 月 31 日　　　　　　　　　　转字第 18 号

摘要	总账科目	明细科目	√	借方金额									√	贷方金额									
				千	百	十	万	千	百	十	元	角	分		千	百	十	万	千	百	十	元	角	分
提取盈余公积	利润分配	提取盈余公积					1	9	1	9	6	2	5											
	盈余公积																	1	9	1	9	6	2	5
合计							1	9	1	9	6	2	5					1	9	1	9	6	2	5

会计主管人员（签章）　　记账（签章）　　出纳（签章）　　审核（签章）　　制单（签章）

附单据　张

（35）东方公司经批准决定向投资者分配利润 30 000 元（表 10-44）。

表 10-44　转账凭证示例（十九）

转账凭证

2016 年 3 月 31 日　　　　　　　　　　转字第 19 号

摘要	总账科目	明细科目	√	借方金额									√	贷方金额									
				千	百	十	万	千	百	十	元	角	分		千	百	十	万	千	百	十	元	角	分
分配利润	利润分配	应付利润					3	0	0	0	0	0	0											
	应付利润																	3	0	0	0	0	0	0
合计							3	0	0	0	0	0	0					3	0	0	0	0	0	0

会计主管人员（签章）　　记账（签章）　　出纳（签章）　　审核（签章）　　制单（签章）

附单据　张

（36）东方公司期末结转本期实现的净利润（表 10-45）。

表 10-45　转账凭证示例（二十）

转账凭证

2016 年 3 月 31 日　　　　　　　　　　转字第 20 号

摘要	总账科目	明细科目	√	借方金额									√	贷方金额									
				千	百	十	万	千	百	十	元	角	分		千	百	十	万	千	百	十	元	角	分
结转本期实现净利润	本年利润						1	9	1	9	6	2	5	0										
	利润分配	未分配利润																1	9	1	9	6	2	5	0
合计							1	9	1	9	6	2	5	0				1	9	1	9	6	2	5	0

附单据　张

第二步：根据上述收款凭证和付款凭证逐笔登记现金日记账和银行存款日记账（表 10-46、表 10-47）。

表 10-46 现金日记账示例

现金日记账

2016 年		凭证号数	摘要	借方	贷方	借或贷	余额
月	日						
3	1						0
	8	现付 1	支付材料搬运费		500	贷	500
	11	现付 5	从银行提现	40 000		借	39 500
	11	现付 2	支付工资		40 000	贷	500
	30	现付 3	支付采购费用		200	贷	700
3	31		本月合计	40 000	40 700	贷	700

表 10-47 银行存款日记账示例

银行存款日记账

2016 年		凭证号数	摘要	借方	贷方	借或贷	余额
月	日						
3	1		期初余额				0
	1	银收 1	收到追加投资	1 500 000			1 500 000
	3	银收 2	取得短期借款	90 000		借	1 590 000
	3	银付 1	支付设备款		58 500	借	1 531 500
	7	银付 2	支付材料运输费		7 800	借	1 523 700
	10	银付 3	支付办公费和水电费		2 800	借	1 520 900
	10	银付 4	预付材料款		10 000	借	1 510 900
	11	银付 5	提取现金		40 000	借	1 470 900
	16	银收 3	预收实德集团货款	70 000		借	1 540 900
	26	银收 4	产品销售款	678 800		借	2 219 700
	27	银付 6	支付业务招待费		900	借	2 218 800
	28	银付 7	支付产品销售费用		5 400	借	2 213 400
	28	银收 5	对违纪职工罚款	1 390		借	2 214 790
	30	银付 8	支付材料款及增值税		13 400	借	2 201 390
	30	银付 9	支付捐赠文教费		1 000	借	2 200 390
	31	银付 10	支付固定资产维修费		800	借	2 199 590
	31	银付 11	支付短期借款利息		1 000	借	2 198 590
3	31		本月合计	2 340 190	141 600	借	2 198 590

第三步：根据原始凭证和记账凭证登记各种明细分类账。为了简化业务，本书只列生产成本明细分类账，其他明细分类账略（表 10-48、表 10-49）。

表 10-48　A 产品生产成本明细分类账示例

生产成本明细分类账

产品种类：A 产品

2016年		凭证号数	摘要	材料	工资	福利费	制造费用	借方合计	转出
月	日								
3	1		期初余额					0	
	10	转3	材料耗用	460 000				460 000	
	31	转8	工资		18 000			18 000	
	31	转9	福利费			2 520		2 520	
	31	转11	制造费用				22 800	22 800	
	31		成本结转						498 000
			合计	460 000	18 000	2 520	22 800	503 320	5 320

表 10-49　B 产品生产成本明细分类账示例

生产成本明细分类账

产品种类：B 产品

2016年		凭证号数	摘要	材料	工资	福利费	制造费用	借方合计	转出
月	日								
3	1		期初余额					0	
	10	转3	材料耗用	270 000				270 000	
	31	转8	工资		12 000			12 000	
	31	转9	福利费			1 680		1 680	
	31	转11	制造费用				15 200	15 200	
			合计	270 000	12 000	1 680	15 200	298 880	298 880

第四步：根据各种记账凭证逐笔登记总分类账（表 10-50~表 10-80）。

表 10-50　总分类账示例（一）

总分类账

会计科目：库存现金

2016年		凭证号数	摘要	借方	贷方	借或贷	余额
月	日						
3	1	略					0
	8		支付材料搬运费		500		
	11		从银行提现	40 000			
	11		支付工资		40 000		
	30		支付材料采购费用		200		
3	31		本月合计	40 000	40 700	贷	700

表 10-51 总分类账示例（二）

总分类账

会计科目：银行存款

2016年		凭证号数	摘要	借方	贷方	借或贷	余额
月	日						
3	1		期初余额				0
	1	银收 1	收到追加投资	1 500 000			
	3	银收 2	取得短期借款	90 000			
	3	银付 1	支付设备款		58 500		
	7	银付 2	支付材料运输费		7 800		
	10	银付 3	支付办公费和水电费		2 800		
	10	银付 4	预付材料款		10 000		
	11	银付 5	提取现金		40 000		
	16	银收 3	预收实德集团货款	70 000			
	26	银收 4	产品销售款	678 800			
	27	银付 6	支付业务招待费		900		
	28	银付 7	支付产品销售费用		5 400		
	28	银收 6	对违纪职工罚款	1 390			
	30	银付 8	支付材料款及增值税		13 400		
	30	银付 9	支付捐赠文教费		1 000		
	31	银付 10	支付固定资产维修费		800		
	31	银付 11	支付短期借款利息		1 000		
3	31		本月合计	2 340 190	141 600	借	2 198 590

表 10-52 总分类账示例（三）

总分类账

会计科目：应收账款

2016年		凭证号数	摘要	借方	贷方	借或贷	余额
月	日						
3	1						0
	20	转 4	产品已售，款项未收	93 600			
3	31		本月合计	93 600	0	借	93 600

表 10-53 总分类账示例（四）

总分类账

会计科目：预付账款

2016年		凭证号数	摘要	借方	贷方	借或贷	余额
月	日						
3	1						0
	10	银付 3	预付材料款	10 000			
	30	转 6	冲销原预付款		10 000		
3	31		本月合计	10 000	10 000	平	0

表 10-54　总分类账示例（五）
总分类账

会计科目：在途物资

2016 年		凭证号数	摘要	借方	贷方	借或贷	余额
月	日						
3	1						0
	6	转 1	材料款	510 000			
	7	银付 2	运输费	7 800			
	8	现付 1	搬运费	500			
	9	转 2	结转成本		518 300		
3	31		本月合计	518 300	518 300	平	0

表 10-55　总分类账示例（六）
总分类账

会计科目：原材料

2016 年		凭证号数	摘要	借方	贷方	借或贷	余额
月	日						
3	1						0
	9	转 2	材料验收入库	518 300			
	10	转 3	领用材料		750 000		
	30	银付 9	支付华光材料款	10 000			
	30	转 6	冲销原预付货款	10 000			
	30	现付 3	支付材料费用	200			
3	31		本月合计	538 500	750 000	贷	211 500

表 10-56　总分类账示例（七）
总分类账

会计科目：制造费用

2016 年		凭证号数	摘要	借方	贷方	借或贷	余额
月	日						
3	1						0
	10	转 3	材料耗费	20 000			
	10	银付 4	办公费、水电费	2 800			
	31	转 8	工资	5 000			
	31	转 9	福利费	700			
	31	转 10	折旧费	8 400			
	31	银付 10	固定资产维修费	2 800			
	31	转 11	成本结转		38 000		
3	31		本月合计	39 700	38 000	借	1 700

表 10-57 总分类账示例（八）

总分类账

会计科目：生产成本

2016 年		凭证号数	摘要	借方	贷方	借或贷	余额
月	日						
3	1						0
	10	转 3	材料	730 000			
	31	转 8	工资	30 000			
	31	转 9	福利费	4 200			
	31	转 11	制造费用	38 000			
	31	转 12	成本结转		498 000		
3	31		本月合计	802 200	498 000	借	304 200

表 10-58 总分类账示例（九）

总分类账

会计科目：库存商品

2016 年		凭证号数	摘要	借方	贷方	借或贷	余额
月	日						
3	1						0
	31	转 12	完工产品成本结转	498 000			
	31	转 13	结转已售产品成本		448 200		
3	31		本月合计	498 000	448 200	借	49 800

表 10-59 总分类账示例（十）

总分类账

会计科目：累计折旧

2016 年		凭证号数	摘要	借方	贷方	借或贷	余额
月	日						
3	1						0
	31	转 10	折旧分配		10 000		
3	31		本月合计	0	10 000	贷	10 000

表 10-60 总分类账示例（十一）

总分类账

会计科目：固定资产

2016 年		凭证号数	摘要	借方	贷方	借或贷	余额
月	日						
3	1						0
	3	银付 1	购买设备	50 000			
3	31		本月合计	50 000	0	借	50 000

表 10-61 总分类账示例（十二）

总分类账

会计科目：短期借款

2016 年		凭证号数	摘要	借方	贷方	借或贷	余额
月	日						
3	1						0
	3	银收 2	从银行取得短期借款		90 000		
3	31		本月合计	0	90 000	贷	90 000

表 10-62 总分类账示例（十三）

总分类账

会计科目：库存现金

2016 年		凭证号数	摘要	借方	贷方	借或贷	余额
月	日						
3	1						0
	6	转 1	购置甲材料，款未付		596 700		
3	31		本月合计	0	596 700	贷	596 700

表 10-63 总分类账示例（十四）

总分类账

会计科目：应付职工薪酬

2016 年		凭证号数	摘要	借方	贷方	借或贷	余额
月	日						
3	1						0
	11	现付 2	支付工资	40 000			
	31	转 8	工资分配		40 000		
	31	转 9	福利费分配		5 600		
3	31		本月合计	40 000	45 600	贷	5 600

表 10-64 总分类账示例（十五）

总分类账

会计科目：应交税费

2016 年		凭证号数	摘要	借方	贷方	借或贷	余额
月	日						
3	1	略					0
	3	银付 1	支付固定资产增值税进项	8 500			
	6	转 1	支付购买材料增值税进项	86 700			
	20	转 4	代收红光增值税销项税		13 600		
	26	银收 5	代收实德增值税销项税		108 800		
	30	银付 9	支付购买材料增值税进项	3 400			
	31	转 14	计提城市维护建设税		1 190		
	31	转 15	计提所得税		63 987.5		
3	31		本月合计	98 600	187 577.5	贷	88 977.5

表 10-65　总分类账示例（十六）

总分类账

会计科目：应付利息

2016年		凭证号数	摘要	借方	贷方	借或贷	余额
月	日						
3	1						0
	31	转7	计提贷款利息		450		
3	31		本月合计	0	450	贷	450

表 10-66　总分类账示例（十七）

总分类账

会计科目：应付利润

2016年		凭证号数	摘要	借方	贷方	借或贷	余额
月	日						
3	1						0
	31	转19	分配利润		30 000		
3	31		本月合计	0	30 000	贷	30 000

表 10-67　总分类账示例（十八）

总分类账

会计科目：预收账款

2016年		凭证号数	摘要	借方	贷方	借或贷	余额
月	日						
3	1						0
	16	转5	预收实德集团货款		70 000		
	26	银收3	冲销实德集团货款	70 000			
3	31		本月合计	70 000	70 000	平	0

表 10-68　总分类账示例（十九）

总分类账

会计科目：实收资本

2016年		凭证号数	摘要	借方	贷方	借或贷	余额
月	日						
3	1		期初				0
	1	银收1	收到某公司追加投资		1 500 000		
3	31		本月合计	0	1 500 000	贷	1 500 000

表 10-69 总分类账示例（二十）

总分类账

会计科目：盈余公积

2016 年		凭证号数	摘要	借方	贷方	借或贷	余额
月	日						
3	1						
	31	转 18	计提盈余公积		19 196.25		
3	31		本月合计	0	19 196.25	贷	19 196.25

表 10-70 总分类账示例（二十一）

总分类账

会计科目：利润分配

2016 年		凭证号数	摘要	借方	贷方	借或贷	余额
月	日						
3	1						
	31	转 18	提取盈余公积	19 196.25			
	31	转 19	分配利润	30 000			
	31	转 20	结转利润		191 962.5		
3	31		本月合计	49 196.25	191 962.5	贷	142 766.25

表 10-71 总分类账示例（二十二）

总分类账

会计科目：主营业务收入

2016 年		凭证号数	摘要	借方	贷方	借或贷	余额
月	日						
3	1						
	20	转 4	取得产品货款		80 000		
	26	银收 4	实收实德集团产品款		570 000		
	26	转 5	冲销预收实德集团款		70 000		
	31	转 16	结转收入	720 000			
3	31		本月合计	720 000	720 000	平	0

表 10-72 总分类账示例（二十三）

总分类账

会计科目：营业外收入

2016 年		凭证号数	摘要	借方	贷方	借或贷	余额
月	日						
3	1						
	28	银收 5	对违纪职工决定罚款		1 390		
	31	转 16	结转收入	1 390			
3	31		本月合计	1 390	1 390	平	0

表 10-73　总分类账示例（二十四）

总分类账

会计科目：主营业务成本

2016 年		凭证号数	摘要	借方	贷方	借或贷	余额
月	日						
3	1						
	31	转 13	结转已售产品成本	448 200			
	31	转 17	结转营业成本		448 200		
3	31		本月合计	448 200	448 200	平	0

表 10-74　总分类账示例（二十五）

总分类账

会计科目：税金及附加

2016 年		凭证号数	摘要	借方	贷方	借或贷	余额
月	日						
3	1						
	31	转 14	计提城市维护建设税	1 190			
	31	转 17	结转税金		1 190		
3	31		本月合计	1 190	1 190	平	0

表 10-75　总分类账示例（二十六）

总分类账

会计科目：销售费用

2016 年		凭证号数	摘要	借方	贷方	借或贷	余额
月	日						
3	1						
	28	银付 7	A 产品销售费用	5 400			
	31	转 17	结转销售费用		5 400		
3	31		本月合计	5 400	5 400	平	0

表 10-76　总分类账示例（二十七）

总分类账

会计科目：管理费用

2016 年		凭证号数	摘要	借方	贷方	借或贷	余额
月	日						
3	1						
	27	银付 6	招待费	900			
	31	转 8	管理人员的工资	5 000			
	31	转 9	管理人员的福利费	700			
	31	转 10	行政管理部门折旧费	1 600			
	31	转 17	结转本月费用		8 200		
3	31		本月合计	8 200	8 200	平	0

表 10-77　总分类账示例（二十八）

总分类账

会计科目：财务费用

2016 年		凭证号数	摘要	借方	贷方	借或贷	余额
月	日						
3	1	略					
	31		支付短期借款利息	1 000			
	31		计提月利息	450			
	31		结转利息费用		1 450		
3	31		本月合计	1 450	1 450	平	0

表 10-78　总分类账示例（二十九）

总分类账

会计科目：营业外支出

2016 年		凭证号数	摘要	借方	贷方	借或贷	余额
月	日						
3	1						
	30	转 7	支付某小学捐赠文教	1 000			
	31	转 17	结转营业外支出		1 000		
3	31		本月合计	1 000	1 000	平	0

表 10-79　总分类账示例（三十）

总分类账

会计科目：所得税费用

2016 年		凭证号数	摘要	借方	贷方	借或贷	余额
月	日						
3	1						
	30	转 15	计提所得税费用	63 987.5			
	31	转 17	结转所得税费用		63 987.5		
3	31		本月合计	63 987.5	63 987.5	平	0

表 10-80　总分类账示例（三十一）

总分类账

会计科目：本年利润

2016 年		凭证号数	摘要	借方	贷方	借或贷	余额
月	日						
3	1						
	31	转 16	结转收入		721 390		
	31	转 17	结转成本、税费、支出	529 427.5			
	31	转 20	结转利润	191 962.5			
3	31		本月合计	721 390	721 390	平	0

第五步：将总分类账与其所属明细分类账和日记账进行核对。（略）

第六步：根据总分类账和明细分类账的资料编制会计报表。（略）

二、科目汇总表核算组织程序的应用

第一步：按照经济业务（原始凭证及汇总原始凭证）登记记账凭证，同记账凭证核算组织程序。

第二步：根据上述收款凭证和付款凭证逐笔登记现金日记账和银行存款日记账，同记账凭证核算组织程序。

第三步：根据原始凭证和记账凭证登记各种明细分类账，同记账凭证核算组织程序。

第四步：根据各种记账凭证编制科目汇总表，如果业务较多可以按旬编制，本例简化为每半月编制一次（表10-81、表10-82）。

表 10-81　科目汇总表（三）

2016 年 3 月 1 日至 3 月 15 日　　　　　　　　　　第 1 号

会计科目	账页	本期发生额		记账凭证起讫号数
		借方	贷方	
库存现金	略	40 000	40 500	略
银行存款		1 590 000	119 100	
应收账款				
预付账款		10 000		
在途物资		518 300	518 300	
原材料		518 300	750 000	
制造费用		22 800		
生产成本		730 000		
库存商品				
累计折旧				
固定资产		50 000		
短期借款			90 000	
应付账款			596 700	
应付职工薪酬		40 000		
应付利息				
应交税费		95 200		
应付利润				
预收账款				
实收资本			1 500 000	
利润分配				
盈余公积				
主营业务收入				
营业外收入				

续表

会计科目	账页	本期发生额		记账凭证起讫号数
		借方	贷方	
主营业务成本				
税金及附加				
销售费用				
管理费用				
财务费用				
营业外支出				
所得税费用				
本年利润				
合计		3 614 600	3 614 600	

表 10-82　科目汇总表（四）

2016 年 3 月 16 日至 3 月 31 日　　　　　　　　　　　　　　第 2 号

会计科目	账页	本期发生额		记账凭证起讫号数
		借方	贷方	
库存现金	略		200	略
银行存款		750 190	22 500	
应收账款		93 600		
预付账款			10 000	
材料采购				
原材料		20 200		
制造费用		14 900	38 000	
生产成本		72 200	498 000	
库存商品		498 000	448 200	
累计折旧			10 000	
固定资产				
短期借款				
应付账款				
应付职工薪酬			45 600	
应付利息			450	
应交税费		3 400	187 577.5	
应付利润			30 000	
预收账款		70 000	70 000	
实收资本				
利润分配		19 196.25	191 962.5	
盈余公积			19 196.25	
主营业务收入		720 000	720 000	
营业外收入		1 390	1 390	
主营业务成本		448 200	448 200	

会计科目	账页	本期发生额		记账凭证起讫号数
		借方	贷方	
税金及附加		1 190	1 190	
销售费用		5 400	5 400	
管理费用		8 200	8 200	
财务费用		1 450	1 450	
营业外支出		1 000	1 000	
所得税费用		63 987.5	63 987.5	
本年利润		721 390	721 390	
合计		3 543 893.75	3 543 893.75	

第五步：根据科目汇总表登记总分类账（表10-83~表10-113）。

表10-83　总分类账示例（三十二）
总分类账

会计科目：库存现金

2016年		凭证号数	摘要	借方	贷方	借或贷	余额
月	日						
3	1						0
	15	科汇1	1~15日发生额	40 000	40 500		
	31	科汇2			200		
3	31		本月合计	40 000	40 700	贷	700

表10-84　总分类账示例（三十三）
总分类账

会计科目：银行存款

2016年		凭证号数	摘要	借方	贷方	借或贷	余额
月	日						
3	1		期初余额				0
	15	科汇1	1~15日发生额	1 590 000	119 100		
	31	科汇2	16~31日发生额	750 190	2 340 190		
3	31		本月合计	22 340 190	141 600	借	2 198 590

表10-85　总分类账示例（三十四）
总分类账

会计科目：应收账款

2016年		凭证号数	摘要	借方	贷方	借或贷	余额
月	日						
3	1		期初余额				0
	31	科汇2	16~31日发生额	93 600			
3	31		本月合计	93 600		借	93 600

表 10-86　总分类账示例（三十五）

总分类账

会计科目：预付账款

2016 年		凭证号数	摘要	借方	贷方	借或贷	余额
月	日						
3	1		期初余额				0
	15	科汇 1	1~15 日发生额	10 000			
	31	科汇 2	16~31 日发生额		10 000		
3	31		本月合计	10 000	10 000	平	0

表 10-87　总分类账示例（三十六）

总分类账

会计科目：在途物资

2016 年		凭证号数	摘要	借方	贷方	借或贷	余额
月	日						
3	1		期初余额				0
	15	科汇 1	1~15 日发生额	518 300			
	31	科汇 2	16~31 日发生额		518 300		
3	31		本月合计	518 300	518 300	平	0

表 10-88　总分类账示例（三十七）

总分类账

会计科目：原材料

2016 年		凭证号数	摘要	借方	贷方	借或贷	余额
月	日						
3	1		期初余额				0
	15	科汇 1	1~15 日发生额		750 000		
	31	科汇 2	16~31 日发生额	538 500			
3	31		本月合计	538 500	750 000	贷	211 500

表 10-89　总分类账示例（三十八）

总分类账

会计科目：制造费用

2016 年		凭证号数	摘要	借方	贷方	借或贷	余额
月	日						
3	1		期初余额				0
	15	科汇 1	1~15 日发生额	22 800			
	31	科汇 2	16~31 日发生额	14 900	38 000		
3	31		本月合计	37 700	38 000	贷	300

表 10-90　总分类账示例（三十九）

总分类账

会计科目：生产成本

2016 年		凭证号数	摘要	借方	贷方	借或贷	余额
月	日						
3	1		期初余额				0
	15	科汇 1	1~15 日发生额	730 000			
	31	科汇 2	16~31 日发生额	72 200	498 000		
3	31		本月合计	802 200	498 000	借	304 200

表 10-91　总分类账示例（四十）

总分类账

会计科目：库存商品

2016 年		凭证号数	摘要	借方	贷方	借或贷	余额
月	日						
3	1		期初余额				0
	31	科汇 2	16~31 日发生额	498 000	448 200		
3	31		本月合计	498 000	448 200	借	49 800

表 10-92　总分类账示例（四十一）

总分类账

会计科目：固定资产

2016 年		凭证号数	摘要	借方	贷方	借或贷	余额
月	日						
3	1		期初余额				0
	15	科汇 1	1~15 日发生额	50 000			
3	31		本月合计	50 000		借	50 000

表 10-93　总分类账示例（四十二）

总分类账

会计科目：累计折旧

2016 年		凭证号数	摘要	借方	贷方	借或贷	余额
月	日						
3	1		期初余额				0
	31	科汇 2	16~31 日发生额		10 000		
3	31		本月合计	0	10 000	贷	10 000

表 10-94　总分类账示例（四十三）

总分类账

会计科目：短期借款

2016 年		凭证号数	摘要	借方	贷方	借或贷	余额
月	日						
3	1		期初余额				0
	15	科汇 1	1~15 日发生额		90 000		
3	31		本月合计	0	90 000	贷	90 000

表 10-95　总分类账示例（四十四）

总分类账

会计科目：应付款项

2016 年		凭证号数	摘要	借方	贷方	借或贷	余额
月	日						
3	1		期初余额				0
	15	科汇 2	1~15 日发生额		596 700		
3	31		本月合计		596 700	贷	596 700

表 10-96　总分类账示例（四十五）

总分类账

会计科目：应付职工薪酬

2016 年		凭证号数	摘要	借方	贷方	借或贷	余额
月	日						
3	1		期初余额				0
	15	科汇 1	1~15 日发生额	40 000			
	31	科汇 2	16~31 日发生额		45 600		
3	31		本月合计	40 000	45 600	贷	5 600

表 10-97　总分类账示例（四十六）

总分类账

会计科目：应付利息

2016 年		凭证号数	摘要	借方	贷方	借或贷	余额
月	日						
3	1		期初余额				0
	31	科汇 2	16~31 日发生额		450		
3	31		本月合计	0	450	贷	450

表 10-98　总分类账示例（四十七）

总分类账

会计科目：应交税费

2016 年		凭证号数	摘要	借方	贷方	借或贷	余额
月	日						
3	1		期初余额				0
	15	科汇 1	1~15 日发生额	95 200			
	31	科汇 2	16~31 日发生额	3 400	187 577.5		
3	31		本月合计	98 600	187 577.5	贷	88 977.5

表 10-99　总分类账示例（四十八）

总分类账

会计科目：应付利润

2016 年		凭证号数	摘要	借方	贷方	借或贷	余额
月	日						
3	1		期初余额				0
	31	科汇 2	16~31 日发生额		30 000		
3	31		本月合计	0	30 000	贷	30 000

表 10-100　总分类账示例（四十九）

总分类账

会计科目：实收资本

2016 年		凭证号数	摘要	借方	贷方	借或贷	余额
月	日						
3	1		期初余额				0
	31	科汇 2	16~31 日发生额		1 500 000		
3	31		本月合计	0	1 500 000	贷	1 500 000

表 10-101　总分类账示例（五十）

总分类账

会计科目：预收款项

2016 年		凭证号数	摘要	借方	贷方	借或贷	余额
月	日						
3	1		期初余额				0
	31	科汇 2	16~31 日发生额	70 000	70 000		
3	31		本月合计	70 000	70 000	平	0

表 10-102   总分类账示例（五十一）

总分类账

会计科目：利润分配

2016 年		凭证号数	摘要	借方	贷方	借或贷	余额
月	日						
3	1		期初余额				0
	31	科汇 2	16~31 日发生额	49 196.25	191 962.5		
3	31		本月合计	49 196.25	191 962.5	贷	142 766.25

表 10-103   总分类账示例（五十二）

总分类账

会计科目：盈余公积

2016 年		凭证号数	摘要	借方	贷方	借或贷	余额
月	日						
3	1		期初余额				0
	31	科汇 2	16~31 日发生额		19 196.25		
3	31		本月合计	0	19 196.25	贷	19 196.25

表 10-104   总分类账示例（五十三）

总分类账

会计科目：主营业务收入

2016 年		凭证号数	摘要	借方	贷方	借或贷	余额
月	日						
3	1		期初余额				
	31	科汇 2	16~31 日发生额	720 000	720 000		
3	31		本月合计	720 000	720 000	平	0

表 10-105   总分类账示例（五十四）

总分类账

会计科目：营业外收入

2016 年		凭证号数	摘要	借方	贷方	借或贷	余额
月	日						
3	1		期初余额				
	31	科汇 2	16~31 日发生额	1 390	1 390		
3	31		本月合计	1 390	1 390	平	0

表 10-106　总分类账示例（五十五）

总分类账

会计科目：主营业务成本

2016 年		凭证号数	摘要	借方	贷方	借或贷	余额
月	日						
3	1		期初余额				
	31	科汇 2	16~31 日发生额	448 200	448 200		
3	31		本月合计	448 200	448 200	平	0

表 10-107　总分类账示例（五十六）

总分类账

会计科目：税金及附加

2016 年		凭证号数	摘要	借方	贷方	借或贷	余额
月	日						
3	1		期初余额				
	31	科汇 2	16~31 日发生额	1 190	1 190		
3	31		本月合计	1 190	1 190	平	0

表 10-108　总分类账示例（五十七）

总分类账

会计科目：销售费用

2016 年		凭证号数	摘要	借方	贷方	借或贷	余额
月	日						
3	1		期初余额				
	31	科汇 2	16~31 日发生额	5 400	5 400		
3	31		本月合计	5 400	5 400	平	0

表 10-109　总分类账示例（五十八）

总分类账

会计科目：管理费用

2016 年		凭证号数	摘要	借方	贷方	借或贷	余额
月	日						
3	1		期初余额				
	31	科汇 2	16~31 日发生额	8 200	8 200		
3	31		本月合计	8 200	8 200	平	0

表 10-110 总分类账示例（五十九）

总分类账

会计科目：财务费用

2016 年		凭证号数	摘要	借方	贷方	借或贷	余额
月	日						
3	1		期初余额				
	31	科汇 2	16~31 日发生额	1 450	1 450		
3	31		本月合计	1 450	1 450	平	0

表 10-111 总分类账示例（六十）

总分类账

会计科目：营业外支出

2016 年		凭证号数	摘要	借方	贷方	借或贷	余额
月	日						
3	1		期初余额				
	31	科汇 2	16~31 日发生额	1 000	1 000		
3	31		本月合计	1 000	1 000	平	0

表 10-112 总分类账示例（六十一）

总分类账

会计科目：所得税费用

2016 年		凭证号数	摘要	借方	贷方	借或贷	余额
月	日						
3	1		期初余额				
	31	科汇 2	16~31 日发生额	63 987.5	63 987.5		
3	31		本月合计	63 987.5	63 987.5	平	0

表 10-113 总分类账示例（六十二）

总分类账

会计科目：本年利润

2016 年		凭证号数	摘要	借方	贷方	借或贷	余额
月	日						
3	1		期初余额				
	31	科汇 2	16~31 日发生额	721 390	721 390		
3	31		本月合计	721 390	721 390	平	0

第六步：将总分类账与其所属明细分类账和日记账进行核对，同记账凭证账务处理程序。（略）

第七步：根据总分类账和明细分类账的资料编制会计报表，同记账凭证账务处理程序。（略）

三、汇总记账凭证核算组织程序的应用

第一步：按照经济业务（原始凭证及汇总原始凭证）登记记账凭证，同记账凭证核算组织程序。

第二步：根据上述收款凭证和付款凭证逐笔登记现金日记账和银行存款日记账，同记账凭证核算组织程序。

第三步：根据原始凭证和记账凭证登记各种明细分类账，同记账凭证核算组织程序。

第四步：根据各种记账凭证编制汇总记账凭证，如果业务较多可以按旬编制。为简化核算，本例只编制了汇总收款凭证和汇总付款凭证，省略汇总转账凭证（表10-114~表10-117）。

表 10-114　汇总收款凭证示例（二）

汇总收款凭证

借方科目：库存现金　　　　　　　　2016 年 3 月　　　　　　　　汇收第 1 号

贷方科目	金额				总账页数	
	1~10 日 收款凭证 第　号至第　号	11~20 日 收款凭证 第　号至第　号	21~30 日 收款凭证 第　号至第　号	合计	借方	贷方
银行存款		40 000		40 000		
合计		40 000		40 000		

表 10-115　汇总收款凭证示例（三）

汇总收款凭证

借方科目：银行存款　　　　　　　　2016 年 3 月　　　　　　　　汇收第 2 号

贷方科目	金额				总账页数	
	1~10 日 收款凭证 第　号至第　号	11~20 日 收款凭证 第　号至第　号	21~30 日 收款凭证 第　号至第　号	合计	借方	贷方
实收资本	1 500 000			1 500 000		
短期借款	90 000			90 000		
预收账款		70 000		70 000		
主营业务收入			570 000	570 000		
应交税费——应交 增值税（销项税额）			108 800	108 800		
营业外收入			1 390	1 390		
合计	1 590 000	70 000	680 190	2 340 190		

表 10-116　汇总付款凭证示例（二）

汇总付款凭证

贷方科目：库存现金　　　　　　　2016 年 3 月　　　　　　　汇付第 1 号

借方科目	金额				总账页数	
	1~10 日 付款凭证 第　号至第　号	11~20 日 付款凭证 第　号至第　号	21~30 日 付款凭证 第　号至第　号	合计	借方	贷方
在途物资	500			500		
应付职工薪酬		40 000		40 000		
原材料			200	200		
合计	500	40 000	200	40 700		

表 10-117　汇总付款凭证示例（三）

汇总付款凭证

贷方科目：银行存款　　　　　　　2016 年 3 月　　　　　　　汇付第 2 号

借方科目	金额				总账页数	
	1~10 日 付款凭证 第　号至第　号	11~20 日 付款凭证 第　号至第　号	21~30 日 付款凭证 第　号至第　号	合计	借方	贷方
固定资产	50 000			50 000		
应交税费——应交 增值税（进项税额）	8 500		3 400	11 900		
在途物资	7 800			7 800		
预付账款	10 000			10 000		
制造费用	2 800		800	3 600		
库存现金		40 000		40 000		
管理费用			900	900		
销售费用			5 400	5 400		
原材料			10 000	10 000		
营业外支出			1 000	1 000		
财务费用			1 000	1 000		
合计	79 100	40 000	22 500	141 600		

第五步：根据汇总记账凭证登记总分类账（表 10-118、表 10-119）。

表 10-118　总分类账示例（六十三）

总分类账

会计科目：库存现金

2016 年		凭证号数	摘要	借方	贷方	借或贷	余额
月	日						
3	1		期初余额				0
	31	汇收 1		40 000			
	31	汇付 1			40 700		
3	31		本月合计	40 000	40 700	贷	700

表 10-119　总分类账示例（六十四）

总分类账

会计科目：银行存款

2016 年		凭证号数	摘要	借方	贷方	借或贷	余额
月	日						
3	1		期初余额				0
	31	汇收 2		2 340 190			
	31	汇付 2			141 600		
3	31		本月合计	2 340 190	141 600	借	2 198 590

其他总分类账略。

第六步：将总分类账与其所属明细分类账和日记账进行核对，同记账凭证核算组织程序。（略）

第七步：根据总分类账和明细分类账的资料编制会计报表，同记账凭证核算组织序。（略）

本章习题

第十一章

会计工作的组织

学习目标：通过本章学习，了解会计工作组织的相关内容，包括会计机构和会计人员、会计法规制度及会计档案等方面，并了解计算机会计的初步知识。

■ 第一节 会计工作组织的意义和要求

一、会计工作组织的意义

会计工作是一项系统工作，有系统就必然存在着系统的组织问题。只有在这个系统中各部分都组织得合理有序、互相协调，才能使整个会计工作得以顺利进行。会计工作的组织就是根据会计工作的特点，设置会计机构，配备会计工作人员，制定会计法规制度，以保证合理、有效地进行会计工作。科学地组织会计工作对于实现会计的职能，全面完成会计任务，充分发挥会计在经济管理中的作用具有重要的意义，具体表现在以下几方面。

（一）科学地组织会计工作，有利于保证会计工作的质量，提高会计工作的效率

会计工作是一项严密细致的经济管理工作。会计反映的是再生产过程中各个阶段以货币表现的经济活动，具体又可表现为循环往复的资金运动。会计工作要把这些财务收支和经济活动从凭证到账簿再到报表，连续地进行收集、记录、分类、汇总和分析等。这不但涉及复杂的计算，且包括一系列的程序和手续，各个程序之间、各种手续之间密切联系，如果在任何一个环节出现问题，都会造成整个核算结果错误并影响会计信息的及时性。如果没有专职的办事机构、办事人员和一套系统科学的工作制度与程序，就不能组织好会计工作，更谈不上效率了。

（二）科学地组织会计工作，可以保证会计工作与其他经济管理工作协调一致

会计本身是一种经济管理活动，同时，它又是为经济管理提供信息的一个信息系统。会计工作不但与宏观经济（如国家财政、税收、金融等）密切相关，而且与各单位内部的计划、统计等工作密切相关。会计工作一方面能够促进其他经济管理工作，另一方面也需要其他管理工作的配合。而且会计工作与其他经济管理工作是相互制约、相互促进的，因此，科学地组织会计工作，协调会计工作内部及其他经济管理工作之间的关系，对提高会计信息质量，加强企业经济管理，做出正确决策，具有重要意义。

（三）科学地组织会计工作，可以加强各单位内部的经济责任制

经济责任制是各经营单位实行内部控制和管理的重要手段，会计是经济管理的重要组成部分，必须要在贯彻经济责任制方面发挥重要作用。实行内部经济控制离不开会计。例如，科学的经济预测，正确的经济决策以及业绩评价考核等都离不开会计工作的支持。科学地组织会计工作可以促进会计单位内部有效利用资金，提高管理水平，从而提高经济效益，为企业尽可能地创造利润。

（四）科学地组织会计工作，有利于国家的财经方针、政策的贯彻执行

会计工作是一项政策性很强的工作，发挥会计监督的作用，认真贯彻执行国家有关方针、政策和法令、制度，揭露和制止一切违法、违纪行为，也是会计工作的一项重要任务。因此，正确组织会计工作，对于贯彻执行国家的方针、政策和法令、制度，维护财经纪律，建立良好的社会经济秩序具有重要意义。

二、组织会计工作应遵循的要求

组织会计工作应遵循的要求是指组织会计工作必须遵循的管理工作的一般规律。它是做好会计工作，提高会计工作质量和效率必须遵守的原则。要组织好会计工作，应符合以下要求。

（一）组织会计工作既要符合国家对会计工作的统一要求，又要适应各单位生产经营的特点

在社会主义市场经济条件下，会计所提供的会计信息，既要满足有关各方了解会计主体财务状况、经营成果及财务变动情况的需要和加强内部经营管理的需要，同时，还应当符合国家宏观经济管理的要求。因此，会计工作要由国家按照统一领导、分级管理的原则建立会计工作的管理体制。组织会计工作，必须按照会计法对会计工作的统一要求，贯彻执行国家的有关规定。只有按照统一要求组织会计工作，才能发挥会计工作在维护社会主义市场经济秩序、加强经济管理、提高经济效益中的作用。

此外，由于每个会计主体的经济活动范围、业务内容不尽相同，会计信息的使用者对会计信息的要求也有差别，因此，各单位还必须结合其自身的特点，制定具体办法和补充规定，如在会计准则、行业会计制度的规定范围内，增设或合并一些会计科目，采用切合本单位实际的成本核算方法等。

（二）组织会计工作既要保证核算工作的质量，又要节约人力物力以提高工作效率

会计工作十分复杂，如果组织不好，就会重复劳动，造成资源浪费。因此，要求严密地组织会计工作，细致地规定和执行各项会计手续和工作程序。在保证会计工作质量的同时，对会计管理程序的规定，所有会计凭证、账簿、报告的设计，会计机构的设置以及会计人员的配置等，都应避免手续烦琐、机构重叠等不合理现象发生，力求精简并尽量节约会计工作的时间和费用。目前，会计核算已经逐步向电算化方向发展，组织会计工作还应考虑会计数据管理的电算化问题，从工艺上改进会计的操作技术，提高会计工作效率。

（三）组织会计工作既要保证贯彻整个单位的经济责任制，又要建立会计工作的责任制度

科学地组织会计工作，应在保证贯彻整个企业单位的经济责任制的同时，建立和完善会计工作本身的责任制度，合理分工，建立会计岗位，实现会计处理手续和会计工作程序的规范化，力求使每个岗位上会计人员都应认真履行本岗位职责，同时各岗位应相互协调和配合，共同做好本单位的会计工作。

第二节　会计机构和会计人员

一、会计机构的设置

会计机构是直接从事和组织领导会计工作的职能部门，建立和健全会计机构，是加强会计工作、保证会计工作顺利进行的重要条件。任何单位，无论是企业、事业单位，还是行政机关，都要设置从事会计工作的专职机构。在我国，由于会计工作和财务工作都是综合性经济管理工作，它们之间的关系非常密切，通常把两者合并在一起，设置一个财务会计机构。例如，企业设置的财务会计科（处）或财务科（处）等。所以，会计机构通常是指财务会计部门。

（一）国家管理部门所设置的会计机构

《中华人民共和国会计法》明确规定：国务院财政部门主管全国的会计工作。县级

以上地方各级人民政府财政部门管理本行政区域内的会计工作。为此，财政部设有会计事务管理专职机构。这个机构的主要职责是，在财政部领导下，拟定全国性的会计法令，研究、制定改进会计工作的措施与会计工作规划，颁发会计工作规章制度，批准注册会计师任职资格，管理报批外国会计公司在我国设立常驻代表机构，会同有关部门制定并实施会计干部专业技术职务制度，组织会计人员的业务培训，等等。各省（自治区、直辖市）的财政厅、局一般也设有相应会计事务管理办事机构，负责管理本地区的会计工作。它们的主要任务是：根据国家统一会计法规、制度的要求，制定本系统适用的会计法规、制度的实施细则；审核并批复所属单位上报的会计报表，同时汇总编辑本系统的汇总会计报表；检查和指导所属单位的会计工作，帮助其解决工作上的问题；总结并组织交流所属单位的会计工作的先进经验；核算本单位与财政机关以及上下级之间有关款项缴拨的会计事项，等等。由此可见，我国会计工作在管理体制上具有统一领导、分级管理的特点。

（二）企业、行政事业单位设置的会计机构

（1）基层企业单位的会计机构，一般称为会计（财务）处、科、股、组等。各单位的会计机构，在行政领导人的领导下开展会计工作，在设置总会计师的单位，其会计机构由总会计师直接领导，负责组织和监督本企业及下属各级财务会计工作，制定本单位的财务会计制度，处理本单位的财务收支，并对本单位的经济活动进行核算汇总，编报本单位的会计报表，同时接受上级财务主管部门的指导和监督。

（2）行政、事业单位在资金的取得与使用上与企业单位有着根本的区别。它们的经费来源主要由预算拨款所形成，所以，这些单位在设置会计机构时，只要能满足按照国家对行政事业单位的统一规定，对经费的收支及时进行核算和报告的要求即可，而不必像企业单位那样考虑很多因素。当然，行政、事业单位的会计机构设置，也必须要考虑内部控制等基本因素，以保证各单位预算资金的安全完整和合理使用。

近年来，随着我国市场经济体制改革的不断深入，过去那种全额预算单位越来越少，除国家行政机关外，绝大多数事业单位都进行了企业化管理，其会计核算工作的内容也将日益增多和复杂。

无论是何种基层单位，要想使所设置的会计机构有效地进行工作，应该在会计机构内部进行适当的分工，按照会计核算的流程设置责任岗位，并为每个岗位规定职责和要求。同时，为每个岗位配置相应的人员，使每一项会计工作都有专人负责。这样可以加强会计管理，提高工作效率，此外，在会计机构内部的岗位分工上，应符合内部控制制度的要求，并建立稽核制度，以利于防止或发现工作中的差错或失误。没有设置会计机构和配备会计人员的单位，应当根据《代理记账管理暂行办法》委托会计师事务所或者持有代理记账许可证书的其他代理记账机构进行代理记账。

（三）会计工作的组织形式

企业会计部门承担哪些工作，与会计工作的组织形式有关。一般的情况是，企业内

部各职能部门，如工业企业的车间、商业企业的柜组等，根据业务需要，可以设置专职或兼职的核算人员；二级单位规模较大，也可设置专门的财务会计机构。按此要求，会计工作的组织形式应视企业的具体情况不同而有集中核算和非集中核算两种。采用集中核算组织形式，企业经济业务的明细核算、总分类核算、会计报表编制和各有关项目的考核分析等会计工作，集中由厂级会计部门进行；其他职能部门、车间、仓库的会计组织或会计人员，只负责登记原始记录和填制原始凭证，经初步整理，为厂级会计部门进一步核算提供资料。采用非集中核算组织形式，就是把某些业务的凭证整理、明细核算、有关会计报表，特别是适应企业内部单位日常管理需要的内部报表的编制和分析，分散到直接从事该项业务的车间、部门进行，如材料的明细核算由供应部门及其所属的仓库进行；但总分类核算、全厂性会计报表的编制和分析仍由厂级会计部门集中进行，厂级会计部门还应对企业内部各单位的会计工作进行业务上的指导和监督。

在一个单位内部，实行集中核算或非集中核算，主要取决于经营管理的需要。在实际工作中，有的企业往往对某些会计业务采用集中核算，而对另一些业务又采用非集中核算。但无论采用哪种形式，企业对外的现金往来、物资购销、债权债务的结算都应由厂部财务会计科集中办理。集中核算与非集中核算，有时也适用于企业与下属单位之间的核算关系。例如，一个商业企业下设若干门市部，这些门市部如果是独立核算单位，那么，这个商业企业就实行非集中核算；如果不是独立核算单位（通常叫做报账单位），则实行集中核算。会计机构对单位内部各个非独立核算单位的核算工作，都应加强指导和监督。

为了开创会计工作的新局面，更好地发挥会计的职能，有的企业突破传统观念，把会计部门的工作分为两大系统；一个系统负责传统的记账、算账、报账工作，或称之为会计信息处理系统；另一个系统则从事经营分析、前景预测、目标规划、参与决策、控制监督、业绩考核和经济奖惩工作，或称之为参与管理与决策系统。这就是财务会计与管理会计相对独立、各司其职的会计工作组织方式。这种组织方式亦可将集中核算与非集中核算穿插结合。

二、会计人员的配置

会计人员是从事会计工作、处理会计业务、完成会计任务的人员。企业、事业、行政机关等单位，都应根据实际需要配备必要的、合格的会计人员，这是做好会计工作的决定性因素。

（一）会计人员的资格

为了加强对会计工作和会计人员的管理，促进各单位配备合格的会计人员，提高会计队伍素质和会计工作水平，充分发挥会计工作在社会主义市场经济建设中的作用，根据《中华人民共和国会计法》第五章第三十八条的规定，从事会计工作的人员，必须取得会计从业资格证书。取得会计证书需要参加财政部组织举办的全国统一考试。此外，会计证实行注册登记和年检考核制度，未经注册登记的会计证不予办理年检，不得参加会计专业技术资格考试。

（二）会计人员的职责

会计人员的职责主要是：

（1）规范地进行会计核算。会计人员要以实际发生的经济业务事项进行会计核算，及时地提供真实可靠的、能满足有关各方需要的会计信息，这是会计人员最基本的职责，也是做好会计工作最起码的要求。

（2）有效地实行会计监督。各单位的会计机构和会计人员要随时对本单位的会计资料、财产物资及核算中发生的不合法和不合理的财务收支进行制止和纠正，制止和纠正无效的，应向上级主管单位报告，请求处理。

（3）拟订本单位办理会计事务的具体办法。国家制定的统一的会计法规只对会计工作管理和会计事务处理办法做出一般规定。各单位要依据国家颁发的会计法规，结合本单位的特点和需要，建立、健全本单位内部使用的会计事项处理办法。例如，建立会计人员岗位责任制、内部牵制和稽核制度；制定分级核算、分级管理办法和费用开支报销手续办法，等等。

（4）参与拟订经济计划、业务计划，编制预算和财务计划并考核、分析其执行情况。

（5）办理其他会计事务。生产力水平越高，人们对经济管理的要求也就越高，作为经济管理的重要组成部分的会计工作也就越发展，会计事务也必然日趋丰富多样。例如，实行责任会计、经营决策会计、电算化会计等。

（6）妥善完整地保管好各种会计档案资料。

（三）会计人员的技术职务

为了合理使用会计人员，充分发挥会计人员的积极性和创造性，不断提高其业务水平，根据有关规定，企业、事业和行政机关等单位的会计人员，可以依据学历、从事财务会计工作的年限、业务水平和工作成绩，并通过专业技术职务资格考试后，确定其专业技术职务。目前我国会计专业技术职务分别定为会计员、助理会计师、会计师和高级会计师。会计员和助理会计师为初级职务，会计师为中级职务，高级会计师为高级职务。

会计专业技术职务的任职条件和基本职责是有差别的。确定会计人员的专业职务时，在学历和从事财务会计工作年限等方面都有相应的要求，但对确有真才实学、成绩突出、贡献显著、符合任职条件的，在确定其相应专业技术职务时，可以不受学历和工作年限的限制。除上述的会计人员应当具备必要的专业知识和专业技能外，国家法规还规定：会计人员应当按照国家有关规定参加会计业务的培训；各单位应当合理安排会计人员的工作，保证会计人员每年有一定时间用于学习和参加培训。

第三节　会计法规和制度

　　会计法规是国家管理会计工作的各种法律、法令、条例、准则、章程、制度等规范性文件的总称。它以一定的会计理论为基础，根据国家的财经方针、政策，将会计工作所应遵循的各项原则和方法，用法规的形式肯定下来，使其具有法律规范的一般约束力，以保证会计工作按照一定的目标进行。

　　制定和实行会计法规和制度，可以保证会计工作贯彻执行国家有关的财经政策，使其提供的会计资料和会计信息真实、可靠，圆满地完成会计的任务。

一、会计法规制度体系

　　当前，我国会计工作正处在重大改革阶段。为了规范我国的会计工作，2006 年 2 月 15 日财政部发布了《企业会计准则》，并颁布 38 项具体会计准则。这标志着我国的会计工作从此走上了规范化、法制化，并逐步与国际会计法律体系相协调的道路。随着基本会计准则和具体会计准则的制定和发布、施行，我国会计核算法规和制度体系将由三个层次构成。

（一）第一层次是基本法，即《中华人民共和国会计法》

　　《中华人民共和国会计法》是会计核算工作最高层次的规范，由全国人民代表大会常务委员会制定并以国家主席令的形式发布。我国在 1985 年颁布了第一部会计法，根据社会的发展和经济形势的变化，在 1993 年和 1999 年修订了两次。

（二）第二层次是会计准则

　　会计准则是根据会计法的要求制定，对所有设在我国境内的单位的会计核算工作均有约束力的规范，它由国家财政部制定，报国务院批准后颁发，具体又分基本准则和具体准则两个层次。基本准则是进行会计核算工作必须共同遵守的基本要求，体现了会计核算的基本规律。一般由会计核算的前提条件、一般原则、会计要素准则和会计报表准则组成，是对会计核算要求所作的原则性规定。它具有覆盖面广、概括性强等特点。具体准则是根据基本准则的要求，对经济业务的会计处理做出具体规定的准则。它由以下三类组成。

　　（1）各行业共同经济业务的准则，如应收账款、应付项目、投资、固定资产等。

　　（2）关于特殊经济业务的准则，包括各行业共有的特殊业务和特殊行业的特殊业务，前者有外币业务、租赁业务、清算业务等，后者有金融业务的存贷款业务等。

　　（3）有关会计报表的准则，如资产负债表、利润表、现金流量表、合并会计报表以及会计政策、会计估计变更和资产负债表日后事项调整等。

（三）第三层次是国家制定的各行业会计制度以及一些大中型企业自行制定的会计制度

这样的会计制度仅在行业内和具体使用单位内有约束力。例如，《小企业会计制度》等国家颁布的行业会计制度以及有关会计工作具体要求和方法的规章制度，如《会计人员职权条例》、《总会计师条例》、《会计基础工作规范》和《会计档案管理办法》等。

以上三个层次的关系是会计法统驭会计准则，会计准则统驭会计制度。

二、制定会计法规的意义

（一）会计法规是开展经济活动的规范

任何一个单位发生经济业务，都会引发资金的运动，包括资金的取得、资金的使用、资金的利用成果，而资金的运动正是财会工作的对象。正确取得资金来源，充分合理地利用资金，以求最佳利用效果，是财会工作的核心内容。没有规矩不成方圆。在开展经济活动过程中，正是有了财会法规对经济活动做出规范，才使经济活动得以健康、有序地开展，才能使国民经济迅速、健康有序地增长。

（二）会计法规是监督经济过程的标准

财会法规不仅从原则上对经济活动做出规范，而且对各项经济过程做出具体的规定，这些具体的规定是衡量经济过程是否合理合法的标准。凡是按章办事的经济活动就是合理合法的，凡是违反各种开支标准、费用限额及办理经济业务程序和方法的经济活动就是违法的，必将受到法律的制裁。财会工作对整个经济活动过程的监督与控制正是以财会法规所确定的客观标准作为依据来进行的。

（三）会计法规是会计依法行使权利的保障

财会法规规定了它的适用对象，包括法人和自然人，尤其强调了单位领导人对财会工作不仅要加强领导，坚决支持财会人员依法开展工作，还要保障财会人员的职权不受侵犯，对尽职尽责做出显著成绩的财会人员应予表彰，对弄虚作假、玩忽职守的财会人员进行批评教育，做出处理。财会人员在履行会计职权过程中受到干扰，甚至受到迫害，施压人员将会受到处理，从而为保证会计人员行使职权确立了强大的法律后盾。

（四）会计法规是制裁违法行为的依据

违法行为是指违反法律规定的行为。法律规定禁止做的，做了是违法；法律规定必须做的，不做也是违法。违法就应受到相应的制裁。财会工作的违法行为，是指违反《中华人民共和国会计法》的行为。《中华人民共和国会计法》规定追究法律责任所适用的法规包括行政法规和刑法。这就为对财会工作的违法行为进行法律制裁确立了依据。

三、会计法规的特征

制定会计法规的目的在于促进各单位依法做好财会工作，为加强经济管理、提高经济效益服务。我国制定的财会法规的特点主要表现在以下几方面。

（一）强制性

财会法规是经济法规的组成部分，是国家权力机关制定或认可的有关财会工作方面的法律依据和规范，要求一切财会活动必须依法办事，执法必严，违法者必将受到法律制裁或行政处罚，这是不以人们的意志为转移的。这种强制性在维护正常经济秩序，保证会计人员行使职权，履行会计义务方面起到了强大的保证作用，同时也为财会人员在加强自身建设，树立职业道德规范，开展财会工作方面确立了标准，起着约束作用。

（二）综合性

财会法规所包含的内容，涉及会计人员、会计工作、财务工作、会计机构等各个方面。各行各业、各个单位及各个部门都存在着经济活动或财务收支活动，都应该加以核算和监督，也就是说只要存在着财务、会计工作，那就一定要遵循这些法规。

（三）规范性

财会法规所规定的各项内容是与国家其他法律法规的规定相一致的，它规范了如何调整会计关系，以及处理财务关系、开展财务活动和办理会计事务的基本方法和程序，即财会法规明确规定了哪些经济行为是合乎法规的，哪些经济行为是违法的，会受到法律的制裁，要求会计人员及其他人员严格按照规定的要求和方法来处理财务事务，以保证财会工作统一有序地进行，在经济管理中发挥应有的作用。只有这样才能保证做好财会工作，加强经济管理，促进国民经济健康发展。

财会法规是经济法规的重要组成部分。财会法规与其他经济法规关系密切，相互依存，相互补充，统一协调，共同构成经济法体系。经济法规调整的对象是整个国民经济活动中的经济关系，而财会法规主要调整在这一经济活动中的财务会计关系。财会法规在调整经济活动中的财务会计关系时，势必要与其他经济法规发生联系，如金融法规、税收法规等。因此，在制定财会法规时，应与其他经济法规协调一致，要充分考虑到其他经济法规的有关规定，并以相关内容作为依据做出统一协调的规范。但财会法规在制定过程中并不是消极地适应经济法规的有关规定，而应考虑财会工作的独立性和特点，做出相应的规定。这就要求相关经济法规在涉及财会工作特殊性的方面同样要加以充分考虑。只有这样，才能保证财会法规与其他经济法规相互补充，协调一致，共同组成完整的经济法规体系。

第四节 会计档案

一、建立会计档案的意义

档案是人类由野蛮时代过渡到文明时代的产物，自古以来，人类就重视档案的保存和利用，设置馆库、选派专人进行管理。远在五千多年前，当人类发明了文字，并用以记言记事时，档案就出现了，并伴随社会的发展而发展。从古老的石刻、泥板、纸草、甲骨等档案，到纸质档案的产生，再到近现代照片、影片、录音、录像、机读等档案形式的出现，构成了丰富多彩的档案财富，记录着人类历史的每一步足迹。近代，特别是现代，社会各个领域对档案信息的需求也普遍增长，档案工作也由简单的、封闭的、经验性的管理方式，发展到复杂、开放和科学的管理系统，并成为一项专门的事业，为人类社会的进步服务。

（一）会计档案的特点

会计档案是指单位在进行会计核算等过程中接收或形成的，记录和反映单位经济业务事项的，具有保存价值的文字、图表等各种形式的会计资料，包括通过计算机等电子设备形成、传输和存储的电子会计档案。它是记录和反映经济业务、财务收支状况及其结果的重要史料和证据，是国家全部档案的重要组成部分。会计档案的特点主要表现在：

（1）会计档案专业性强。会计核算是会计特有的专门手段，从凭证、账簿到报表，有一整套科学的、完整的核算方法和核算程序，这种以数字为主要内容的与一般档案不同的特殊内容和专门手段，使会计档案具有较强的专业性。

（2）会计档案涉及面广、数量多。凡有经济、财务活动的地方，都有数量不等的会计档案。

（3）会计档案的共性突出。会计工作遍布社会的各个角落，但各个门类会计的基本核算方法是相同的，都会形成会计凭证、会计账簿、会计报表。

（4）会计档案相互制约、密切联系。会计核算中，首先有会计凭证，其次依据会计凭证登记会计账簿，最后根据账簿编制会计报表。环环相扣，相互牵制。

（5）会计档案保管形式特殊。会计凭证、账簿和报表都有特定的统一格式和项目，与一般文件不同，因此会计档案的装订、保管也有一定的特殊性。

（二）建立会计档案的意义

建立会计档案的重要性主要表现在以下方面：

（1）有利于加强对各单位经济活动的检查和监督，维护国家财经制度的严肃性。各单位所进行的经济活动是否符合国家的财经纪律、制度和法令，必然会通过其会计核算资料反映出来。建立会计档案，实行会计档案管理，有利于国家经济管理部门对各单位的经济活动进行事后监督和检查。如果其经济活动是违反财经制度，甚至是违反国家有关法令的，就可据此对该单位进行相应的经济处罚，直至对其有关人员追究法律责任。

（2）有利于加强会计部门工作人员的责任心。会计人员必须遵守并贯彻执行国家的方针、政策、制度和法律，维护国家利益，廉洁奉公，忠于职守。会计人员在实际工作中是否按照这一要求去做，一方面是通过日常财务的处理来检查，另一方面也可以通过会计档案反映的情况来检查。因为，通过对会计档案的审查和复核，可以考察其经济活动是否符合国家财经纪律、制度和法律的要求，如果符合要求，就可以说这个单位的会计人员是尽职尽责的，反之，则是与会计人员的职责相违背的。

（3）有利于进行历史的对比和分析。企业会计部门在会计核算和财务分析的过程中，需要对历史资料进行对比和分析，以反映企业财务活动的变化情况，揭示出企业经济活动的规律，从而更好地指导企业的生产经营活动，提高企业的经营管理水平。如果企业的会计档案工作做得好，就可及时地提供所需的历史资料。

（4）有利于完善会计的信息系统，为企业的经济决策服务。企业的经济决策不仅需要会计部门提供有关当前企业财务方面的信息和资料，还需要提供历史时期有关财务方面的信息和资料，这样，经济决策部门才能根据当前企业的实际状况和历史时期的变化规律，做出较为准确的经济决策。因此，从完善会计信息系统，为企业经济决策服务的角度看，建立会计档案，也是十分必要的。

（三）会计档案管理的要求

为了加强会计档案管理，有效保护和利用会计档案，根据《中华人民共和国会计法》《中华人民共和国档案法》等有关法律和行政法规，制定《会计档案管理办法》，自2016年1月1日起施行。各单位必须遵照《会计档案管理办法》的有关规定，建立和健全会计档案的立卷、归档、保管、调阅和销毁等管理制度，切实把会计档案管好。

各单位每年形成的会计档案，应当由会计机构按照归档要求，负责整理立卷，装订成册，编制会计档案保管清册。当年形成的会计档案，在会计年度终了后，可暂由会计机构保管一年，期满之后，应当由会计机构编制移交清册，移交本单位档案机构统一保管；未设立档案机构的，应当在会计机构内部指定专人保管。出纳人员不得兼管会计档案。移交本单位档案机构保管的会计档案，原则上应当保持原卷册的封装。个别需要拆封重新整理的，档案机构应当会同会计机构和经办人员共同拆封整理，以分清责任。

各单位应当建立健全会计档案查阅、复制登记制度。其保存的会计档案不得借出。如有特殊需要，经本单位负责人批准，可以提供查阅或者复制，并办理登记手续。查阅或者复制会计档案的人员，严禁在会计档案上涂画、拆封和抽换。

会计档案的保管期限分为永久、定期两类。定期保管期限分为10年、30年两类。会计档案的保管期限，从会计年度终了后的第一天算起。各类会计档案的保管期限原则上应当按照表11-1执行，会计档案保管期限为最低保管期限。

表 11-1　企业和其他组织会计档案保管期限表

序号	档案名称	保管期限	备注
一	会计凭证		
1	原始凭证	30 年	
2	记账凭证	30 年	
二	会计账簿		
3	总分类账	30 年	
4	明细分类账	30 年	
5	日记账	30 年	
6	固定资产卡片		固定资产报废清理后保管 5 年
7	其他辅助性账簿	30 年	
三	财务会计报告		
8	月度、季度、半年度财务会计报告	10 年	
9	年度财务会计报告	永久	
四	其他会计资料		
10	银行存款余额调节表	10 年	
11	银行对账单	10 年	
12	纳税申报表	10 年	
13	会计档案移交清册	30 年	
14	会计档案保管清册	永久	
15	会计档案销毁清册	永久	
16	会计档案鉴定意见书	永久	

保管期满的会计档案，可以按照规定程序予以销毁。

采用电子计算机进行会计核算的单位，应当保存打印出的纸质会计档案。具备采用磁带、磁盘、光盘、微缩胶片等磁性介质保存会计档案条件的，由国务院业务主管部门统一规定，并报财政部、国家档案局备案。

单位因撤销、解散、破产或者其他原因而终止的，在终止和办理注销登记手续之前形成的会计档案，应当由终止单位的业务主管部门或财产所有者代管或移交有关档案馆代管，法律、行政法规另有规定的，从其规定。

第五节　会计操作技术

一、会计核算与数据处理

会计要发挥核算与监督的职能，为会计信息使用者提供有用的信息，就必须运用特有的方法，对大量经济业务产生的数据进行加工处理。从某种角度可以说，会计核算工作的过程是对数据进行处理的过程。数据处理是把记录下来的事实加工整理成有用信息的过程。数据处理过程包括以下几个步骤。

（一）数据收集和校验

收集大量的数据，并采用适当的方式将其记录下来，这是数据处理的第一步，它关系着输出数据的真实性、完整性。数据收集一般包括数据判定和数据记载两项工作。数据判定是指在取得大量数据的基础上，选择那些有意义、能够正确描述事件的数据，把这些数据输入处理系统，同时排除那些不能真实描述事件的数据。会计核算过程中的确认实际上就是这里所说的数据判定。数据记载是把所需要的数据记载下来，可以记载数据的介质称为数据载体，会计上的数据载体就是会计凭证。将数据从原始凭证过入记账凭证，从会计核算的角度看，是分类的过程；从数据处理的角度看，则是通过加工进行了信息转换，由一般经济信息转换为会计信息，并且改变了数据记载的形式。

数据校验是指对记载过程的数据进行校对和验证，以保证将完整和正确的数据输入处理系统。在会计工作中，是通过对取得的原始凭证进行审核完成的，并根据审核后的原始凭证编制记账凭证，表明通过审核的经济业务能够进入会计核算系统。

（二）数据加工

数据加工是指通过算术运算或逻辑运算，把收集好的数据转换成信息的处理过程，包括分类、排序、核对、合并、计算、比较、选择等工作。通过再次确认，以选择满足会计信息使用者需要的数据。

（三）数据传输和存储

数据传输是指将数据从一个地方传送到另一个地方，或把最终结果传送给用户。财务报告是会计工作的最终结果，企业应定期编制财务报告，并报送给有关的会计信息使用者。

数据存储是指将原始数据、中间结果和程序存储起来，以备调用。会计账簿就是储有数据的媒体，由于数据的收集和传输存在着时间上的差异，相同数据在不同处理过程中需要重复使用，因此，有必要将数据存储起来以备将来使用。通过上述说明，可以看出会计核算与数据处理的关系极为密切，可以这样说，会计核算是一种特殊的数据处理程序，是运用会计特有的方法，对经济业务的数据进行加工、处理、存储、传输出财务报告的过程。

二、会计操作技术

会计操作技术，就是对会计数据在记录、计算、分类整理、储存和报告等操作过程中所采用的技术方法。在组织会计工作时，根据需要采用科学的操作技术并不断加以改进，必将使会计工作效率得到提高。

（一）会计操作技术的发展阶段

会计操作技术是随着社会经济的发展和科学技术的进步而不断发展变化的。概括说来，它经历了手工操作、机械化操作和电算化操作三个发展阶段。

1. 手工操作

手工操作技术主要通过手工劳动来处理会计数据。从远古时候的"结绳记事"算起，它经历了漫长的过程，逐步发展到以算盘作为运算工具，用笔墨在凭证、账簿上记录各项经济业务，并通过账簿的记录和报表的编制，储存和提供系统的数据资料。

2. 机械化操作

机械化操作技术主要以机器操作代替手工操作。由于机械化的、大规模的生产不断发展，科学管理日趋重要，因而，要求会计工作提供更多的数据资料。为了及时、正确地处理会计数据，在会计工作中，首先在记录和计算方面使用了打字机和计算机，使会计操作技术出现了半手工、半机械化操作。以后又出现了穿孔卡片计算机核算系统，即机械化核算系统。只要把原始数据制成穿孔卡片，经过分类、整理、计算、制表等机械化处理程序，即可打印成会计报表输送出来。机械化核算系统使会计数据处理又快又准，是会计操作技术的一大进步。

3. 电算化操作

电算化操作以电子计算机为手段进行会计数据处理。电子计算机是一种运用电子技术组合成一定的指令程序，按照人们的意图去分析和处理数据，并得到预期结果的计算工具。它一般由相互联系、相互配合的五部分组成，即输入、存贮、算术及逻辑运算、控制和输出。运用电子计算机对会计业务进行处理是现代化的会计操作技术，这是会计操作技术发展的必然趋势。

（二）电算化会计信息系统的内容

电算化会计信息系统，概括地说，就是一个人机结合的系统，它是利用信息技术、现代化的会计技术，以电子计算机为操作工具，对各种会计数据进行收集、加工处理、存贮分析和信息交换的人机系统。它随着计算机在会计中的应用而不断扩展，由单项应用到综合运用，最后发展到目前的整个信息系统的应用。就电算化会计信息系统本身而言，它可以是单项业务电算化的会计系统，也可以是多项业务电算化的会计信息系统。

电算化会计信息系统的建立具体包括以下方面内容：①开展会计电算化工作队伍的组织；②各项费用的预算；③计算机硬件及系统软件的配置；④会计应用软件的开发或购买；⑤系统的调试、试运行及验收等工作。

建立一套完整的电算化会计信息系统，就可以利用计算机完成会计核算的功能，不仅如此，还可以用它进行财务分析、计算、控制和辅助财务决策等。通过电算化会计信息系统，不仅可以节省人力和时间，使会计人员从日常烦琐的记账、算账、报账的会计业务操作中解脱出来，更重要的是可以提供高质量的会计信息，从而使企业更有效地改善经营管理，提高经济效益。

（三）电算化会计信息系统的特点

1. 会计信息处理电算化

在电算化会计信息系统下，会计数据处理的基本模式已不再是凭证→账簿→会计报表，而是凭证→输入媒体→业务文件→分录文件→会计报表。即首先要把各种经济业务的原始凭证录制到媒体上，一般可以通过键盘输入磁带或磁盘上，组成各种专门文件（业务文件），然后以这些文件作在磁带或磁盘上的分录文件，接着再以此作为输入，通过计算机的编表程序，打印出总分类账户本期发生额及余额表，并在磁带或磁盘上录制总分类账文件。月终结账时，只要利用总分类账文件作为输入，通过计算机的月度决策程序，便可以打印出月度报表以及其他管理上需要的信息。在这种操作技术状态下，计算机根据给定的程序指令对会计信息进行处理，其处理是否符合有关的财经纪律和会计法规，将决定于系统的应用程序的恰当性和有效性。

2. 会计信息存贮电磁化

在电算化会计系统中，由于计算机的处理，会计信息以各种数据文件的形式记录在磁盘或磁带等磁性介质中，这些磁性介质中的会计信息是以肉眼不可见的机器（是指计算机）可读的形式存在的。这些会计信息具有磁性介质所记录的电磁信号的特点，很容易被删去或被篡改而不留下痕迹，而且，磁性介质的损坏会导致所存贮的会计信息的丢失，因此，电算化会计系统中电磁化的会计信息的安全是相当重要的。

3. 会计信息表示代码化

在电算化会计系统中，为了使会计信息更便于计算机处理，为了提高系统处理的速度和节省存贮的空间，也为了节省系统操作人员输入操作的时间，尽可能减少汉字的输入，大量的会计信息要用代码表示。例如，常见的会计科目、部门、职工、产成品、材料、固定资产、主要的顾客或供应商等都常用适当设计的代码来表示，甚至记账方向和部分较规范的摘要也有用代码表示的。由于计算机是对代码表示的信息进行处理的，因此，代码设计的科学性和合理性及其输入的正确性是很重要的。

4. 会计信息处理与存贮的集中化

在电算化会计系统中，企业的各项会计业务的处理，均集中由计算机根据有关的程序指令自动进行处理。虽然在较完整的会计信息系统中，各项处理通常分别由各功能模块或子系统完成，但它们都集中由计算机统一进行处理。经计算机处理的各种会计信息，除复制的备份文件外，也常以各种数据文件的形式集中存贮于系统的硬盘中。由于会计信息的处理和存贮都高度集中于计算机系统，会计信息的安全可靠首先决定于计算机系统的安全可靠。

5. 部分内部控制程序化

在电算化会计系统中，由于会计信息由计算机集中处理，手工会计系统中原有的某些分离和控制已失去了意义，要代之以新的控制。电算化系统的内部控制包括了许多建立在系统应用程序中、由计算机执行的控制。这些程序化的内部控制包括对系统调用的限制，由计算机执行的各种检验、核对、判断和监控。这些程序化的控制对提高电算化会计系统的安全可靠性是有效的。当然，除了程序化的控制外，电算化会计系统的内部控制还包括一部分手工的控制。

（四）电算化会计信息系统的建立使会计工作产生的变化

计算机在会计中的应用，提高了会计数据的精确性和及时性，扩展了会计数据的领域，为充分发挥会计职能的作用创造了有利条件，特别是在数据处理和内部控制等方面，与手工会计信息系统相比发生了较大的变化，具体表现在以下几点。

1. 会计组织结构的变化

在手工会计信息系统情况下，会计组织内部通常划分成许多不同的职能部门，如工资核算组、货币结算组、材料核算组，成本核算组等，实行会计电算化后，原来的一些组织会消失，取而代之的是一些新的组织，如数据准备组、数据处理组、档案管理组、财务管理组等。在这些新的组织机构中，它们各有自己的任务，当然这些组织机构的建立，适合于会计核算工作基本上由计算机来完成的企业。而计算机处理业务不多的企业，会计部门组织机构一般不作大的调整，可根据具体情况，适当设置相应的职能部门。

2. 会计程序的变化

手工会计信息系统通过凭证、账簿和报表的形式，对会计信息进行处理，在电算化会计信息系统中，会计信息的整个处理过程分为输入、处理和输出三个环节，其控制的重点是输入这个环节，从输入会计凭证到输出会计报表，一气呵成，一切中间过程都在机内操作进行，是肉眼看不见的，而需要的任何中间资料，都可以通过查询取得。

3. 会计信息系统内部控制的变化

与手工会计信息系统相比较，电算化会计信息系统中的内部控制出现了很大变化，如在内部控制制度方面，原来的总分类账、明细分类账与日记账之间的牵制制度已不复存在，取而代之的是计算机操作应用程序修改等控制制度，最为显著的变化是由于计算机系统工作的集中性和连贯性，在手工会计信息系统中发挥重要作用的一些职责的分离已经消失。但这并不意味着职责分离这一内部控制的基本形式已经不再发挥作用，而是在会计电算化信息系统中控制的界限发生了变化。

 本章习题

第十二章

会计职业道德

学习目标：通过本章学习，了解会计职业道德的概念及规范的主要内容。

第一节　会计职业道德概述

一、会计职业道德概念

会计职业道德是指在会计职业活动中应当遵循的、体现会计职业特征的、调整会计职业关系的职业行为准则和规范。会计职业道德的含义包括以下几个方面。

（1）会计职业道德是调整会计职业活动中各种利益关系的手段。会计工作的性质决定了在会计职业活动中要处理单位与单位、单位与国家、单位与投资者、单位与债权人、单位与职工、单位内部各部门之间及单位与社会公众之间等各种经济关系，这些经济关系的实质是经济利益关系。在我国社会主义市场经济建设中，当各经济主体的利益与国家利益、社会公众利益发生冲突的时候，会计职业道德不允许通过损害国家和社会公众利益而获取违法利益，但允许个人和各经济主体获取合法的自身利益。会计职业道德可以配合国家法律制度，调整职业关系中的经济利益关系，维护正常的经济秩序。

（2）会计职业道德具有相对稳定性。会计是一种专业技术性很强的职业。在其对单位经济事项进行确认、计量、记录和报告中，会计标准的设计、会计政策的制定、会计方法的选择，都必须遵循其内在的客观经济规律和要求。由于人们面对的是共同的客观经济规律，因此，会计职业道德在社会经济关系不断的变迁中，始终保持自己的相对稳定性。在会计职业活动中诚实守信、客观公正等是对会计人员的普遍要求。没有任何一个社会制度能够容忍虚假会计信息，也没有任何一个经济主体会允许会计人员私自向外界提供或者泄露单位的商业秘密。

（3）会计职业道德具有广泛的社会性。会计职业道德的社会性是由会计职业活动所生成的产品决定的。特别是在所有权和经营权分离的情况下，会计不仅要为政府机构、企业管理层、金融机构等提供符合质量要求的会计信息，而且要为投资者、债权人及社会公众服务，因其服务对象涉及面很广，提供的会计信息是公共产品，所以会计职业道德的优劣将影响国家和社会公众利益。像银广夏、郑百文、蓝田股份等会计造假丑闻就是典型例子，会计造假致使广大股东遭受了巨大的损失，严重干扰了社会经济的正常秩序。可见，会计信息质量直接影响着社会经济的发展和社会经济秩序的健康运行，会计职业道德必然受社会关注，具有广泛的社会性。

会计作为社会经济活动中的一种特殊职业，会计职业道德除了具有职业道德的一般特征外，与其他职业道德相比还具有如下两个特征：第一，具有一定的强制性。在我国，会计职业道德和其他道德不一样，许多内容都直接纳入了会计法律制度，如《中华人民共和国会计法》《会计基础工作规范》等都规定了会计职业道德的内容和要求。第二，较多关注公众利益。会计职业的特殊性，要求会计人员客观公正，在会计职业活动中，发生道德冲突时要坚持准则，把社会公众利益放在第一位。

二、会计职业道德的作用

会计职业道德的作用，主要体现在以下几个方面：

（1）会计职业道德是规范会计行为的基础。动机是行为的先导，有什么样的动机就有什么样的行为。会计职业道德对会计的行为动机提出了相应的要求，如诚实守信、客观公正等，引导、规劝、约束会计人员树立正确的职业观念，建立良好的职业品行，从而达到规范会计行为的目的。

（2）会计职业道德是实现会计目标的重要保证。从会计职业关系角度讲，会计目标就是为会计职业关系中的各个服务对象提供真实、可靠的会计信息。由于会计职业活动既是技术性的处理过程，同时又涉及对多种经济利益关系的调整，会计目标能否顺利实现，既取决于会计从业者专业技能水平，也取决于会计从业者能否严格履行职业行为准则。如果会计从业者故意或非故意地提供了不真实、不可靠的会计信息，就会导致服务对象的决策失误，甚至导致社会经济秩序混乱。因此，依靠会计职业道德规范约束会计从业者的职业行为，是实现会计目标的重要保证。

（3）会计职业道德是对会计法律制度的重要补充。在现实生活中，人们的很多行为很难由法律做出规定。例如，会计法律只能对会计人员不得违法的行为做出规定，不宜对他们如何爱岗敬业、诚实守信、提高技能等提出具体要求，但是，如果会计人员缺乏爱岗敬业的热情和态度，缺乏诚实守信的做人准则，没有必要的职业技能，则很难保证会计信息达到真实、完整的法定要求。很显然，会计职业道德是其他会计法律制度所不能替代的。会计职业道德是对会计法律规范的重要补充。

第二节　会计职业道德规范的主要内容

会计职业道德规范是调节会计职业以及会计人员在会计职业生活中相互关系的行为

规范的总和。根据我国会计职业活动的实际情况，结合《公民道德建设实施纲要》和国际上对会计职业道德的一般要求，我国会计职业道德规范的主要内容包括：爱岗敬业，诚实守信，廉洁自律，客观公正，坚持准则，提高技能，参与管理和强化服务。

一、爱岗敬业

（一）爱岗敬业的含义

会计可分为许多工作岗位，如会计机构负责人或会计主管人员、出纳员、财产物资核算员、工资核算员、成本费用核算员、财务成果核算员、销售及往来核算员、总分类账及财务报告编制员、稽核及档案管理员、电算化人员和管理会计人员等。爱岗就是会计人员应该热爱自己的本职工作，安心于本职岗位，稳定、持久地在会计天地中耕耘，恪尽职守地做好本职工作。敬业就是会计人员应该充分认识本职工作在社会经济活动中的地位和作用，认识本职工作的社会意义和道德价值，具有会计职业的荣誉感和自豪感，在职业活动中具有高度的劳动热情和创造性，以强烈的事业心、责任感，从事会计工作。爱岗敬业是会计职业道德的基础，在会计工作中的具体表现是干一行爱一行，干一行专一行，争当会计工作的行家里手。

会计工作的重要性、全面性、时效性和复杂性，决定了任何一个人只要从事了会计这项工作，就应该爱岗敬业，以饱满的热情、扎实的作风、积极的态度，在各自的平凡岗位上做出不平凡的业绩。会计人员尽管具有一定的经济管理职能，但会计工作不是领导工作，也不是可以靠投机盈利的工作，因此，会计人员应能经受得住寂寞，不为权力和金钱而心动，甘愿在平凡的工作岗位上发挥自己的光和热。会计人员也需要有一种积极的心态，为了集体的利益和国家的整体利益，要坚持原则，不怕得罪人，这样才能更好地履行自己的职责，做出自己应有的贡献。

（二）爱岗敬业的基本要求

第一，热爱会计工作，敬重会计职业。只要人们是根据自己的爱好、兴趣和特长来选择职业的，通常都对所选职业充满情感，喜爱这一职业。热爱一项工作，首先就意味着对这项工作有一种职业的荣誉感，有自信心和自尊心；其次是对这项工作抱有浓厚的兴趣，把职业生活看做一种乐趣。于是平凡的甚至是琐碎的日常工作，就成为生活中不可缺少的内容，并且能在工作中时时感受到它的乐趣。即使对会计职业并不感兴趣，但一旦做了会计，就应该对其所从事的职业有一个正确的认识态度，去热爱会计工作，敬重会计职业。

在我国各行各业中无数职业道德标兵的先进事迹告诉我们，对自己的工作是否热爱，对自己的岗位是否敬重，是做好本职工作的前提。会计人员只要树立了干一行爱一行的思想，就会发现会计职业中的乐趣；只有树立干一行爱一行的思想，才会刻苦钻研会计业务技能，才会努力学习会计业务知识，才会发现在会计核算、企业理财领域有许多值得人们去研究探索的东西。有了对本职工作的热爱，就会激发出一种敬业精神，自觉自愿地执行职业道德的各种规范，不断改进自己的工作，在平凡的岗位上做出不平凡的业绩。

第二，严肃认真、一丝不苟。会计工作是一项严肃细致的工作，没有严肃认真的工作态度和一丝不苟的工作作风，就容易出现偏差。从业者对自己本职工作的热爱，必定会体现在对工作所必需的职业技能的态度上，体现在对自己工作成果的追求上，这就是对工作严肃认真、一丝不苟，对技术精益求精。对一些损失浪费、违法乱纪的行为和一切不合法不合理的业务开支，要严肃认真地对待，把好费用支出关。要将严肃认真、一丝不苟的职业作风贯穿于会计工作的始终，不仅要求数字计算准确，手续清楚完备，而且绝不能有"都是熟人不会错"的麻痹思想和"马马虎虎"的工作作风。

第三，忠于职守，尽职尽责。忠于职守，主要表现为忠实于服务主体、忠实于社会公众、忠实于国家。这不仅要求会计人员认真地执行岗位规范，而且要求会计人员在各种复杂的情况下，能够抵制各种诱惑，忠实地履行岗位职责。尽职尽责具体表现为会计人员对自己应承担的责任和义务所表现出的一种责任感和义务感，这种责任感和义务感包含两方面的内容：一是社会或他人对会计人员规定的责任；二是会计人员对社会或他人所负的道义责任。

在对单位（或雇主）的忠诚与国家及社会公众利益发生冲突时，会计人员应该忠实于国家、忠实于社会公众，承担起维护国家和社会公众的责任。单位会计人员应对外部有关服务主体提供真实可靠的会计信息；注册会计师不仅要对委托人负责，更应对广大的信息使用者负责，对被审计单位的财务状况和经营成果做出客观、公允的审计报告。

二、诚实守信

（一）诚实守信的含义

诚实是指言行跟内心思想一致，不弄虚作假、不欺上瞒下，做老实人，说老实话，办老实事。守信就是遵守自己所做出的承诺，讲信用，重信用，信守诺言，保守秘密。诚实守信是做人的基本准则，是人们在古往今来的交往中产生出的最根本的道德规范，也是会计职业道德的精髓。

诚实与守信具有内在的因果联系，一般来说，诚实即为守信，守信就是诚实。有诚无信，道德品质得不到推广和延伸；有信无诚，信就失去了根基，德就失去了依托。诚实必须守信。

人无信不立，国无信不强。"诚信、专业、境界、创新"是中国会计精神和文化的浓缩。诚信，是会计人立身之本和会计行业的核心价值和灵魂。中国现代会计学之父潘序伦先生认为，"诚信"是会计职业道德的重要内容。他终身倡导："信以立志，信以守身，信以处世，信以待人，毋忘'立信'，当必有成。"在现代市场经济社会，诚信尤为重要。市场经济是"信用经济""契约经济"，注重的就是诚实守信。可以说，信用是维护市场经济步入良性发展轨道的前提和基础，是市场经济社会赖以生存的基石。江泽民同志指出："没有信用，就没有秩序，市场经济就不可能健康发展。"朱镕基同志在2001年视察北京国家会计学院时，为北京国家会计学院题词："诚信为本，操守为重，坚持准则，不做假账。"这是对广大会计人员和注册会计师最基本的要求。

（二）诚实守信的基本要求

第一，做老实人，说老实话，办老实事，不搞虚假。做老实人，要求会计人员言行一致，表里如一，光明正大。说老实话，要求会计人员说话诚实：是一说一，是二说二，不夸大，不缩小，不隐瞒，如实反映和披露单位经济业务事项。办老实事，要求会计人员工作踏踏实实，不弄虚作假，不欺上瞒下。总之，会计人员应言行一致，实事求是，如实反映单位经济业务活动情况，不为个人和小集团利益，伪造账目，弄虚作假，损害国家和社会公众利益。

近年来，在财政部进行的会计信息质量抽查中，单位管理层和会计人员出具假凭证、假账簿、假报表现象比较普遍，已经成为影响我国社会主义市场经济正常运行的突出问题。并且一些注册会计师也扮演了不光彩的角色，严重影响了会计职业的社会信誉。诚实守信，要求注册会计师在执业过程中始终保持应有的谨慎态度，对客户和社会公众尽职尽责，维护职业荣誉和公信力。会计人员要树立良好的职业形象，就必须恪守诚实守信的基本道德准则。

第二，保密守信，不为利益所诱惑。所谓保守秘密就是指会计人员在履行自己的职责时，应树立保密观念，做到保守商业秘密，对机密资料不外传、不外泄，守口如瓶。在市场经济中，秘密可以带来经济利益，严守单位的商业秘密是极其重要的，它往往关系到单位的生死存亡。而会计人员因职业特点经常接触到单位和客户的一些秘密，如单位的财务状况、经营情况、成本资料及重要单据、经济合同等。因而，会计人员应依法保守单位秘密，这是会计人员应尽的义务，也是诚实守信的具体体现。

泄密，不仅是一种不道德的行为，也是违法行为，是会计职业的大忌。会计人员在没有得到法律规定或经单位规定程序批准外，不能以任何借口或方式把单位商业秘密泄露出去。我国有关法律制度对会计人员保守秘密做了相关的规定。例如，《中华人民共和国注册会计师法》第十九条规定："注册会计师对在执行业务中知悉的商业秘密，负有保密义务。"财政部印发的《会计基础工作规范》第二十三条规定："会计人员应当保守本单位的商业秘密。除法律规定和单位领导人同意外，不能私自向外界提供或者泄露单位的会计信息。"保守商业秘密，既是会计人员的职责，也是一种职业纪律要求。泄露单位的商业秘密是一种很不道德的行为，也是严重的违反法律的行为，会计人员应该树立泄露商业秘密是大忌的观点，对自己知道的内部信息或情况要做到守口如瓶，在任何时候、任何情况下都不能对外泄露。

三、廉洁自律

（一）廉洁自律的含义

廉洁自律是指会计人员公私分明、不贪不占，遵纪守法、清正廉洁，常修从业之德，常怀律己之心，常思贪欲之害，常弃非分之想。廉洁就是不贪污钱财，不收受贿赂，保持清白。自律是指自律主体按照一定的标准，自己约束自己、自己控制自己的言行和思想的过程。廉洁自律是会计职业道德的前提，也是会计职业道德的内在要求，这是会计工作的特点决定的。

廉洁固然人人应该具备，但对会计人员来说尤为重要。会计职业是一项与钱、财、物直接打交道的职业，时常经受着来自其他方面的利益诱惑，如果自身不能廉洁无私、一身正气，就有可能由贪小便宜、多拿多占发展到"见利忘义"、贪污盗窃国家资财，走向犯罪的深渊。所以，廉洁自律是会计人员的基本品质，会计人员只有做到洁身自爱、不贪不占，不为经济利益所动，才能处理好方方面面的利益关系，才能做到"常在河边走，就是不湿鞋"，正所谓"廉则明"。

自律的核心就是用道德观念自觉地抵制自己的不良欲望。一个能自律的人，能保持清醒的头脑，把持住自我不迷失方向；而不能自律的人则头脑昏昏，丧失警惕，终将成为权、财的奴隶。惩治腐败，打击会计职业活动中的各种违法活动和违反职业道德的行为，除了要靠法制手段，建立坚强和完善的法律外，会计人员严格自律，防微杜渐，构筑思想道德防线，也是防止腐败和非职业道德行为的有效手段。

会计人员的廉洁是会计职业道德自律的基础，而自律是廉洁的保证。自律性不强就很难做到廉洁，不廉洁就谈不上自律，"吃了人家的嘴软，拿了人家的手短"。会计人员必须既廉洁又自律，二者不可偏废。

（二）廉洁自律的基本要求

第一，树立正确的人生观和价值观。廉洁自律，首先要求会计人员必须加强世界观的改造，树立正确的人生观和价值观。人生观是人们对人生的目的和意义的总的观点和看法。价值观是指人们对于价值的根本观点和看法，它是世界观的一个重要组成部分，包括对价值的本质、功能、创造、认识、实现等有关价值的一系列问题的基本观点和看法。会计人员应以马克思主义、毛泽东思想、邓小平理论、"三个代表"重要思想为指导，树立科学的人生观和价值观，自觉抵制享乐主义、个人主义、拜金主义等错误的思想，这是在会计工作中做到廉洁自律的思想基础。

第二，公私分明，不贪不占。公私分明就是指严格划分公与私的界线，公是公，私是私。如果公私分明，就能够廉洁奉公，一尘不染，做到"常在河边走，就是不湿鞋"。如果公私不分，就会出现以权谋私的腐败现象，甚至出现违法违纪行为。

廉洁自律的天敌就是"贪""欲"。在会计工作中，由于大量的钱财要经过会计人员之手，因此，很容易诱发会计人员的"贪""欲"。一些会计人员贪图金钱和物质上的享受，利用职务之便，自觉或不自觉地行"贪"。有的被动受贿，有的主动索贿，有的贪污、挪用公款，有的监守自盗，有的集体贪污。究其根本原因是这些会计人员忽视了世界观的自我改造，放松了道德的自我修养，弱化了职业道德的自律。

四、客观公正

（一）客观公正的含义

客观是指会计人员在认定会计事项、提出处理依据和表述处理意见时，应当基于客观的立场，以事实为依据，以法律、法规和规章制度为准绳，不掺杂个人的主观意愿，也不为单位个别领导的意见所左右，在分析和处理这些利益问题时，不受自己与当事人亲疏关系的影响，不按个人的好恶或成见、偏见行事。客观主要包括两层含义：一是真实性，即以实际发生的经济活动为依据，对会计事项进行确认、计量、记录和报告；二是可靠性，即会计核算要准确，记录要可靠，凭证要合法。

公正是指会计人员应当具备正直、诚实的品质，公平正直、不偏不倚地对待有关利益各方，不以牺牲一方的利益为条件而使另一方受益。尤其是在社会主义市场经济条件下，公正在会计职业生活领域中的作用更大。随着市场经济的发展，等价交换的原则已成为人们经济行为的基本原则，制度的完善又使依法办事深入人心，人们的平等意识、正义原则增强了。公正作为重要的会计职业道德范畴，正确理解其内涵，意义甚为重大。

客观公正是会计职业道德所追求的理想目标。社会经济是复杂的，生活中的人的品性和欲望是多样的。会计人员不是"超人"，对经济业务事项的职业判断，可能会出现偏差，极有可能导致披露的会计信息失真。因此，客观公正是会计工作和会计人员追求的目标，通过不断提高专业技能，正确理解、把握并严格执行会计准则、制度，不断消除非客观、非公正因素的影响，做到最大限度的客观公正。

（二）客观公正的基本要求

第一，依法办事。依法办事，认真遵守法律法规，是会计工作保证客观公正的前提。当会计人员有了端正的态度和专业知识技能之后，必须依据《中华人民共和国会计法》《企业会计准则》《企业会计制度》等法律、法规和制度的规定进行会计业务处理，并对复杂疑难的经济业务，做出客观的会计职业判断。总之，只有熟练掌握并严格遵守会计法律法规，才能客观公正地处理会计业务。

第二，实事求是，不偏不倚。要做到客观公正，最根本的是要有实事求是的科学态度。没有实事求是的严谨态度，主观地片面地表面地看问题，就无法做到"情况明"，也就无法根据客观情况来公正地处理问题。即使主观上想客观公正，客观上也无从实现。社会经济是复杂多变的，会计法律制度不可能对所有的经济事项做出规范，那么会计人员对经济事项的职业判断，就可能会出现偏差。因此，客观公正是会计工作和会计人员追求的目标，通过不断提高专业技能，正确理解、把握并严格执行会计准则、制度，不断消除非客观、非公正因素的影响，做到最大限度的客观公正。

客观公正应贯穿于会计活动的整个过程：一是在处理会计业务的过程中或进行职业判断时，应保持客观公正的态度，实事求是、不偏不倚。二是指会计人员对经济业务的处理结果是公正的。例如，某人因公出差丢失了报销用的车票，在业务处理时，不能因为无报销凭证就不报销，也不能随意报销，而要求出差人员办理各种合法合理的证明手续后，才能报销，即最终结果是客观公正地进行会计处理。不报销或随意报销，都是不客观公正的。总之，会计核算过程的客观公正和最终结果的客观公正都是十分重要的，没有客观公正的会计核算过程作为保证，结果的客观公正性就难以保证；没有客观公正的结果，业务操作过程的客观公正就没有意义。

第三，保持独立性。客观公正是会计职业者的一种工作态度。它要求会计人员对会计业务的处理，对会计政策和会计方法的选择，以及对财务会计报告的编制、披露和评价，必须独立进行职业判断，做到客观、公平、理智、诚实。

保持独立性，对于注册会计师行业尤为重要。工作关系和经济利益等问题，决定了单位会计人员在形式上或实质上都难以保证绝对的独立性。所以这里所说的独立性主要是指注册会计师在执行审计业务的过程中，与相关利益当事人应保持独立。独立是客观、公正的基础，也是注册会计师行业存在的基础。根据《中国注册会计师职业道德规范指导意见》，注册会计师保持其独立性应当做到以下两点：

一是注册会计师应当回避可能影响独立性的审计事项，实现形式上的独立。注册会计师在履行其职责时，保持独立性固然十分重要，但财务报表的使用者对这种独立性的信任也很重要。如果审计人员在执业过程中实质上是独立的，但报表的使用者认为他们是客户的辩护人，则审计职业的大部分价值将随之丧失。

二是注册会计师应当恪守职业良心，保持实质上的独立。形式上独立是实质上独立的必要条件，形式上不独立，就不能保证实质上独立，而形式上独立也不一定能够保持实质上独立。注册会计师更重要的是保持实质上的独立。

五、坚持准则

（一）坚持准则的含义

坚持准则是指会计人员在处理业务过程中，要严格按照会计法律制度办事，不为主观或他人意志左右。这里所说的"准则"不仅是指会计准则，而且包括会计法律、法规、国家统一的会计制度以及与会计工作相关的法律制度。坚持准则是会计职业道德的核心。

会计人员在进行核算和监督的过程中，只有坚持准则，才能以准则作为自己的行动指南，在发生道德冲突时，应坚持准则，以维护国家利益、社会公众利益和正常的经济秩序。注册会计师在进行审计业务时，应严格按照独立审计准则的有关要求和国家统一会计制度的规定，出具客观公正的审计报告。

现实生活中经常会出现单位、社会公众和国家利益发生冲突的情况。面对不同的情况会计人员应如何处理，国际会计师联合会发布的《职业会计师道德守则》提出了如下建议：

第一，如遇到严重的职业道德问题时，职业会计师首先应遵循所在组织的已有政策加以解决；如果这些政策不能解决道德冲突，则可私下向独立的咨询师或会计职业团体寻求建议，以便采取可能的行动步骤。

第二，若自己无法独立解决，可与最直接的上级一起研究解决这种冲突的办法。

第三，若仍无法解决，则在通知直接上级的情况下，可请教更高一级的管理层。若有迹象表明，上级已卷入这种冲突，职业会计师必须和更高一级的管理当局商讨该问题。

第四，如果在经过内部所有各级审议之后道德冲突仍然存在，那么对于一些重大问题，如舞弊，职业会计师可能没有其他选择。作为最后手段，他只能诉诸辞职，并向该组织的适当代表提交一份信息备忘录。

国际会计师联合会发布的《职业会计师道德守则》中提出的道德冲突的解决途径值得借鉴。我国会计人员如果遇到道德冲突，首先要对发生的事件做出"是""非"判断，如涉及严重的道德冲突时，应维护国家和社会公众利益。

（二）坚持准则的基本要求

第一，熟悉准则。熟悉准则是指会计人员应了解和掌握《中华人民共和国会计法》和国家统一的会计制度及与会计相关的法律制度，这是遵循准则、坚持准则的前提。只有熟悉准则，才能按准则办事，才能遵纪守法，才能保证会计信息的真实性、完整性。

第二，遵循准则。遵循准则即执行准则。准则是会计人员开展会计工作的外在标准和参照物。会计人员在会计核算和监督时要自觉地严格遵守各项准则，将单位具体的经济业务事项与准则相对照，先做出是否合法合规的判断，对不合法的经济业务不予受理。在实际工作中，由于经济的发展和社会环境的变化，会计业务日趋复杂，因而准则规范的内容也会不断变化和完善。这就要求会计人员不仅要经常学习、掌握准则的最新变化，了解本部门、本单位的实际情况，准确地理解和执行准则，还要在面对经济活动中出现的新情况、新问题以及准则未涉及的经济业务或事项时，通过运用所掌握的会计专业理论和技能，做出客观的职业判断，予以妥善处理。

第三，坚持准则。市场经济是利益经济。在会计工作中，常常由于各种利益的交织，引起会计人员道德上的冲突。如果会计人员为了自己的个人利益不受影响，放弃原则，做"老好人"，就会使会计工作严重偏离准则，会计信息的真实性、完整性就无法保证，作为会计人员，也应当承担相应责任。如果会计人员坚持准则，往往会受到单位负责人和其他方面的阻挠、刁难甚至打击报复。

为了切实维护会计人员的合法权益，《中华人民共和国会计法》强化了单位负责人对单位会计工作的法律责任，赋予了会计人员相应的权利，优化了会计人员的执法环境。会计人员应认真执行国家统一的会计制度，依法履行会计监督职责，发生首先冲突时，应坚持准则，对法律负责，对国家和社会公众负责，敢于同违反会计法律法规和财务制度的现象作斗争，确保会计信息的真实性和完整性。

六、提高技能

（一）提高技能的含义

职业技能，也可称为职业能力，是人们进行职业活动、承担职业责任的能力和手段。

就会计职业而言，职业技能包括会计理论水平、会计实务操作能力、职业判断能力、自动更新知识能力、提供会计信息的能力、沟通交流能力以及职业经验等。提高技能就是指会计人员通过学习、培训和实践等途径，持续提高上述职业技能，以达到和维持足够的专业胜任能力的活动。

会计工作既需要理论的指导，又是一种实践性很强的工作。遵守会计职业道德客观上需要不断提高会计职业技能。要做到熟练地掌握职业技能，一方面应该认真学习专业技术理论知识，做到"应知"，同时，必须加强专业技能的训练，做到"应会"。如何把学到的专业技术理论转化为技能技巧，关键在于理论联系实际，积极参加社会实践活动。在实践中，会学到许多在书本上学不到的东西。通过实践，不仅可以了解新情况，增加新知识，而且可以培养一个人的综合素质和业务能力，这是会计人员尽快胜任本职工作的重要途径。对一个刚走上会计工作岗位的人来说，更要加强学习。尤其在熟悉会计事项、政策法规、单位业务特点、管理程序和方法、各种原始凭证的识别、单位会计制度及财务管理制度等方面，要付出很大的努力，以尽快适应工作的需要。特别是中国经济逐渐融入全球经济体系，要求会计准则、会计制度与国际会计惯例充分协调，需要会计人员不断地学习新的会计理论和新的准则制度，熟悉和掌握新的法律法规。会计人员只有不断地学习，才能保持持续的专业胜任能力、职业判断能力和交流沟通能力，不断地提高会计专业技能，以适应中国深化会计改革和会计国际化的要求。

（二）提高技能的基本要求

第一，具有不断提高会计专业技能的意识和愿望。随着市场经济的发展、全球经济一体化以及科学技术日新月异，会计在经济发展中的作用越来越明显，对会计的要求也越来越高，会计人才的竞争也越来越激烈。会计人员要想生存和发展，就必须具有不断提高会计专业技能的意识和愿望，才能不断进取，才会主动地求知、求学，刻苦钻研，使自身的专业技能不断提高，使自己的知识不断更新，从而掌握过硬的本领，在会计人才的竞争中立于不败之地。

第二，具有勤学苦练的精神和科学的学习方法。专业技能的提高和学习不可能是一劳永逸之事，必须持之以恒，不间断地学习、充实和提高，"活到老学到老"。只有锲而不舍地"勤学"，同时掌握科学的学习方法，在学中思，在思中学，在实践中不断锤炼，才能不断地提高自己的业务水平，才能推动会计工作和会计职业的发展，以适应不断变化的新形势和新情况的需要。

谦虚好学、刻苦钻研、锲而不舍，是练就高超的专业技术和过硬本领的唯一途径，也是衡量会计人员职业道德水准高低的重要标志之一。

七、参与管理

（一）参与管理的含义

参与管理简单地讲就是参加管理活动，为管理者当参谋，为管理活动服务。会计管理是企业管理的重要组成部分，在企业管理中具有十分重要的作用。但会计工作的性质决定了会计在企业管理活动中，更多的是从事间接管理活动。参与管理就是要求会计人员积极主动地向单位领导反映本单位的财务、经营状况及存在的问题，主动提出合理化建议，积极地参与市场调研和预测，参与决策方案的制订和选择，参与决策的执行、检查和监督，为领导的经营管理和决策活动，当好助手和参谋。如果没有会计人员的积极参与，企业的经营管理就会出现问题，决策就可能出现失误。会计人员特别是会计部门的负责人，必须强化自己参与管理、当好参谋的角色意识和责任意识。

（二）参与管理的基本要求

第一，努力钻研业务，熟悉财经法规和相关制度，提高业务技能，为参与管理打下坚实的基础。娴熟的业务，精湛的技能，是会计人员参与管理的前提。会计人员只有努力钻研业务，不断提高业务技能，深刻领会财经法规和相关制度，才能有效地参与管理，为改善经营管理、提高经济效益服务。钻研业务、提高技能，首先，要求会计人员要有扎实的基本功，掌握会计的基本理论、基本方法和基本技能，做好会计核算的各项基础性工作，确保会计信息真实、完整。其次，要充分利用掌握的大量会计信息，运用各种管理分析方法，对单位的经营管理活动进行分析、预测，找出经营管理中的问题和薄弱环节，提出改进意见和措施，把管理结合在日常工作之中。从而使会计的事后反映变为事前的预测和事中的控制，真正起到当家理财的作用，成为决策层的参谋助手。

第二，熟悉服务对象的经营活动和业务流程，使管理活动更具针对性和有效性。会计人员应当了解本单位的整体情况，特别是要熟悉本单位的生产经营、业务流程和管理情况，掌握单位的生产经营能力、技术设备条件、产品市场及资源状况等情况。只有如此，才能充分利用会计工作的优势，更好地满足经营管理的需要，才能在参与管理的活动中有针对性地拟订可行性方案，从而提高经营决策的合理性和科学性，更有效地服务于单位的总体发展目标。

八、强化服务

（一）强化服务的含义

强化服务就是要求会计人员具有文明的服务态度、强烈的服务意识和优良的服务质量。服务态度是服务者的行为表现，"文明服务，以礼待人"，不仅仅是对服务行业提出的道德要求，更是对所有职业活动提出的道德要求。在我们的社会生活中，各岗位上的就业者都处于服务他人和接受他人服务的地位。在服务他人的过程中，人们承担对他人的责任和义务的同时，也接受着他人的服务。

会计工作虽不能说是"窗口"行业，但其工作涉及面广，又往往需要服务对象和其他部门的协作及配合，而且会计工作的政策性又很强，在工作交往和处理业务过程中，容易同其他部门及服务对象发生利益冲突或意见分歧。这样，会计人员待人处世的态度直接关系到工作能否顺利开展和工作的成效。这就要求会计人员不仅要有热情、耐心、诚恳的工作态度，待人平等礼貌，而且遇到问题要以商量的口吻，充分尊重服务对象和其他部门的意见。做到大事讲原则，小事讲风格，沟通讲策略，用语讲准确，建议看场合。

强化服务的结果，就是奉献社会。任何职业的利益、职业劳动者个人的利益都必须服从社会的利益、国家的利益。如果说爱岗敬业是职业道德的出发点，那么，强化服务、奉献社会就是职业道德的归宿点。

（二）强化服务的基本要求

第一，强化服务意识。会计人员要树立强烈的服务意识，为管理者服务、为所有者服务、为社会公众服务、为人民服务。不论服务对象的地位高低，都要摆正自己的工作位置，管钱管账是自己的工作职责，参与管理是自己的义务。只有树立了强烈的服务意识，才能做好会计工作，履行会计职能，为单位和社会经济的发展做出应有的贡献。

第二，提高服务质量。强化服务的关键是提高服务质量。单位会计人员的服务质量表现在，是否真实地记录单位的经济活动，向有关方面提供可靠的会计信息，是否积极主动地向单位领导反映经营活动情况和存在的问题，提出合理化建议，协助领导决策，参与经营管理活动。注册会计师的服务质量表现在，是否以客观、公正的态度正确评价委托单位的财务状况、经营成果，出具恰当的审计报告，为社会公众及信息使用者服好务。

需要注意的是，在会计工作中提供上乘的服务质量，并非是无原则地满足服务主体的需要，而是在坚持原则、坚持准则的基础上尽量满足用户或服务主体的需要。

上述会计职业道德规范内容，从不同的侧面界定了会计职业行为应遵循的基本准则。这些准则仍然是粗线条的，而且实际做起来有些准则之间还难以顾全。重要的是靠会计人员的自律意识及良好的职业品德。任何事情只要放到道德的"天平"上，都会找出其细微的差别，都会找到一个正确的处理办法。

 本章习题

附 录

中华人民共和国会计法

第一章 总 则

第一条 为了规范会计行为，保证会计资料真实、完整，加强经济管理和财务管理，提高经济效益，维护社会主义市场经济秩序，制定本法。

第二条 国家机关、社会团体、公司、企业、事业单位和其他组织（以下统称单位）必须依照本法办理会计事务。

第三条 各单位必须依法设置会计账簿，并保证其真实、完整。

第四条 单位负责人对本单位的会计工作和会计资料的真实性、完整性负责。

第五条 会计机构、会计人员依照本法规定进行会计核算，实行会计监督。

任何单位或者个人不得以任何方式授意、指使、强令会计机构、会计人员伪造、变造会计凭证、会计账簿和其他会计资料，提供虚假财务会计报告。

任何单位或者个人不得对依法履行职责、抵制违反本法规定行为的会计人员实行打击报复。

第六条 对认真执行本法，忠于职守，坚持原则，做出显著成绩的会计人员，给予精神的或者物质的奖励。

第七条 国务院财政部门主管全国的会计工作。

县级以上地方各级人民政府财政部门管理本行政区域内的会计工作。

第八条 国家实行统一的会计制度。国家统一的会计制度由国务院财政部门根据本法制定并公布。

国务院有关部门可以依照本法和国家统一的会计制度制定对会计核算和会计监督有特殊要求的行业实施国家统一的会计制度的具体办法或者补充规定，报国务院财政部门审核批准。

中国人民解放军总后勤部可以依照本法和国家统一的会计制度制定军队实施国家统一的会计制度的具体办法，报国务院财政部门备案。

第二章 会 计 核 算

第九条 各单位必须根据实际发生的经济业务事项进行会计核算，填制会计凭证，登记会计账簿，编制财务会计报告。

任何单位不得以虚假的经济业务事项或者资料进行会计核算。

第十条　下列经济业务事项，应当办理会计手续，进行会计核算：

（一）款项和有价证券的收付；

（二）财物的收发、增减和使用；

（三）债权债务的发生和结算；

（四）资本、基金的增减；

（五）收入、支出、费用、成本的计算；

（六）财务成果的计算和处理；

（七）需要办理会计手续、进行会计核算的其他事项。

第十一条　会计年度自公历1月1日起至12月31日止。

第十二条　会计核算以人民币为记账本位币。

业务收支以人民币以外的货币为主的单位，可以选定其中一种货币作为记账本位币，但是编报的财务会计报告应当折算为人民币。

第十三条　会计凭证、会计账簿、财务会计报告和其他会计资料，必须符合国家统一的会计制度的规定。

使用电子计算机进行会计核算的，其软件及其生成的会计凭证、会计账簿、财务会计报告和其他会计资料，也必须符合国家统一的会计制度的规定。

任何单位和个人不得伪造、变造会计凭证、会计账簿及其他会计资料，不得提供虚假的财务会计报告。

第十四条　会计凭证包括原始凭证和记账凭证。

办理本法第十条所列的经济业务事项，必须填制或者取得原始凭证并及时送交会计机构。

会计机构、会计人员必须按照国家统一的会计制度的规定对原始凭证进行审核，对不真实、不合法的原始凭证有权不予接受，并向单位负责人报告；对记载不准确、不完整的原始凭证予以退回，并要求按照国家统一的会计制度的规定更正、补充。

原始凭证记载的各项内容均不得涂改；原始凭证有错误的，应当由出具单位重开或者更正，更正处应当加盖出具单位印章。原始凭证金额有错误的，应当由出具单位重开，不得在原始凭证上更正。

记账凭证应当根据经过审核的原始凭证及有关资料编制。

第十五条　会计账簿登记，必须以经过审核的会计凭证为依据，并符合有关法律、行政法规和国家统一的会计制度的规定。会计账簿包括总账、明细账、日记账和其他辅助性账簿。

会计账簿应当按照连续编号的页码顺序登记。会计账簿记录发生错误或者隔页、缺号、跳行的，应当按照国家统一的会计制度规定的方法更正，并由会计人员和会计机构负责人（会计主管人员）在更正处盖章。

使用电子计算机进行会计核算的，其会计账簿的登记、更正，应当符合国家统一的会计制度的规定。

第十六条　各单位发生的各项经济业务事项应当在依法设置的会计账簿上统一登

记、核算，不得违反本法和国家统一的会计制度的规定私设会计账簿登记、核算。

第十七条　各单位应当定期将会计账簿记录与实物、款项及有关资料相互核对，保证会计账簿记录与实物及款项的实有数额相符、会计账簿记录与会计凭证的有关内容相符、会计账簿之间相对应的记录相符、会计账簿记录与会计报表的有关内容相符。

第十八条　各单位采用的会计处理方法，前后各期应当一致，不得随意变更；确有必要变更的，应当按照国家统一的会计制度的规定变更，并将变更的原因、情况及影响在财务会计报告中说明。

第十九条　单位提供的担保、未决诉讼等或有事项，应当按照国家统一的会计制度的规定，在财务会计报告中予以说明。

第二十条　财务会计报告应当根据经过审核的会计账簿记录和有关资料编制，并符合本法和国家统一的会计制度关于财务会计报告的编制要求、提供对象和提供期限的规定；其他法律、行政法规另有规定的，从其规定。

财务会计报告由会计报表、会计报表附注和财务情况说明书组成。向不同的会计资料使用者提供的财务会计报告，其编制依据应当一致。有关法律、行政法规规定会计报表、会计报表附注和财务情况说明书须经注册会计师审计的，注册会计师及其所在的会计师事务所出具的审计报告应当随同财务会计报告一并提供。

第二十一条　财务会计报告应当由单位负责人和主管会计工作的负责人、会计机构负责人（会计主管人员）签名并盖章；设置总会计师的单位，还须由总会计师签名并盖章。

单位负责人应当保证财务会计报告真实、完整。

第二十二条　会计记录的文字应当使用中文。在民族自治地方，会计记录可以同时使用当地通用的一种民族文字。在中华人民共和国境内的外商投资企业、外国企业和其他外国组织的会计记录可以同时使用一种外国文字。

第二十三条　各单位对会计凭证、会计账簿、财务会计报告和其他会计资料应当建立档案，妥善保管。会计档案的保管期限和销毁办法，由国务院财政部门会同有关部门制定。

第三章　公司、企业会计核算的特别规定

第二十四条　公司、企业进行会计核算，除应当遵守本法第二章的规定外，还应当遵守本章规定。

第二十五条　公司、企业必须根据实际发生的经济业务事项，按照国家统一的会计制度的规定确认、计量和记录资产、负债、所有者权益、收入、费用、成本和利润。

第二十六条　公司、企业进行会计核算不得有下列行为：

（一）随意改变资产、负债、所有者权益的确认标准或者计量方法，虚列、多列、不列或者少列资产、负债、所有者权益；

（二）虚列或者隐瞒收入，推迟或者提前确认收入；

（三）随意改变费用、成本的确认标准或者计量方法，虚列、多列、不列或者少列

费用、成本；

（四）随意调整利润的计算、分配方法，编造虚假利润或者隐瞒利润；

（五）违反国家统一的会计制度规定的其他行为。

第四章　会　计　监　督

第二十七条　各单位应当建立、健全本单位内部会计监督制度。单位内部会计监督制度应当符合下列要求：

（一）记账人员与经济业务事项和会计事项的审批人员、经办人员、财物保管人员的职责权限应当明确，并相互分离、相互制约；

（二）重大对外投资、资产处置、资金调度和其他重要经济业务事项的决策和执行的相互监督、相互制约程序应当明确；

（三）财产清查的范围、期限和组织程序应当明确；

（四）对会计资料定期进行内部审计的办法和程序应当明确。

第二十八条　单位负责人应当保证会计机构、会计人员依法履行职责，不得授意、指使、强令会计机构、会计人员违法办理会计事项。

会计机构、会计人员对违反本法和国家统一的会计制度规定的会计事项，有权拒绝办理或者按照职权予以纠正。

第二十九条　会计机构、会计人员发现会计账簿记录与实物、款项及有关资料不相符的，按照国家统一的会计制度的规定有权自行处理的，应当及时处理；无权处理的，应当立即向单位负责人报告，请求查明原因，作出处理。

第三十条　任何单位和个人对违反本法和国家统一的会计制度规定的行为，有权检举。收到检举的部门有权处理的，应当依法按照职责分工及时处理；无权处理的，应当及时移送有权处理的部门处理。收到检举的部门、负责处理的部门应当为检举人保密，不得将检举人姓名和检举材料转给被检举单位和被检举人个人。

第三十一条　有关法律、行政法规规定，须经注册会计师进行审计的单位，应当向受委托的会计师事务所如实提供会计凭证、会计账簿、财务会计报告和其他会计资料以及有关情况。

任何单位或者个人不得以任何方式要求或者示意注册会计师及其所在的会计师事务所出具不实或者不当的审计报告。

财政部门有权对会计师事务所出具审计报告的程序和内容进行监督。

第三十二条　财政部门对各单位的下列情况实施监督：

（一）是否依法设置会计账簿；

（二）会计凭证、会计账簿、财务会计报告和其他会计资料是否真实、完整；

（三）会计核算是否符合本法和国家统一的会计制度的规定；

（四）从事会计工作的人员是否具备从业资格。

在对前款第（二）项所列事项实施监督，发现重大违法嫌疑时，国务院财政部门及其派出机构可以向与被监督单位有经济业务往来的单位和被监督单位开立账户的金融机构查询有关情况，有关单位和金融机构应当给予支持。

第三十三条　财政、审计、税务、人民银行、证券监管、保险监管等部门应当依照有关法律、行政法规规定的职责，对有关单位的会计资料实施监督检查。

前款所列监督检查部门对有关单位的会计资料依法实施监督检查后，应当出具检查结论。有关监督检查部门已经作出的检查结论能够满足其他监督检查部门履行本部门职责需要的，其他监督检查部门应当加以利用，避免重复查账。

第三十四条　依法对有关单位的会计资料实施监督检查的部门及其工作人员对在监督检查中知悉的国家秘密和商业秘密负有保密义务。

第三十五条　各单位必须依照有关法律、行政法规的规定，接受有关监督检查部门依法实施的监督检查，如实提供会计凭证、会计账簿、财务会计报告和其他会计资料以及有关情况，不得拒绝、隐匿、谎报。

第五章　会计机构和会计人员

第三十六条　各单位应当根据会计业务的需要，设置会计机构，或者在有关机构中设置会计人员并指定会计主管人员；不具备设置条件的，应当委托经批准设立从事会计代理记账业务的中介机构代理记账。

国有的和国有资产占控股地位或者主导地位的大、中型企业必须设置总会计师。总会计师的任职资格、任免程序、职责权限由国务院规定。

第三十七条　会计机构内部应当建立稽核制度。

出纳人员不得兼任稽核、会计档案保管和收入、支出、费用、债权债务账目的登记工作。

第三十八条　从事会计工作的人员，必须取得会计从业资格证书。

担任单位会计机构负责人（会计主管人员）的，除取得会计从业资格证书外，还应当具备会计师以上专业技术职务资格或者从事会计工作三年以上经历。

会计人员从业资格管理办法由国务院财政部门规定。

第三十九条　会计人员应当遵守职业道德，提高业务素质。对会计人员的教育和培训工作应当加强。

第四十条　因有提供虚假财务会计报告，做假账，隐匿或者故意销毁会计凭证、会计账簿、财务会计报告，贪污，挪用公款，职务侵占等与会计职务有关的违法行为被依法追究刑事责任的人员，不得取得或者重新取得会计从业资格证书。

除前款规定的人员外，因违法违纪行为被吊销会计从业资格证书的人员，自被吊销会计从业资格证书之日起五年内，不得重新取得会计从业资格证书。

第四十一条　会计人员调动工作或者离职，必须与接管人员办清交接手续。

一般会计人员办理交接手续，由会计机构负责人（会计主管人员）监交；会计机构负责人（会计主管人员）办理交接手续，由单位负责人监交，必要时主管单位可以派人会同监交。

第六章　法　律　责　任

第四十二条　违反本法规定，有下列行为之一的，由县级以上人民政府财政部门责令限期改正，可以对单位并处三千元以上五万元以下的罚款；对其直接负责的主管人员和其他直接责任人员，可以处二千元以上二万元以下的罚款；属于国家工作人员的，还应当由其所在单位或者有关单位依法给予行政处分：

（一）不依法设置会计账簿的；

（二）私设会计账簿的；

（三）未按照规定填制、取得原始凭证或者填制、取得的原始凭证不符合规定的；

（四）以未经审核的会计凭证为依据登记会计账簿或者登记会计账簿不符合规定的；

（五）随意变更会计处理方法的；

（六）向不同的会计资料使用者提供的财务会计报告编制依据不一致的；

（七）未按照规定使用会计记录文字或者记账本位币的；

（八）未按照规定保管会计资料，致使会计资料毁损、灭失的；

（九）未按照规定建立并实施单位内部会计监督制度或者拒绝依法实施的监督或者不如实提供有关会计资料及有关情况的；

（十）任用会计人员不符合本法规定的。

有前款所列行为之一，构成犯罪的，依法追究刑事责任。

会计人员有第一款所列行为之一，情节严重的，由县级以上人民政府财政部门吊销会计从业资格证书。

有关法律对第一款所列行为的处罚另有规定的，依照有关法律的规定办理。

第四十三条　伪造、变造会计凭证、会计账簿，编制虚假财务会计报告，构成犯罪的，依法追究刑事责任。

有前款行为，尚不构成犯罪的，由县级以上人民政府财政部门予以通报，可以对单位并处五千元以上十万元以下的罚款；对其直接负责的主管人员和其他直接责任人员，可以处三千元以上五万元以下的罚款；属于国家工作人员的，还应当由其所在单位或者有关单位依法给予撤职直至开除的行政处分；对其中的会计人员，并由县级以上人民政府财政部门吊销会计从业资格证书。

第四十四条　隐匿或者故意销毁依法应当保存的会计凭证、会计账簿、财务会计报告，构成犯罪的，依法追究刑事责任。

有前款行为，尚不构成犯罪的，由县级以上人民政府财政部门予以通报，可以对单位并处五千元以上十万元以下的罚款；对其直接负责的主管人员和其他直接责任人员，可以处三千元以上五万元以下的罚款；属于国家工作人员的，还应当由其所在单位或者有关单位依法给予撤职直至开除的行政处分；对其中的会计人员，并由县级以上人民政府财政部门吊销会计从业资格证书。

第四十五条　授意、指使、强令会计机构、会计人员及其他人员伪造、变造会计凭证、会计账簿，编制虚假财务会计报告或者隐匿、故意销毁依法应当保存的会计凭证、会计账簿、财务会计报告，构成犯罪的，依法追究刑事责任；尚不构成犯罪的，可以处五千元以上五万元以下的罚款；属于国家工作人员的，还应当由其所在单位或者有关单位依法给予降级、撤职、开除的行政处分。

第四十六条　单位负责人对依法履行职责、抵制违反本法规定行为的会计人员以降级、撤职、调离工作岗位、解聘或者开除等方式实行打击报复，构成犯罪的，依法追究刑事责任；尚不构成犯罪的，由其所在单位或者有关单位依法给予行政处分。对受打击报复的会计人员，应当恢复其名誉和原有职务、级别。

第四十七条　财政部门及有关行政部门的工作人员在实施监督管理中滥用职权、玩忽职守、徇私舞弊或者泄露国家秘密、商业秘密，构成犯罪的，依法追究刑事责任；尚不构成犯罪的，依法给予行政处分。

第四十八条　违反本法第三十条规定，将检举人姓名和检举材料转给被检举单位和被检举人个人的，由所在单位或者有关单位依法给予行政处分。

第四十九条　违反本法规定，同时违反其他法律规定的，由有关部门在各自职权范围内依法进行处罚。

第七章　附　　则

第五十条　本法下列用语的含义：

单位负责人，是指单位法定代表人或者法律、行政法规规定代表单位行使职权的主要负责人。

国家统一的会计制度，是指国务院财政部门根据本法制定的关于会计核算、会计监督、会计机构和会计人员以及会计工作管理的制度。

第五十一条　个体工商户会计管理的具体办法，由国务院财政部门根据本法的原则另行规定。

第五十二条　本法自 2000 年 7 月 1 日起施行。